Bernhard Kaiser

STUDIEN ZUR
FUNDAMENTALTHEOLOGIE

Band 1
OFFENBARUNG

D1641148

VTR

Bibliographische Information Der Deutschen Bibliothek
Die Deutsche Bibliothek verzeichnet diese Publikation in der Deutschen
Nationalbibliographie; detaillierte bibliographische Daten sind im Internet
über http://dnb.ddb.de abrufbar.

ISBN 978-3-937965-29-1

© 2005, VTR
Gogolstr. 33, 90475 Nürnberg, http://www.vtr-online.com

Umschlaggestaltung: VTR
Satz: VTR
Printed in Germany

Vorwort

Dieses Buch ist der erste Teil einer evangelischen Fundamentaltheologie, die im Laufe der nächsten Jahre erscheinen soll. Diese Fundamentaltheologie ist als Textbuch für den Studenten der Theologie gedacht, der zwar mit einer ausreichenden Bibelkenntnis, aber ohne weitere theologische Kenntnisse vom Abitur zum Studium kommt. Die Studie setzt keine Kenntnisse der alten Sprachen voraus. Wörter aus dem Lateinischen, Griechischen oder Hebräischen, die in der vorliegenden Studie erwähnt werden, sind zugleich transkribiert und in Übersetzung wiedergegeben. So kann auch, wie ich hoffe, der theologisch interessierte Gemeindeälteste oder -mitarbeiter dieses Buch mit Gewinn lesen.

Das Buch versucht, durch das unüberschaubar gewordene Dickicht der Literatur und der Anschauungen eine Schneise zu schlagen. Es ergibt sich von der Zielsetzung her, daß es keine umfassende Behandlung der Thematik leisten kann. – Nach dem derzeitigen Stand der Planung soll der zweite Teil der Lehre von der heiligen Schrift gewidmet sein, der dritte dem Zueinander von Gott und Mensch im allgemeinen und der Erkenntnisproblematik im besonderen und der vierte der Wissenschaftstheorie, der theologischen Hermeneutik und der Methodenfrage. Die Verweise auf die noch nicht vorliegenden Teile möchte der Leser entschuldigen. – Ausdrücklich weise ich darauf hin, daß alles Planen unter dem Vorbehalt von Jakobus 4,15 steht.

Ich möchte mit diesem Buch Interesse wecken an dem Glaubensgrund, der die Kirche Christi seit nunmehr zwei Jahrtausenden trägt. Die Kirche täte gut daran, in ihrer Predigt wieder von diesem Glaubensgrund zu sprechen – den vielgestaltigen Taten Gottes, durch die er sich offenbart hat, und Christus, dem fleischgewordenen, für unsere Sünden gekreuzigten, auferstandenen und erhöhten Gottessohn, in dem das Heil der Kirche steht.

Herrn Dr. R. Junker und Herrn Dipl.-Phys. Th. Portmann danke ich für wertvolle Hinweise aus naturwissenschaftlicher Sicht. Frau M. Kamm, Frau M. Schulz-Ballier und Herrn D. Wagner danke ich für das Korrekturenlesen. Ich widme dieses Buch den Freunden der Akademie für Reformatorische Theologie (Marburg), die in großer Solidarität mit uns den steinigen Weg des Aufbaus einer bibeltreuen reformatorischen Ausbildungsstätte gegangen sind.

Marburg an der Lahn, im März 2005
Bernhard Kaiser

Inhaltsverzeichnis

1 Perspektiven[1]

1.1 Das Problem der Erkennbarkeit Gottes

Daß Gott nicht ohne Probleme erkannt werden kann, liegt auf der Hand. Er ist unsichtbar und verborgen, so daß viele Menschen versucht sind, zu sagen, daß es ihn nicht gebe. Zweifel an seiner Existenz begleiten den Menschen von alters her.[2] Besonders seit der Aufklärung aber gewinnt der Atheismus[3], der Glaube, daß es Gott nicht gebe, wachsenden Einfluß. Er wird aber von einem breiten Agnostizismus überlagert, jener weitverbreiteten Ansicht, die zwar die Existenz Gottes nicht leugnet, aber der Meinung ist, daß man ihn nicht erkennen könne.[4] Selbst wenn man wüßte, daß es Gott gebe, bleibe die Frage, wie er sei und wie man von ihm reden könne, offen. Das Resultat eines solchen Agnostizismus ist ein praktischer Atheismus: Der moderne Mensch denkt und handelt, als ob es Gott nicht gäbe. Wie kann man unter diesen Umständen sinnvoll von Gott reden?

I. Kant hat in seinen Prolegomena[5] die Problematik, wie metaphysische Aussagen und insbesondere Aussagen, die sich auf Gott beziehen, aufgenommen und in einer für die moderne Zeit maßgeblichen Weise beschrieben. Deshalb ist es zum Verstehen des modernen Denkens einschließlich der modernen Theologie notwendig, hier genauer hinzusehen. Kant kritisiert den dogmatischen Charakter früherer Entwürfe, mithin also die vielen unbegründeten, religiös oder philosophisch motivierten Behauptungen, die im Blick auf Gott, die Welt und die menschliche Seele im Raume stehen. Seine Lö-

---

[1] Vgl. zum Ganzen: Herms, E. „Offenbarung V. Theologiegeschichte und Dogmatik", in: *TRE* 25,146-210; Kähler, M. „Offenbarung", in: *RE*[3], 14, S. 339-347; Scholtz, G. „Offenbarung", in: *HWPh* 6, Sp. 1105-1130. Ausdrücklich verweise ich auf die ausführliche Bibliographie in der *TRE* (a.a.O, S. 202-210).

[2] Bereits die Bibel redet von dem Toren, der in seinem Herzen spricht: „Es ist kein Gott." (Ps 14,1). Man denke aber auch an die Polemik der antiken Sophisten gegen die einschlägigen Gottesvorstellungen.

[3] Vgl. Kößler, H. „Neuzeitlicher Atheismus, philosophisch", in: *RGG*[3] I, Sp. 672-677; Müller-Lauter, W. „Atheismus II. Systematische Darstellung", in: *TRE* S. 378-436; Schütte, H.-W. „Atheismus", in: *HWPh* 1, Sp 595-599.

[4] Vgl. Seidel, Ch. „Agnostizismus", in: *HWPh* 1, Sp. 110-112; Günther, H. „Agnostizismus II. Philosophisch", in *TRE* 1, S.93-96; Gustafsson B. „Agnostizismus III. Ethisch", in: *TRE* 1, S. 96-100.

[5] Kant, I. *Prolegomena zu einer jeden künftigen Metaphysik, die als Wissenschaft wird auftreten können*, in: Kant, I. *Werke in zehn Bänden*, hg. W. Weischedel, Band 5, Darmstadt: Wiss. Buchges., 1983, S. 113-264.

sung beinhaltet zunächst die Feststellung, daß der Mensch keine positiven Aussagen über Gott, die Seele und die Welt als ganze machen könne, da Gott der empirischen Erkenntnis unzugänglich sei. Gott sei – wie die Seele – eine Idee des Menschen, ein bloßes *Noumenon*, ein Gedankending, das durch keine sinnliche Wahrnehmung bestimmt werden könne. Seine Funktion bestehe darin, die Grenze der verstandesmäßigen Erkenntnis aufzuweisen. Der Mensch könne bis zu dieser Grenze forschen und erkennen. Auf dieser Grenze aber, die Kant durchaus positiv wertet, könne sich der Mensch mittels seiner Vernunft auf die Ideen – so auch auf die Ideen von Gott und der Seele – besinnen und sie in Beziehung zu seiner Erfahrungswelt setzen. Im Blick auf die Funktion dieser Grenze stellt er fest:

> „... wir werden dadurch zugleich belehrt, wie jene so merkwürdige Ideen lediglich zur Grenzbestimmung der menschlichen Vernunft dienen, nämlich, einerseits Erfahrungserkenntnis nicht unbegrenzt auszudehnen, so daß gar nichts mehr als bloß Welt von uns zu erkennen übrig bliebe, und andererseits dennoch nicht über die Grenze der Erfahrung hinauszugehen, und von Dingen außerhalb derselben, als Dingen an sich selbst, urteilen zu wollen."[6]

Das heißt, daß jede vom Menschen ausgehende Rede von Gott vor einer unüberwindlichen Schranke steht. Wenn die Vernunft an diese Grenze stößt, sieht sie sich genötigt, die Idee eines höchsten Wesens anzunehmen.[7] Sie kann aber diese Grenze nicht überschreiten und dieses höchste Wesen beschreiben. Damit ist natürliche Gotteserkenntnis für Kant nicht ein Vordringen der Vernunft in die metaphysische Dimension. Immerhin aber spricht Kant hier von einer Naturanlage, also davon, daß der Mensch von Natur aus veranlagt ist, über die empirische Erkenntnis hinauszusehen. Im Blick auf deren Zweck glaubt er,

> „... daß diese Naturanlage dahin abgezielet sei, unseren Begriff von den Fesseln der Erfahrung und den Schranken der bloßen Naturbetrachtung so weit loszumachen, daß er wenigstens ein Feld vor sich eröffnet sehe, was bloß Gegenstände vor (= für, B.K.) den reinen Verstand enthält, die keine Sinnlichkeit erreichen kann, zwar nicht in der Absicht, um uns mit diesen spekulativ zu beschäftigen (weil wir keinen Boden finden, worauf wir Fuß fassen können), sondern damit praktische Prinzipien, die, ohne einen solchen Raum vor (= für, B.K.) ihre notwendige Erwartung und Hoffnung vor sich zu finden, sich nicht zu der Allgemeinheit ausbreiten könnten, deren die Vernunft in moralischer Absicht unumgänglich bedarf."[8]

---

[6] Kant, *Prolegomena* § 57, in: *Werke* 5, S. 232 (A 174-175).

[7] Kant, *Prolegomena* § 59, in: *Werke* 5, S. 237 (A 182).

[8] Kant, *Prolegomena* § 60, in: *Werke* 5, S. 239 (A 184).

Daraus ergibt sich, daß die Metaphysik eine spekulative Wissenschaft der reinen Vernunft ist[9] und dazu dient, daß die empirische Wissenschaft sich nicht verabsolutiert. Kant hat damit philosophisch durchaus einwandfrei bestimmt, wie die menschliche Vernunft Metaphysik betreiben kann. Nach diesem Konzept ist es nicht möglich, von Gott irgendeine positive Aussage zu machen. Er entzieht sich der Bestimmbarkeit. Allenfalls kann man im Sinne einer Analogie von Gott reden.[10] Aussagen über Gott haben keinen gegenständlichen Bezug. Die Frage sei aber gestattet, mit welchem Recht Kant Metaphysik in der geschilderten Weise definiert und diese Definition zur Maßgabe erhebt.

Kants Philosophie hat in der Folgezeit sowohl das Denken generell als auch besonders die Theologie nachhaltig bestimmt. Die Theologie konnte nicht mehr wie bisher von dem unsichtbaren Gott wie von einem sichtbaren Gegenstand reden. Sie sah sich genötigt, sich nach einer Größe umzuschauen, die empirisch zugänglich ist, um noch Aussagen machen zu können, die innerhalb des neuen Denkrahmens sinnvoll erschienen. Sie machte den religiösen Menschen, oder, mit Schleiermacher gesprochen: das christlich-fromme Selbstbewußtsein, zum Ausgangspunkt der Theologie. Dieser Ansatz prägt die Theologie seit dem 19. Jahrhundert. Er gilt für die supranaturalisti-sche[11] Erweckungstheologie ebenso wie für die liberale Theologie. Infolge des Einflusses Kants werden in der modernen Zeit Aussagen über Gott als bloße Behauptungen ohne Wahrheitswert angesehen.[12] In letzter Konsequenz ist bei diesem Ansatz Gott nur ein Gedanke des Menschen und nichts darüber hinaus. Dies haben im neunzehnten Jahrhundert bereits Feuerbach[13] und Nietzsche[14] geäußert, und es scheint, daß diese Überzeugung gegenwärtig die am meisten verbreitete ist.

---

[9] Kant, *Prolegomena* § 60, in: *Werke* 5, S. 249 (A 199-200).

[10] Kant, *Prolegomena* § 58, in: *Werke* 5, S. 233-236 (A 176-179).

[11] Supranaturalistisch = an der der Übernatur orientiert, d.h. an der Erfahrung des Übersinnlichen oder Gottes interessiert.

[12] Vgl. Pannenberg, W. *Systematische Theologie.* Band 1, Göttingen: Vandenhoeck & Ruprecht, 1988, S. 73.

[13] Vgl. Feuerbach, L. *Das Wesen des Christentums* (1841), in: *Sämtliche Werke*, Bd. 6, hg. v. W. Bolin u. F. Jodl. 2. Aufl., Stuttgart-Bad Cannstatt: 1960; ders. *Vorlesungen über das Wesen der Religion* (1851), in: Sämtliche Werke, Bd. 8, hg. v. W. Bolin u. F. Jodl. 2. Aufl., Stuttgart-Bad Cannstatt: 1960.

[14] Nietzsche, F. *Morgenröthe. Gedanken über die moralischen Vorurteile* (1881). Neue Ausgabe mit einer einführenden Vorrede. Leipzig: 1887, in: *Kritische Studienausgabe*, Bd. 3, hg. v. G. Colli u. M. Montinari. 2. Aufl., Berlin, New York: 1988.; ders. *Die fröhliche Wissenschaft.* Neue Ausgabe mit einem Anhange: „Lieder des Prinzen Vogel-

Diese Überzeugung entspricht formal der Ansicht Kants, daß Gott aus menschlicher Sicht ein *Noumenon* ist, ein Gedankending, das für den Menschen nur als Idee existiert. Es ist dem Menschen von sich aus nicht möglich, mehr über Gott zu sagen. An einen Gott zu glauben ist nichts anderes als eine Variante gemeinmenschlicher Religiosität, deren gegenständlicher Bezug nicht über das subjektive oder kollektive Bewußtsein hinausgeht.[15] Kant ging freilich davon aus, daß es einen Gott gebe, doch das Denken der Gegenwart hat im Grunde vor dem von Kant mitverursachten atheistischen Wirklichkeitsverständnis kapituliert. Jedenfalls kann der moderne Mensch nicht mehr vernünftig von Gott reden.

Jüngst jedoch haben die amerikanischen Mediziner Newberg und d'Aquili zusammen mit dem Journalisten Rause in ihrem Buch *Der gedachte Gott* die Hypothese zu erhärten versucht, daß der Mensch neurophysiologisch gesehen die Fähigkeit besitze, in der mystischen Vereinigung Transzendenz zu erfahren.[16] Sie haben in zahlreichen Laborexperimenten die bei solchen mystischen oder religiösen Erfahrungen aktiven Gehirnregionen identifiziert und untersucht und sehen in ihren Ergebnissen eine Art Gottesbeweis. Unklar bleibt in diesem Buch, ob diese Transzendenz eine wirkliche, der geschaffenen Welt gegenüberstehende Welt Gottes in sich begreift, oder ob sie nur eine diesseitige Größe ist. Eher gilt das letztere, denn es ist zu lesen,

> „... in jedem Fall wird sie (d.i. die mystische Vereinigung, B.K.) als spirituelle Wahrheit erfahren, die sich von jeder anderen Wirklichkeit unterscheidet und über diese erhebt. ... Jeder Zweifel an der Gültigkeit und Glaubwürdigkeit dieser Wahrheit gilt daher als Angriff nicht nur auf die Gottesidee, sondern auch auf die tieferen, neurobiologisch bestätigten Bürgschaften, die Gott zu einer Realität machen.“[17]

Wenn die Neurobiologie die Wirklichkeit Gottes erst produziert, dann sollte man wohl kaum an die selbständige Existenz Gottes glauben. – Weil das

---

frei“ (1882), Leipzig: 1887, in: *Kritische Studienausgabe*, Bd. 3, hg. v. G. Colli u. M. Montinari. 2. Aufl., Berlin, New York: 1988.

[15] Unter dieser Perspektive beschreibt der Katholik Ohlig, H.-H. *Religion in der Geschichte der Menschheit. Die Entwicklung des religiösen Bewußtseins.* Darmstadt: Wiss. Buchges., 2002, die Religion als menschliche Projektion angesichts der Sinnfrage. Die Erfahrung von Sinn oder die Suche nach Sinn setze also diese Projektion in Gang. Gott sei nun „nicht Gegenstand, sondern transzendentes und erhofftes Woraufhin unserer Welt- und Geschichtsdeutung.“ (a.a.O., S. 21).

[16] Newberg, A.; d'Aquili, E. u. Rause, V. *Der gedachte Gott. Wie Glaube im Gehirn entsteht.* Aus dem Amerikanischen v. H. Stadler. München, Zürich: Piper, 2003.

[17] Newberg et al., *Der gedachte Gott*, S. 224.

spirituelle Erlebnis der mystischen Vereinigung in allen Religionen vorkomme, kommen die Autoren zu der Sicht, daß alle Religionen miteinander verwandt seien und daß keine die realste Wirklichkeit für sich allein beanspruchen könne. In einer Art Ausblick wird die Mystik als Grund für die Hoffnung auf eine friedlichere Zukunft im Miteinander der Religionen in der Welt beansprucht und die von den Autoren vorgetragenen Ergebnisse als wissenschaftliche Basis für das damit verbundene Friedensprogramm. Es liegt aber im Wesen der Mystik, daß sie von dem Gott, den sie erfährt, nicht reden kann, mithin also, daß der Gott der Mystiker, das All-Eine, nicht bestimmt werden kann. Von diesem Gott kann man nur schweigen.

Die Arbeit von Newberg und d'Aquili zeigt, daß das gegenwärtig wachsende Bewußtsein für Religiöses nun auch die Naturwissenschaften erreicht hat. Sie verorten das Religiöse freilich nicht im Objektiven und Äußerlichen, sondern im subjektiven Bewußtsein, also dort, wo es seit zweihundert Jahren angesiedelt wird. Insofern gehen diese Beobachtungen nicht über das moderne Denken hinaus. Doch die Tatsache, daß Religion und damit der in jeder Religion sich manifestierende Pulk vorwissenschaftlicher, unbegründeter und oft abergläubischer, in jedem Fall aber bewußtseinsbindender Annahmen wieder zu einem eminent wichtigen gesellschaftlichen und politischen Faktor und in Teilen der Welt zu einem mächtigen Konfliktpotential geworden ist, zeigt, daß das rationale, nach Begründungen fragende Denken ab einer bestimmten Stelle nicht mehr greift. Genau das entspricht dem Kult des Irrationalen, des Ekstatisch-Rauschhaften, der die Postmoderne[18] wie ein Schatten begleitet hat. Es entspricht ebenso dem schwachen Denken, dem Denken, das auf Letztbegründungen verzichtet und keine Wahrheit demonstrieren will, das postmoderne Denker zur Sicherung des Friedens vorgeschlagen haben.[19]

In diesen Beobachtungen spiegelt sich die Tatsache wider, daß der Mensch im Blick auf die Erkenntnis von Wahrheit und Werten im allgemeinen und die Erkenntnis Gottes im besonderen ziemlich mittellos ist. Er kann zwar in seinem Denken oder seinem Bewußtsein angesichts der Wirklichkeit der Welt bestimmte Schlüsse ziehen oder Erwägungen anstellen, aber eine

---

[18] Ich bezeichne mit Postmoderne das Denken und die Kultur nach dem Zweiten Weltkrieg.

[19] Vgl. Türk, H.J. *Postmoderne*. Mainz: Grünewald / Quell: Stuttgart, 1990, S. 74-76, der hinsichtlich des Begriffs des schwachen Denkens auf Vattimo, G. / Rovatti P.A. *Il pensiero debole* (1986⁴) verweist; vgl. auch Vattimo, G. *Das Ende der Moderne*. Stuttgart: Reclam, 1990 und. Spinner, H. *Pluralismus als Erkenntnismodell*. Frankfurt: Suhrkamp, 1974, S. 50.

verbindliche Auskunft über Gott kann er sich nicht beschaffen. Dies gilt auch angesichts religiöser Erfahrungen. Er mag, wie der Neupietismus, in seinem Gewissen Schuld und deren Bewältigung erfahren oder er mag, wie Schleiermacher vor zweihundert Jahren, seine schlechthinnige Abhängigkeit von einer „Gott" genannten Größe erkennen, aber daraus Aussagen über Gott abzuleiten ist ein in hohem Maße unsicherer Weg, denn er führt nicht über den Treibsand subjektiven Empfindens oder Erlebens hinaus. Auf der Basis der kantschen Metaphysik ist eine gewisse Aussage über Gott nicht möglich.

1.2 Die Denkmöglichkeit der Offenbarung

Es bleibt allenfalls die *Möglichkeit* – auch die Denkmöglichkeit – der Offenbarung. Sie würde besagen, daß Gott sich dem Menschen in irgendeiner Form erschließt, und zwar unter Mißachtung der von Kant beschriebenen Grenze. Doch welche Form findet eine solche Offenbarung? In welchem Sinn kann von Offenbarung gesprochen werden? Woher soll der Mensch wissen, was ihm als Offenbarung gegenübertritt und was nicht? Kann der Mensch auf irgendein „Vorverständnis" zurückgreifen oder gar eine natürliche Gotteserkenntnis in Ansatz bringen? Eine Reihe von Vorentscheidungen sind theoretisch möglich. Sie betreffen das Wirklichkeitsverständnis, das Menschen- und das Gottesbild und mögliche Formen und Unterschiede in der Art und Weise der Offenbarung. Je nachdem, wie eines dieser Elemente aufgefaßt wird, gestaltet sich auch die Auffassung von Offenbarung. Die abendländische Geistesgeschichte hat unterschiedliche philosophische Entwürfe hervorgebracht, die ich im folgenden in ihrer Bedeutung für das Verständnis von Offenbarung skizzieren möchte.

1.2.1 Das Wirklichkeitsverständnis

Hier geht es um die Frage, ob es nur eine sichtbare oder auch eine unsichtbare Wirklichkeit gibt. Gibt es einen „Himmel", der in einer wie auch immer gearteten Form den Raum des Sichtbaren umschließt oder übersteigt? Im diesem Falle kann Offenbarung beinhalten, daß ein Gott aus der unsichtbaren Welt heraus in die sichtbare Welt hinein redet. Es kann aber auch sein, daß sich bestimmte innerweltliche Ereignisse oder Wahrnehmungen ergeben, die vom Menschen als Offenbarung interpretiert werden, ohne daß damit schon Aussagen gemacht wären zu der Frage, ob es überhaupt eine unsichtbare Welt gibt und ob Gott nicht doch eine weltliche oder gar innerweltliche Größe ist. Es ist dies eine Frage nach einem dualen oder einem monistischen Weltbild. Ich nenne die eine Form des Wirklichkeitsverständnisses hier mit Bedacht dual und nicht dualistisch, weil noch nicht feststeht, ob es dabei um zwei einander entgegengesetzte Prinzipien oder Wirklichkeiten geht. Die Bezeichnung ist außerdem vorläufig, denn es steht ja nicht fest, ob es nur *eine* unsichtbare Wirklichkeit gibt.

Die Annahme einer Dualität ergibt sich aus unserer Beobachtung, daß es an der sichtbaren Wirklichkeit Phänomene gibt, die nicht aus dieser heraus erklärt werden können. Also postuliert man eine unsichtbare Wirklichkeit, ohne irgendeine positive Aussage von ihr machen zu können. Darum spreche ich von ihr im Singular. Das duale Wirklichkeitsverständnis geht von einer zweifachen Wirklichkeit aus. Es unterscheidet zwischen Immanenz und Transzendenz. Nimmt man ein duales Wirklichkeitsverständnis an, dann ist damit die Denkmöglichkeit eröffnet, daß transzendente Wirklichkeit auf die immanente wirkt oder, konkreter, daß ein unsichtbarer Gott in der sichtbaren Wirklichkeit redet und handelt. Allerdings ist damit weder eine Vorstellung gewonnen noch irgendeine positive Aussage gemacht, wie das geschehen kann. Damit ist aber grundsätzlich die Möglichkeit gegeben, daß es in der empirischen Welt Phänomene geben kann, die nicht immanent-kausal erklärt werden können. Trotz aller wissenschaftlichen Forschung können wesentliche Fragen ungeklärt bleiben.

Das monistische Wirklichkeitsverständnis hingegen, das gegenwärtig vorherrscht, kennt nur eine Wirklichkeit, nämlich die der sichtbaren Welt, näherhin die Wirklichkeit des Materiellen. In diesem Weltbild gibt es keinen Himmel als eigenständige Welt Gottes oder, allgemeiner gesagt, keine Welt des Geistes. Für das monistische oder materialistische Wirklichkeitsverständnis ist Geist entweder nicht existent, oder ein Produkt der Materie, ein „Epiphänomen" oder eine Erscheinungsweise der physikalischen Wirklichkeit.[20] Im Falle eines monistischen Wirklichkeitsverständnisses müßten im Grundsatz alle Phänomene in der Immanenz durch innerweltliche Ursachen oder Gesetzmäßigkeiten erklärt werden können. Es ist dann zu erwarten, „daß für *jede* neu auftauchende Frage sich in absehbarer Zeit auch eine Antwort einstellen wird."[21] Unter einer solchen Vorgabe kann Offenbarung nur als innerweltlich bedingtes Ereignis verstanden werden, falls man unter

---

[20] Vgl. Eccles, J.C. *Wie das Selbst sein Gehirn steuert*. München: Piper, 1996, S. 19-25 und 52-93, sowie die dort genannte Literatur. Eccles, Nobelpreisträger und bekannter Advokat eines dualistischen Wirklichkeitsverständnisses, faßt die materialistischen Theorien unter den Stichworten Panpsychismus, Epiphänomenalismus und Identitätstheorie zusammen.

[21] Kanitscheider, B. *Im Innern der Natur. Philosophie und moderne Physik*. Darmstadt: Wiss. Buchgesellschaft, 1996, S. 31.

diesen Umständen überhaupt noch von ihr sprechen kann oder will und sie nicht ganz der Sphäre der subjektiven Einbildung zuordnen will.

1.2.2 Das Gottesbild

Es liegt ebenso auf der Hand, daß das Gottesbild, das ein Mensch hat, von entscheidender Bedeutung ist für den Offenbarungsbegriff. Die abendländische Geistesgeschichte weist, ebenso wie die Welt der Religionen, sowohl personale als auch apersonale Gottesvorstellungen auf. Ist Gott eine Person, dann besteht die Denkmöglichkeit der Offenbarung durch Rede, denn wir gehen davon aus, daß eine Person im Normalfall auch reden kann. Das Verstehen der Offenbarung wäre damit erheblich erleichtert, weil Sprache ein ungleich klareres Medium der Offenbarung ist als etwa Druck und Stoß oder Gefühl oder eine bloße sinnliche Wahrnehmung wie etwa die eines Wunders. Unter der Voraussetzung eines dualen Wirklichkeitsverständnisses und daß Gott eine transzendente Person ist, steht die Frage im Raum, wie er die Grenze zwischen Transzendenz und Immanenz überbrückt und wie er redet, also welcher Organe er sich bedient, um hörbar oder vernehmbar zu werden. Tritt er als Person unter den Existenzbedingungen der Immanenz auf, dann steht das Problem im Raum, was an dieser Person das eigentlich Göttliche ist.

Wenn Gott dagegen apersonal verstanden wird, sei es als unpersönliche Kraft oder sei es abstrahierend als *summum bonum* (höchstes Gut) oder *summum ens* (höchstes Sein, höchstes Wesen), wie dies die platonisierende abendländische Philosophie getan hat, dann ist es ungleich schwieriger, von Offenbarung zu reden. Gleiches gilt, wenn man Gott als „die alles bestimmende Wirklichkeit"[22] versteht, wie es weite Bereiche der neueren Theologie tun. In diesem Fall bietet sich die Möglichkeit an, bestimmte Geschehnisse, Ereignismuster oder Wirkungen[23] als Offenbarung zu identifizieren. Doch dazu

---

[22] Vgl. Bultmann, R. „Welchen Sinn hat es, von Gott zu reden?", in: *Glauben und Verstehen* I. Tübingen: Mohr, 1980, S. 26, und Pannenberg, W. *Wissenschaftstheorie und Theologie* Frankfurt: Suhrkamp, 1987, S. 304. Diese Formel ist in weiten Bereichen der neueren Theologie geläufig. Härle, W. *Dogmatik*. Berlin: de Gruyter, 1995, S. 211 präzisiert sie als „die alles bestimmende Wirklichkeit *in Liebe*".

[23] Hier habe ich die existentiale und dialektische Theologie vor Augen. Ein Ereignismuster wäre etwa das immer wieder beanspruchte existentielle Betroffensein oder das von Bultmann vorgetragene neue „Selbstverständnis", das der Mensch unter der Verkündigung bekommt. Gleiches kann für Moltmanns Sicht, daß Gott im Leiden sei, gelten. Als Wirkung könne – je nach Ansatz – die Ereignung von Liebe und Solidarität oder von Befreiung in politischer oder psychologischer Dimension gesehen werden (vgl. Moltmann, J. *Der gekreuzigte Gott. Das Kreuz Christi als Grund und Kritik christlicher Theologie.* München: Kaiser, 1972).

fehlen objektive Kriterien. Auch die Gottesvorstellungen der Geistesge-schichte liefern keine verbindlichen Anhaltspunkte für die Identifizierung einer Offenbarung.

1.2.3 Der Mensch als Empfänger der Offenbarung

Je nach Gottesbegriff und Wirklichkeitsverständnis wird auch die Rolle des Menschen als des Empfängers der Offenbarung zu bestimmen sein. Bei einer monistischen Weltsicht kann grundsätzlich von einer Identität von Gott und Mensch ausgegangen werden. Das Göttliche ist dabei auch am Menschen, mindestens der Fähigkeit oder der Potenz nach. Offenbarung ist dann das Gestaltwerden des Göttlichen, etwa als Liebe, Toleranz, Humanität, etwas, bei dem der Mensch die Erfüllung seiner Bestimmung, ja sich selbst finden soll. Ort der Offenbarung ist in der Regel die Existenz des Menschen. An dem von „Gott" betroffenen Menschen wird Gott offenbar. Dabei kann man so weit gehen, daß man Offenbarung und auch Gott selbst auf geistige Akte reduziert, wie etwa das Gewinnen eines neuen Wirklichkeits- oder Selbstver-ständnisses. Gott „ist" dann nur „da" in dem besagten Bewußtseinsakt. Ob er noch etwas darüber hinaus ist, kann nicht gesagt werden. Das ist in der Regel die Sicht der neueren Theologie.

In einem dualen Wirklichkeitsverständnis, bei dem die sichtbare, materielle Welt einer Welt des Geistes gegenübersteht, ergeben sich grundsätzlich zwei Möglichkeiten des Zueinanders von Gott und Mensch: das korrelative und das antithetische. Unter jenem verstehe ich, daß der Mensch in seiner geisti-gen Dimension immer schon auf Gott oder das Geistige bezogen ist. Der menschliche Geist ist das Göttliche oder das mit Gott Kompatible im Men-schen. Unter dieser Voraussetzung kann der Menschengeist als Ort der Offenbarung angesehen werden, als Organ, durch das der Mensch die Stim-me Gottes vernimmt. Dies kann zu einem krassen Rationalismus führen, aber es kann auch zur Mystik führen, je nachdem, wie man den Geist und seine Funktion auffaßt. Die katholisch-abendländische Sicht verbindet einen personalen Gottesbegriff mit der Vorstellung eines korrelativen Zueinanders von Gott und Mensch, weil sie den Menschen in seiner Geistigkeit positiv auf Gott bezogen sieht.

Bei dem antithetischen Zueinander stehen Gott und Mensch wirklich einan-der gegenüber. Dies ist vor allem und naturgemäß bei einem personalen Gottesbegriff der Fall. Diese Form des Zueinanders ist in der Regel zunächst schöpfungstheologisch bedingt: Ein persönlicher Schöpfer und ein Geschöpf, das ebenfalls Person ist, stehen einander gegenüber. Das antithetische Zuein-ander wird dadurch vertieft, daß der Mensch nicht nur Geschöpf, sondern auch Sünder ist, wie es der Protestantismus vertreten hat. Infolgedessen ist er von Gott getrennt, er erkennt ihn nicht und er hat keine Möglichkeit Gott bei sich – etwa in seinem Geist – wahrzunehmen. Er bedarf der Offenbarung von außen, um Gott zu erkennen. Daß der Mensch von Gott und zu Gott hin geschaffen ist, ist kein Ansatzpunkt für eine positive Wahrnehmung Gottes beim Menschen. Es ist wohl Vorgabe für die Offenbarung als solche, aber man kann aus ihm nichts ableiten über die Beschaffenheit Gottes oder der Offenbarung.

Die unterschiedlichen Auffassungen vom Menschen machen klar, daß auch aus der Betrachtung des Menschen keine verbindlichen Anhaltspunkte für die Identifizierung von Offenbarung abgeleitet werden können. Zu breit und unbegründet sind die jeweiligen Denkvoraussetzungen, um vorab zu bestimmen wie Offenbarung beschaffen ist.

1.2.4 Allgemeine und spezielle Offenbarung

Noch ein weiteres Problem ins rückt Blickfeld. Wenn die empirische Welt generell und besonders der Mensch Geschöpfe Gottes sind, dann müßte, so die mögliche Folgerung, die geschöpfliche Wirklichkeit bestimmte Rückschlüsse zulassen im Blick auf die Art und Weise, wie Gott ist. Man hätte es auf diese Weise mit einer allgemeinen Offenbarung zu tun, die bloß durch das Dasein der Schöpfung gegeben wäre und deren Wahrnehmung einem jeden Menschen offenstünde. Der Mensch wäre angewiesen, zum Zwecke der Gotteserkenntnis die Schöpfung zu betrachten. Doch ist das alles, was ihm an Quellen der Gotteserkenntnis zur Verfügung stünde? Kann es darüber hinaus noch weitere Manifestationen Gottes geben? Kann man von einer Offenbarung sprechen, die inhaltlich über das, was jeder Mensch anhand der Schöpfung erkennen kann, hinausgeht? Wenn es eine solche gibt, dann steht die Frage im Raum, wie beschaffen diese Offenbarung ist und wie der Mensch sie erkennen kann.

1.3 Die aporetische Situation des Menschen

Die vorstehende Problemskizze läßt keinen Raum für vorschnelle Festlegungen hinsichtlich dessen, wie die Wirklichkeit beschaffen ist, wer oder wie Gott ist und über das Wesen und die Rolle des Menschen im Verhältnis zu Gott. Sie hat ebenfalls deutlich gemacht, daß mit dem Begriff „Offenbarung" ontologische[24], also die Wirklichkeit betreffende Fragen, theologische und

---

[24] Ontologie (von gr. öv / on = seiend) ist die Lehre vom Sein bzw. von dem, was ist.

anthropologische, erkenntnistheoretische und hermeneutische Fragen verbunden sind. Die Art und Weise, wie man eine dieser Fragen beantwortet, hat
Auswirkungen auf die anderen Bereiche. Dieses ineinander Verwobensein
der Auffassungen zeigt die Komplexität des Problems. Es gibt keine Kriteri-
en, in welche Richtung auf den einzelnen Problemfeldern entschieden werden muß, und jede Vorab-Festlegung wäre willkürlich.

Die aporetische (= ausweglose) Situation des Menschen besteht also darin,
daß der Mensch von Offenbarung als solcher überhaupt nichts weiß und in
dem komplexen Problemfeld keinen begründeten Ansatzpunkt ausmachen
kann, um Offenbarung zu bestimmen oder zu orten. Es ist von daher fraglich,
einen „anthropologischen Vernunftbegriff der Offenbarung" auszumachen,
wie es der Katholik M. Seckler versucht.[25] Der Mensch kennt wohl die Welt
aus seiner Erfahrung. Aber ist alles, worüber er sich wundert oder was „objektiv" ein Wunder ist, schon Offenbarung? Oder ist die Offenbarung mit der
Erfahrung identisch? Oder hat Offenbarung mit der Religion zu tun, so daß
die menschliche Religiosität generell ein Spiegel göttlichen Wissens und
mithin die Welt der Religionen oder eine bestimmte Religion der Offenbarung entspränge? Oder ist Offenbarung das, was der Vernunft gemäß ist?
Oder darf man dann von Offenbarung sprechen, wenn etwas Generelles oder
Allgemeingültiges zur Sprache kommt? Der Mensch weiß es nicht. Weder
seine Vernunft noch irgendeine andere immanente Instanz sagen es ihm oder
können es ihm sagen. Es läßt sich kein Element im menschlichen Bewußtsein
finden, von dem her das Wissen, was Offenbarung ist, abgeleitet werden
könnte. Wenn dem tatsächlich so ist, dann müßte, so möchte man meinen, der
Offenbarer dem Menschen sogar die Kategorien, Offenbarung als solche zu
identifizieren, gleichsam als Gebrauchsanleitung mitliefern. Würde man noch
tiefer bohren, dann müßte man zu dem Schluß kommen, daß auch die Kategorien zur Identifikation der Gebrauchsanleitung der Offenbarung noch
mitgeliefert werden müßten. Man bewegte sich dann in Richtung eines
infiniten Regresses.[26] Auch dieser gehört den Aporien des menschlichen
Erkennens.

---

[25] Vgl. Seckler, M. „Der Begriff der Offenbarung", in: *Handbuch der Fundamentaltheologie. Band 2. Traktat Offenbarung*, S. 58-59. Seckler bestimmt fünf Kriterien für einen
vernunftbegründeten Offenbarungsbegriff: den Heilsbezug, den Gottesbezug, den essenti-
ellen Freiheitsbezug, den praktischen Weltbezug und den universellen Öffentlichkeitsbe-
zug.

[26] Albert, H. *Traktat über kritische Vernunft* (1968). 5., verb. u. erw. Aufl., Tübingen:
Mohr, 1991, hat bekanntlich den infiniten Regreß als eine der drei Aporien im Rahmen
des sog. Münchhausen-Trilemmas dargestellt. Dieses besagt, daß es bei dem Versuch, eine

Der gesamte Komplex dieser Fragen ist Gegenstand der Fundamentaltheologie im ganzen. Unter der Überschrift Offenbarung aber ist zu fragen, ob und im gegebenen Fall wie es Offenbarung gibt, um diese dann zu beschreiben.

1.4 Die Perspektive einer Antwort

Wir schauen uns um: Die empirischen Wissenschaften liefern uns keinen Offenbarungsbegriff. Die Philosophie bietet uns die unterschiedlichsten Entwürfe, jedoch keine Anhaltspunkte für die Bestimmung von Offenbarung. Werfen wir dagegen einen Blick in die Welt der Religionen, dann ist unschwer festzustellen, daß der christliche Glaube einen ganz eindeutigen Bezug zur Geschichte und zu der uns umgebenden Wirklichkeit hat. Er ist nicht eine Lehre wie der Buddhismus, die unter einem nicht näher lokalisierbaren asiatischen Bodhi-Baum wie eine Erleuchtung über einen Menschen kommt, mit dem Inhalt, wie man das Leiden überwinde. Er ist keine Religion, die durch einen angeblich inspirierten, aber sonst nicht weiter ausgewiesenen Propheten von einem allerhöchsten Gott redet, wie Mohammed von Allah.[27] Der christliche Glaube entspringt nicht der geschichtslosen Vorstellungswelt mythologischer Gestalten, Götter genannt, die wie Zeus, Jupiter oder Wotan und ihre Artgenossen in einem unspezifischen Irgendwo ihr Wesen haben und von denen man nur in Gestalt des Mythos Kunde hat. Er entspringt nicht jenen göttlichen Kräften, die ein Schamane, Zauberdoktor oder ein anderes Medium verfügbar machen kann. Er ist schließlich kein spekulativer philosophischer Begriff, den eine antike Akademie bestimmt hätte und den moderne theologische Fakultäten stets neu bestimmen müßten. Der christliche Glaube, wie ihn die heilige Schrift Alten und Neuen Testaments lehrt, hat Fakten im Blickfeld. Er ist zutiefst mit der Geschichte verbunden und bezieht sich auf die Geschichte. Exemplarisch wird das daran deutlich, daß der Christ glaubt, „daß Christus gestorben ist für unsre Sünden nach der Schrift und daß er begraben worden ist und daß er auferstanden ist am dritten Tage nach der

---

Erkenntnis zu begründen, drei denkbare Auswege gibt, die aber keine solchen sind: der Abbruch der Begründung, der Zirkel oder der infinite Regreß.

[27] Der Islam usurpiert freilich die biblische Offenbarungsgeschichte, indem er ihr Mohammed zugesellt. Indem er Jesus als einen großen Propheten und Mohammed als den von ihm verheißenen Parakleten ansieht und sich auch sonst positiv auf die biblische Offenbarung bezieht scheint er die Kontinuität zur biblischen Offenbarungsgeschichte zu wahren. Doch die zahlreichen sachlichen inhaltlichen Diskrepanzen zwischen den Aussagen des Koran und der Bibel und die nur bruchstückhafte und teilweise falsche Wahrnehmung des christlichen Glaubens machen deutlich, daß zwischen der Bibel und dem Koran keine Kontinuität besteht.

Schrift"[28]. Schaut man sich also in der Welt der Religionen oder Weltanschauungen um, dann fällt dieser massive gegenständliche Bezug als eine
außerordentliche Besonderheit des christlichen Glaubens auf. Die Chance,
hier etwas anzutreffen, was „offenbar" ist, was man sehen und hören und im
gegeben Fall sogar betasten kann, worüber man nachdenken kann und muß,
eben weil es „da" ist, die Chance, hier etwas Neues zu erfahren, was man von
Hause aus nicht weiß, ist hier offensichtlich gegeben. Das ist der Anlaß,
genauer hinzusehen und zu erheben, was anhand der Bibel erkennbar wird.
Damit verlasse ich zugleich den Ansatz Kants, vorab und vom menschlichen
Erkenntnisvermögen her zu bestimmen, wie Metaphysik beschaffen sein
müsse.

1.5 Der Gang der Darstellung

Ich werde im folgenden die Bibel als die Quelle des christlichen Glaubens
befragen, ob sie ein Konzept von Offenbarung aufweist, und wenn ja, welches.
Ich frage in einem ersten, kürzeren Teil, ob sich anhand der Bibel ein Konzept
von einer sogenannten allgemeinen Offenbarung erheben läßt, stelle dies dar
und diskutiere es im Gespräch mit einigen theologischen Positionen aus Geschichte und Gegenwart. Im zweiten, umfangreicheren Teil wird dann zu
untersuchen sein, ob und in welcher Weise man anhand der Bibel von spezieller Offenbarung oder Heilsoffenbarung sprechen kann und diese formal und
inhaltlich dargestellt wird. Im dritten Hauptteil nehme ich das Gespräch mit den
verschiedenen Konzeptionen aus der Vergangenheit sowie der neueren Theologie auf. Ich bin mir wohl bewußt, daß ich hier nicht auf alle Äußerungen zu
diesem Thema eingehen kann, sondern daß eine repräsentative Auswahl notwendig ist, um im Dickicht der Publikationen zur Sache eine Schneise zu
schlagen, die dann als Orientierungslinie dienen kann.

Der kritische Leser möge mir zugute halten, daß ich der Diktion nach an
entscheidenden Stellen vorkantisch rede, daß ich also wie die Bibel von Gott
rede im Sinne einer Wirklichkeit, die zwar unsichtbar, aber doch wirklich da
ist. Es ist dabei meine Absicht, das zu erheben, was die Bibel zum Thema
sagt, und dieses zu reflektieren, und die Bibel redet nun einmal vorkantisch.
Der Leser möge aber die Objektivität meiner Aussagen an der Bibel messen.
Daß die biblischen Aussagen konkret auf die diesseitige, geschöpfliche und
geschichtliche Wirklichkeit bezogen sind, wird in der modernen Theologie
massiv bestritten. Ihre Aussagen werden in der Regel als mythologische,
religiöse oder geschichtliche Projektion verstanden. Daß diese Sicht sich nur

---

[28] 1Kor 15,3-4.

unter spezifischen weltanschaulichen Vorgaben entwickeln konnte, ist bekannt. Ich kann aber dieser Sicht nicht folgen und nehme die Bibel sowohl
als Wort Gottes als auch als Menschenwort, als historische Quelle, beim
Wort. Ich halte es auch nicht für statthaft, die Bibel im Sinne der historisch-
kritischen Methode „auszulegen", wie in einem späteren Teil der Fundamentaltheologie zu begründen ist.

2 Die allgemeine Offenbarung (*revelatio generalis*)

2.1 Die Feststellung der biblischen Aussagen

Die Frage, um die es hier geht, lautet: Spricht die Bibel davon, daß es in der Schöpfung eine Art Stimme gibt, mit der Gott redet und die der Mensch verstehen kann, auch wenn er nicht an Christus glaubt?[29] Kennt die Bibel so etwas wie eine allen Menschen zugängliche Manifestation Gottes, die man als Offenbarung bezeichnen kann?

Terminologisch gesehen wird in Röm 1,19 der Begriff „offenbaren"[30] gebraucht, um die im folgenden beschriebene Manifestation Gottes zu bezeichnen. Die biblischen Aussagen zur Sache[31] sprechen sodann von einer Kenntnis Gottes, die offensichtlich nicht an besondere, zeitlich und räumlich begrenzte und den üblichen Erfahrungshorizont der Menschen durchbrechende Manifestationen Gottes gebunden sind, sondern an der geschöpflichen Wirklichkeit generell geschehen und deshalb allen Menschen zugänglich sind. Die biblischen Aussagen machen jedenfalls keine Einschränkungen hinsichtlich der allgemeinen Zugänglichkeit. Ebenso wird deutlich, daß es sich um ein Erkennbarwerden des an sich verborgenen Gottes handelt, wie unten im einzelnen darzustellen ist. Darum ist es berechtigt, von einer *allgemeinen Offenbarung* Gottes zu sprechen. Folgende Elemente charakterisieren die allgemeine Offenbarung:

2.1.1 Der mittelbare Redecharakter

Die Heilige Schrift spricht in Ps 19 davon, daß das Handeln Gottes in der Schöpfung Wortstruktur hat und insofern Rede Gottes ist. Obwohl es sich bei den Werken Gottes in der Schöpfung um eine Rede „ohne Worte"[32] handelt, so wird doch deutlich gemacht, daß die Werke Gottes „erzählen"[33] und „verkünden"[34]. Nach Apg 14,17 hat Gott selbst sich gegenüber den Heiden nicht „unbezeugt" gelassen, sondern „viel Gutes getan und vom Himmel fruchtbare Zeiten gegeben und die Herzen erfüllt hat mit Speise und Freude".

---

[29] Vgl. Berkouwer, G.C. *General Revelation*. Grand Rapids: Eerdmans, 1955, S. 29.

[30] Gr. φανερόω *(phaneroo).*

[31] Ps 19,2-5, Apg 14,17, Apg 17,26-28, Röm 1,19-23 und Röm 2,14-16.

[32] Ps 19,4.

[33] Hebr. ספר *(saphar)*

[34] Hebr. נגד hiph. *(nagad)* Ps 19,1.

Allgemeine, in der alltäglichen Erfahrung des Menschen stehende Sachverhalte wie Fruchtbarkeit, Essen, Trinken und die Freude an den geschöpflichen Dingen sind aus biblischer Sicht ein Zeugnis der Existenz Gottes.

In einer Linie mit diesen Aussagen steht Röm 1,18-23. Auch dort geht es nicht um eine verbale Kommunikation, sondern um ein Sehen und ein Schlußfolgern. Von Gottes unsichtbarem Wesen ist die Rede, das „ersehen wird"[35]. Dieses Sehen stellt den Menschen in der Weise in die Verantwortung, so daß er keine Entschuldigung hat.

Die hier betrachteten Aussagen zeigen, daß es ein gewisses Offenbarsein des unsichtbaren Gottes im Rahmen der Schöpfung gibt, das allen Menschen zugänglich ist. Es ist, wie durchgängig sichtbar wurde, ohne eine verbale oder gar akustische Kommunikation. Die Kommunikation geschieht mittelbar. Gott wird durch das, was ist beziehungsweise geschieht, eben an seinen Werken (Röm 1,20), wahrgenommen[36]. Die Werke Gottes sind Instrumente der allgemeinen Offenbarung. Das ist nicht ungewöhnlich, denn auch im zwischenmenschlichen Bereich können die Werke eines Menschen, den man persönlich nicht kennt, doch eine gewisse Bekanntheit oder gar Vertrautheit mit diesem vermitteln. Das gilt insbesondere bei schriftlichen Veröffentlichungen von einem Autor, den man nicht kennt, aber auch von beruflichen oder künstlerischen Leistungen aller Art.

2.1.2 *Der Verstand als Rezeptor*

Indem Paulus sagt, daß die hier zur Diskussion stehende Manifestation Gottes mittels der Werke (Gottes) „wahrgenommen"[37] wird, weist er auf den Verstand als das menschliche Organ zur Rezeption dieser Offenbarung. Indem ich den Verstand „Rezeptor" nenne, möchte ich deutlich machen, daß er nicht Schöpfer einer Gottesidee ist, sondern die ihm aus der Schöpfung entgegentretende Evidenz „empfängt". Der Verstand wird in folgender Weise verfahren: Er findet die Welt als Wirklichkeit vor; er nimmt sie wahr und geht damit um und ist selbst Teil dieser Wirklichkeit.[38] Er nimmt ferner auch

---

[35] Gr. καθορᾶται *(kathoratai)*

[36] Gr. ποιήματα *(poiemata)*. Man beachte den Dativ ποιήμασιν *(poiemasin)*, der den instrumentalen Charakter der Werke zum Ausdruck bringt.

[37] Gr. νοούμενα *(noumena)*, von νοέω = *ich erkenne, verstehe, überlege.*

[38] Das ist eigentlich erkenntnistheoretischer Realismus, dem der radikale Konstruktivismus widersprechen wird. Dieser bestreitet, daß es eine objektive, vom erkennenden Subjekt unabhängige Außenwelt gebe. Allerdings verhält sich der Konstruktivist in aller Regel so, als ob es sie gäbe. Umgekehrt kann auch der Realist nicht behaupten, man könne empirisch wahrnehmen, daß die Welt existiere, sondern er wird die Wahrnehmung der

die einzelnen Schöpfungswerke Gottes wahr, also zum Beispiel den Menschen, den funktionalen und irreduzibel komplexen[39] Aufbau eines Organismus, den genetischen Code, aber auch Schönheit und Zweckmäßigkeit. Dabei steht er vor dem Problem, daß er das Vorhandensein dieser Dinge aus den ihm bekannten, immanenten Faktoren nicht erklären kann. Vor diesem Problem steht nicht nur der unbedarfte Durchschnittsbürger, sondern es ist ein in der Biologie und der Physik beziehungsweise der Kosmologie hinreichend bekanntes und immer wieder diskutiertes Problem.

Der Mensch ist – auch aus der Sicht der Bibel – mit seinem Verstand in der Lage, Zusammenhänge zu erkennen, wie etwa den von Ursache und Wirkung. Die Frage nach dem Woher der Welt drängt sich dem Menschen auf und er versucht auf eine Ursache zu schließen. Er sieht also die vorhandene Wirklichkeit der Welt und stellt unmittelbar die Frage, woher diese kommt. Aus Erfahrung weiß er, daß es ohne Ursache keine Wirkung gibt, daß von nichts nichts kommt[40] und daß jedes Ding seine Ursache hat.[41] Diese Voraussetzung hat axiomatischen Charakter und entspricht dem *Satz vom zureichenden Grund*[42]. Ich verstehe diesen Satz hier im ontologischen Sinne: Das Dasein der Welt erfordert einen Urheber, der wirklich da ist und dem die Welt ihr Dasein verdankt. Es geht bei dem so verstandenen Satz vom zureichenden Grund nicht nur um eine bloß für den Verstand einsichtige Begründung für die Existenz der Welt, gleichsam als Befriedigung eines intellektuellen Interesses und unabhängig von der äußeren Wirklichkeit, sondern darum,

---

Welt nur mit seiner unmittelbaren Welterfahrung begründen. Doch es entspricht dieser Welterfahrung, die Welt als eine wirkliche und vorhandene anzusehen. Der Realismus bietet eine als sinnvoll und zweckmäßig empfundene Interpretation der Wahrnehmung, und zwar bereits vor jeder naturwissenschaftlichen Betrachtungsweise, und eine sinnvolle Grundlage für die empirisch-wissenschaftliche Untersuchung.

[39] Damit ist gemeint, daß jeder Organismus eine nicht weiter reduzierbare Komplexität aufweist; würde man diese reduzieren, dann würde der Organismus seine Identität verlieren oder nicht mehr lebensfähig sein.

[40] Vgl. Kant, „Prolegomena", in: *Werke* 5, S. 247-248 (A 197). Kant bestreitet aber, daß dieser Schluß wirklich gilt; er schreibt ihn dem gemeinen Verstand zu, der nur aus der Erfahrung argumentiert, aber keine Aussage über die allgemeine Gültigkeit dieses Grundsatzes machen kann.

[41] Ich sage dies, obwohl von der Physik her nicht klar ist, ob die Wirklichkeit als determiniert (bestimmt bzw. festen Naturgesetzen folgend) oder indeterminiert (zufällig) verstanden werden muß. Möglicherweise ergibt sich diese Unklarheit seitens der Physik, weil die Wirklichkeit komplex ist und Aspekte sowohl von Determination als auch von Indetermination aufweist.

[42] Vgl. Jagersma, A.K., Art. „Grund/Ursache", in: *Enzyklopädie Philosophie*, hg. Sandkühler, H. G., Hamburg: Meiner, 1999, S. 518-519.

daß die Existenz der Welt auch einen sachlichen Grund haben muß. Also sucht der Mensch nach einer Erklärung für die Welt und schließt anhand der Schöpfung, daß es einen Schöpfer geben muß.

Kanitscheider[43] will indes seinen Lesern die Frage nach dem Ursprung austreiben. Er behauptet, es sei das Normale, daß etwas da sei. Das christliche Schöpfungsdenken hingegen habe den abendländischen Menschen es als evidente Wahrheit verinnerlichen lassen, daß ohne äußere Ursache nichts Seiendes existieren könne, mithin also, daß das Dasein der Welt gerade nicht normal, sondern etwas Besonderes sei. Es habe damit die Frage nach Gott als dem Ursprung der Welt künstlich wachgehalten. Er polemisiert damit willkürlich und ohne Sachgrund gegen den geschilderten Rückschluß auf eine Ursache des Seins der Welt. Mit seiner vorschnellen Antwort würgt er vielmehr die neugierige Frage nach dem Woher der Welt ab, die die Forschung immer wieder in Gang gehalten hat.

Schließlich ist von der Manifestation Gottes im menschlichen Gewissen zu sprechen. Sie ist ebenfalls „ohne Worte". Wenn Paulus in Röm 2,15 verdeutlicht, daß das, was dem Menschen ins Herz geschrieben ist, das Gesetz Gottes sei, dann ist damit zumindest gesagt, daß dem Menschen Grundstrukturen ethischen Urteilens und Handelns gleichsam angeboren sind. Wie diese im einzelnen beschaffen sind und wie der Mensch sie erfährt, muß weiter unten diskutiert werden.

2.2 Der Inhalt der allgemeinen Offenbarung

Im einzelnen nennt die Bibel folgende Elemente, die im Rahmen der allgemeinen Offenbarung bekannt werden:

2.2.1 Der Schluß von der Schöpfung auf den Schöpfer

Nach Ps 19,2 werden Gottes Herrlichkeit[44] sowie seiner Hände Werk[45], nach Röm 1,20 die unsichtbare Wirklichkeit[46] Gottes, die als Kraft[47] und Göttlichkeit[48] Gottes spezifiziert werden, erkennbar. Gott zeigt am Himmel seine

---

[43] Kanitscheider, B. *Im Innern der Natur*, S. 167.

[44] Hebr. כָּבוֹד *(kabod)*

[45] Hebr. מַעֲשֵׂה יָדָיו *(maaseh jadav)*

[46] Gr. τὰ ἀόρατα *(ta aorata)*.

[47] Gr. δύναμις *(dynamis)*.

[48] Gr. θειότης *(theiotes* = Göttlichkeit). Interessanterweise gebraucht Paulus nicht den Begriff θεότης *(theotes* = Gottheit). Daran dürfte deutlich werden, daß die eigentliche

Hoheit[49]. Damit ist gesagt, daß der Mensch anhand der Schöpfungswerke erkennen kann, daß ein Schöpfer ist. Daß dieser unsichtbar ist, entspricht der alltäglichen und gemeinmenschlichen Erfahrung. Aber aus den geschaffenen Dingen ergibt sich, daß er das Wissen und die Macht besitzt, zu schaffen. Daraus folgt, daß der Schöpfer dem Menschen überlegen ist. Diese nicht näher bestimmte Überlegenheit ist ein wesentlicher Aspekt seiner Gottheit, seiner übermenschlichen und übergeschöpflichen Größe und Autorität, in der er die Welt erschaffen hat. – Damit habe ich unversehens den Begriff *Gott* gebraucht, ohne daß dieser schon bestimmt wäre. Doch die hier angestellten Überlegungen stellen eine erste Bestimmung dar.

Die gegenwärtige naturwissenschaftliche Diskussion zu diesem Thema kreist um das sogenannte Intelligent-Design-Argument.[50] Intelligent Design (ID) besagt, daß es in der Natur allgemein und speziell in der Organismenwelt Planung gibt, deren Spuren empirisch nach bestimmten Kriterien nachweisbar sind und auf das Wirken eines intelligenten, willensbegabten Designers oder Schöpfers hinweisen und andere Möglichkeiten ihrer Herkunft ausschließen. Das Gegenteil von ID ist ein konsequenter Naturalismus, der grundsätzlich nur natürliche und prinzipiell experimentell erforschbare Vorgänge als Erklärungen zuläßt, auch für vergangene Geschehnisse und in Ursprungsfragen. Er nimmt an, daß in dieser Welt ausschließlich natürliche Kräfte wirken und wirkten, so daß kein übernatürliches Wesen für die Erklärung der Welt notwendig ist. Naturgegenstände aller Art und ihr Ursprung sollen demnach allein durch Naturgesetze und Zufall erklärt werden. In beiden Paradigmen sind metaphysische Voraussetzungen zu erkennen: im ID-Paradigma die prinzipielle Offenheit für einen Designer, der an sich nicht nachweisbar ist, im naturalistischen Paradigma die grundsätzliche Annahme, daß es einen solchen Designer oder Gott nicht gebe oder zumindest, daß er keinerlei Einfluß auf die reale Welt ausübe, sowie das Postulat, daß die die Wirklichkeit tragende Kraft in ihr selbst liege. Diese Denkvoraussetzungen sind jeweils weder verifizierbar noch falsifizierbar. Es läßt sich aber keine immanente Kraft ausmachen, die die Wirklichkeit trägt oder bedingt. Darum ist es entsprechend dem oben erwähnten Gesetz vom zureichenden Grund für den Menschen selbstverständlich, die Ursachen für die Entstehung eines

---

Gottheit Gottes so, wie sie aus der speziellen Offenbarung erkennbar ist, gerade nicht anhand der Schöpfungswerke erkennbar ist.

[49] Hebr. הוֹד *(hod)* Ps 8,2.

[50] Vgl. Junker, R. „Intelligent Design" (2003), www.genesisnet.info/pdfs/Intelligent_Design. pdf; 2004, 14 S.; kritisch dazu: Waschke, Th. „Intelligent Design – Eine Alternative zur naturalistischen Wissenschaft?" in: *Skeptiker* 16, 4/2003, S. 128-136.

Gegenstandes außerhalb desselben zu suchen, was für die Annahme eines Designers spricht.

Der Schluß von der Schöpfung auf den Schöpfer hat nach der Bibel die Qualität eines Beweises. Er beweist allerdings nur den Schöpfer als solchen, eben seine Kraft und Überlegenheit, seine Autorschaft für die geschaffene Wirklichkeit und seine Fähigkeit, das empirisch Wahrnehmbare zu schaffen. In diesem Sinne verstehe ich den Begriff *Göttlichkeit* in Röm 1,20. Zwar ist sowohl aufgrund der Personalität, die der Mensch an sich selbst und im Umgang mit seinem Mitmenschen erfährt, als auch aufgrund der Beobachtung von Teleonomie und codierter Information der Schluß naheliegend und sinnvoll, daß der Schöpfer eine planende und willenshafte Person ist und nicht eine unpersönliche Kraft.[51] Wie anders lassen sich sonst das Personsein des Menschen, seine Willenshaftigkeit und seine Fähigkeit zu planvollem Handeln erklären? Im Rahmen dieses Schlusses steht auch, daß Gott alle Dinge in der Schöpfung kennen kann, mithin also das, was wir mit den Begriffen *Allgegenwart* und *Allwissenheit* wiedergeben. Doch zugegebenermaßen eignet diesen Schlüssen ein spekulatives Element. Sie stoßen – ebenso wie bei dem Begriff *Allmacht* – an Grenzen, denn es geht um das Unendliche in Gott. Für dieses werden zwar gerne philosophische Begriffe verwendet, aber spätestens hier gilt Kants Verdikt über die Metaphysik, „daß ihr Verfahren bisher ein bloßes Herumtappen, und, was das Schlimmste ist, unter bloßen Begriffen, gewesen sei."[52] Das gilt auch für die vom Mittelalter vorgeschlagenen Wege der Gotteserkenntnis der *via negationis* (Weg der Verneinung) und der *via eminentiae* (Weg des Hervorragens).[53] Der Schluß von der Schöpfung auf den Schöpfer kann keine weiteren positiven Aussagen über einen Gott begründen. Die Ableitung aus dem, was man empirisch wahrnimmt, wird unsicher. Daß aber selbst solche Vermutungen sinnvoll sein können, kann nicht geleugnet werden.[54] Klarheit wird aber erst dann geschaffen, wenn der Schöpfer sich anderwärts zu erkennen gibt.

---

[51] Vgl. Gitt, W. *Am Anfang war die Information.* 2., überarb. Aufl., Neuhausen: Hänssler, 1994, S. 55-58.

[52] Kant, I. *Kritik der reinen Vernunft* B XV; *Werke* 3, S. 24.

[53] Die *via negationis* schließt auf Gott, indem sie irdisch-geschöpfliche Eigenschaften verneint. Beispiel: Die Welt ist endlich – Gott ist unendlich. Der Mensch ist Sünder – Gott ist sündlos. Die *via eminentiae* zieht das Positive in der Welt in Betracht und schließt, daß Gott das Positive schlechthin sei. Beispiel: Die Welt ist gut – Gott ist das höchste Gut.

[54] Der Schluß von der Schöpfung auf den Schöpfer ist bekanntlich umstritten. Die Evolutionstheorie bietet sich als Alternative an und hat als Modell zur Erklärung des Woher der Welt breiteste Akzeptanz. Nicht selten wird sie mit fundamentalistischem Eifer und

2.2.2 *Das Gewissen*

Nach Röm 2,15 („... daß in ihr Herz geschrieben ist, was das Gesetz fordert"[55]) ist den Menschen das Sittengesetz ins Gewissen geschrieben. Man
sollte diese Aussage aber nicht zu optimistisch interpretieren, so als hätte der
Mensch bereits geschöpflicherweise eine Kenntnis des Dekalogs (der Zehn
Gebote). Das ist offensichtlich nicht der Fall, denn in manchen Kulturen sind
etwa der Gedanke an Menschenopfer gang und gäbe oder die Lüge gesell-
schaftlich akzeptiert. Kaum ein Mensch in einer solchen Kultur macht sich
ein Gewissen daraus. Trotzdem fällt zum Beispiel ein Indio in einem Anden-
tal in Lateinamerika, der nie in seinem Leben dem biblischen Gesetz begegnet ist, während seines Lebens zahlreiche moralische Urteile. Er tut dies,
obwohl er das, was er als schlecht oder böse verurteilt, oft genug selber tut,
und auch obwohl er keineswegs immer das tut, was er für richtig hält. Seine
Urteile stimmen auch nicht eins zu eins mit dem Dekalog überein. Mit anderen Worten, das Sittengesetz ist keineswegs rein in seinem Gewissen vorhanden. Vermutlich sagt Paulus deswegen, daß die Heiden, die das Gesetz nicht
kennen, „tun, was des Gesetzes ist" (Röm 2,14)[56]. Er sagt damit: Sie haben
das Gesetz nicht, wie es die Juden haben, sie kennen es nicht und können
sich infolgedessen auch nicht daran halten. Sie wissen aber, daß es einen
strukturellen Unterschied zwischen Gut und Böse gibt, und können diesen
Unterschied an zahlreichen Stellen festmachen, wie ihre laufend ausgesprochenen moralischen Urteile beweisen. Darüber hinaus tun sie Dinge, die mit
dem Gesetz konform gehen, wenn auch nicht immer. Aber die Kenntnis des
Gesetzes ist der Struktur nach da. Sie verleiht dem menschlichen Verhalten
Struktur und Sinn, und zwar auch in negativer Hinsicht, indem es Sünde als
Nichtübereinstimmung mit dem ins Herz geschriebenen Gesetz offenbar
macht. Die „Gedanken, die sich einander verklagen und entschuldigen" sind
demzufolge vorfindliche Mechanismen des Gewissens, die dem Menschen
verdeutlichen, daß er dem erwünschten moralischen Standard nicht entspricht, schöpfungstheologisch gesprochen: sie sind anerschaffen. Damit ist

---

dogmatischer Intoleranz gegenüber der biblischen Schöpfungsaussage sowohl in den
Massenmedien als auch in der wissenschaftlichen Literatur vorgetragen und der Schöp-
fungsglaube als christlicher Fundamentalismus bekämpft. Es ist klar, daß ich im Rahmen
einer Fundamentaltheologie die Auseinandersetzung mit der Evolutionstheorie nicht
führen kann. Ich verweise auf die Literatur aus den Reihen der Studiengemeinschaft Wort
und Wissen e.V. Weit beachtet ist Junker, R./Scherer, S. *Evolution - Ein kritisches
Lehrbuch.* 5. Aufl. Gießen: Weyel, 2001. Ebd. weitere Literatur.

[55] Gr.: τὸ ἔργον τοῦ νόμου γραπτὸν ἐν ταῖς καρδίαις αὐτῶν *(to ergon tou nomou
grapton en tais kardiais autōn).*

[56] Gr.: τὰ τοῦ νόμου ποιοῦσιν *(ta tou nomou poiousin).*

das Gewissen noch nicht als Stimme Gottes im Menschen bezeichnet. Es sind nur folgende Tatsachen bezeichnet:

(1) daß das Gewissen gleichsam im Einklang mit dem Gesetz redet oder reden kann,

(2) daß der Mensch (auch) Dinge tut, die mit dem Gesetz Gottes konform sind, wenn er seinem Gewissen, sofern es gesetzeskonform ist, folgt,

(3) und daß der Mensch schuldig ist, weil er nicht tut, was er als richtig erkannt hat. Dies wird bisweilen auch im Bewußtsein des einzelnen Menschen offenbar. [57]

Bekanntlich zeigt Paulus in Röm 2, daß der Mensch Sünder ist. Er tut dies auch im Blick auf den Heiden, der das mosaische Gesetz nicht kennt. [58] Damit ist aber auch gesagt, daß das Gewissen eine Art Partner Gottes ist, der formal im Einklang mit dem mosaischen Gesetz dem einzelnen Menschen seine Sündhaftigkeit bezeugt. Der Mensch ist so bei sich selbst, in seinem Gewissen, „Mitwisser", wie der lateinische Begriff *conscientia* verdeutlicht, und „Richter" seines Tuns. Zugleich muß festgehalten werden, daß die hier beschriebene Funktion des Gewissens weder Glaube noch eine Vorstufe des Glaubens ist. Auch erfüllt das Gewissen nicht die Funktion eines Gottesbeweises. Es beweist nur, daß der Mensch bei sich selbst weiß, daß er schuldig ist. Allenfalls empfindet der Mensch, daß er einer Instanz gegenübersteht, der er sich verantwortlich fühlt.

2.2.3 Der Zorn Gottes

Nach Röm 1,18 wird auch der Zorn Gottes[59] offenbart. Die wesentliche Frage dabei ist, wo und wie dies geschieht. Haben wir es mit einem allgemeinen Offenbarwerden zu tun oder ist dies nur im Rahmen der speziellen Offenbarung zu sehen. Im letzteren Fall wäre die Diskussion dieser Frage hier fehl

---

[57] Die Tatsache, daß z.B. eine postmoderne Frau, die Gottes Gebot nicht kennt, aber ein Kind abgetrieben hat, wegen dieser Tat psychische Probleme bekommen kann, mag diesen Satz bestätigen. Dies gilt vor allem dann, wenn sie das Bewußtsein hat, mit der Beseitigung eines ungeborenen Menschen etwas Unrechtes getan zu haben und deswegen in einen inneren Konflikt gerät. Sie versucht den Konflikt zu lösen, indem sie Argumente sucht, ihre Tat zu rechtfertigen. Andererseits aber zeigt gerade der Rechtfertigungsdruck, den sie empfindet, daß sie in ihrem Gewissen weiß, unrecht getan zu haben.

[58] Man muß bei diesem Argument bedenken, daß Paulus dies im Licht der speziellen Offenbarung anführt. Diese aber setzt die Kenntnis des Gesetzes bereits voraus. Er entwickelt also keine natürliche Ethik und auch keinen moralischen Gottesbeweis.

[59] Gr. ὀργὴ θεοῦ *(orge theou)*.

am Platze. Aus dem Zusammenhang aber geht hervor, daß Paulus nicht von Israel spricht, das die spezielle Offenbarung Gottes hatte und kannte, sondern von den *Menschen*. Nichtjuden sind hier allemal eingeschlossen. Im folgenden zeigt er, daß sie, wie oben dargelegt, aufgrund der Schöpfungswerke Gottes wußten, daß ein Gott ist, aber sie haben diese Wahrheit in Ungerechtigkeit niedergehalten. Sie hielten es für unbillig, Gott in angemessener Form zu ehren, haben sich Götzenbilder gemacht und diese angebetet. Das ist die primäre Sünde. Deren Folge war und ist, daß Gott die Menschen der Unmoral preisgegeben hat. Darauf weist das dreimalige „dahingegeben"[60] in Röm 1,24.26.28. An den Sünden, in die hinein der Gottlose preisgegeben wird und durch die er sich selbst entehrt, wird Gottes Zorn sichtbar. Soweit gehört dies in den Bereich der allgemeinen Offenbarung.[61] Die Frage bleibt offen, ob der in die Unmoral preisgegebene Heide in seiner Sünde den Zorn Gottes wirklich erkennt, oder ob er dies nur im Licht der Heilsoffenbarung, also besonders im Licht des Gesetzes Gottes erkennen kann. Man muß zurückfragen, ob der Heide, den Gott preisgegeben hat, dies überhaupt wissen muß. Falls ja, wird man davon ausgehen müssen, daß sich in seinem Gewissen die Einsicht einstellt, daß er mit seiner Sünde sich selbst schadet und dies als Gericht Gottes erkennen. Im Einzelfall mag dies zutreffen, doch ob es generell der Fall ist, sei dahingestellt; empirische Untersuchungen dazu sind nicht bekannt.

Doch Paulus spricht in Röm 1,18 ff nicht explizit von den Heiden, sondern er redet unbestimmt und generalisierend von den *Menschen*. Damit ist auch Israel von seinen Aussagen betroffen. Aus der alttestamentlichen Geschichte ist hinlänglich bekannt, daß auch die Juden es oft genug für unbillig hielten, Gott zu erkennen, und von Gott abfielen, sich Götzenbilder machten, und –

---

[60] Gr. παρέδωκεν *(paredoken)*.

[61] In diesem Sinne interpretiert Murray, J. *The Epistle to the Romans*. NICNT, hg. Bruce, F.F., Grand Rapids: Eerdmans, 1968, Band 1, S. 36-37. Cranfield, C.E.B. *A Critical and Exegetical Commentary on The Epistle to the Romans*. ICC. Edinburgh: T. & T. Clark, 1982, Bd. 1, S.106-111, ist der Meinung, es handele sich bei dem Offenbarwerden des Zornes Gottes um ein solches durch das Evangelium. Diese ausdrücklich der Theologie Karl Barths verpflichtete Sicht ist natürlich absurd, weil das Evangelium gerade die rettende Gerechtigkeit Gottes offenbarmacht. Der Zorn wird vielmehr, wenn man schon auf die spezielle Offenbarung rekurriert, durch das Gesetz Gottes offenbar, wie Röm 4,15 sagt. Ein Offenbarwerden des Zornes Gottes im Rahmen der allgemeinen Offenbarung erkennt Cranfield nicht. Michel, O. *Der Brief an die Römer* (KEK Bd. 4), 14. Aufl., Göttingen: Vandenhoeck und Ruprecht, 1978, S. 97-98, denkt heilsgeschichtlich und sieht mit der Evangeliumsoffenbarung, nicht in ihr, sondern neben ihr, auch eine Verschärfung der Offenbarung des Zornes Gottes. Vgl. die Diskussion dort (S. 98, Fn. 3).

im Rahmen der sinaitischen Ordnung gemäß Dt 28,15 ff – den Zorn Gottes zu spüren bekamen. Selbst wenn nicht alle Details des Dahingegebenseins auf die Juden zugetroffen haben mögen, so gilt die Aussage, daß Gottes Zorn auch für sie offenbart wurde; das babylonische Exil kann hier als markantestes Beispiel für das Zornesgericht Gottes gelten. Ferner darf nicht übersehen werden, daß das Gesetz, das in der missionarischen Verkündigung der Kirche den nichtjüdischen Völkern bekanntgemacht wird, auch diesen den Zorn Gottes offenbar macht. Unter diesen Perspektiven gehen meine Ausführungen über das Offenbarsein des Zornes Gottes über die Grenzen der allgemeinen Offenbarung hinüber zur speziellen Offenbarung.

2.3 Allgemeine Offenbarung als theologisches Problem

Indem die Bibel gerade die Schöpfung als Ort und Medium der (allgemeinen) Offenbarung reklamiert, verdeutlicht sie, daß es hier nicht um eine religiöse, subjektive oder gar im Belieben des einzelnen Menschen stehende Wahrnehmung oder Interpretation gehen kann, sondern um eine objektive, also um eine aus einem äußeren, vom Menschen unterschiedenen Gegenstand kommende Kenntnis. *Allgemeine Offenbarung ist also die allen Menschen zugängliche, mittelbare Selbstkundgabe Gottes durch die Werke der Schöpfung.*

Wie ist die aus dieser Offenbarung kommende Erkenntnis zu bewerten?[62] Erlaubt sie, um die Grenzlinie zur einen Seite hin zu nennen, eine philosophische Theologie, die von Gott angemessen reden kann, ohne etwas von der Heilsoffenbarung zur Kenntnis zu nehmen? Ist eine auf die allgemeine Offenbarung gründende philosophische Theologie eine mögliche oder gar notwendige Grundlegung oder Voraussetzung für die Heilsoffenbarung und die aus dieser schöpfende Theologie? Oder ist, um die Grenzlinie zur anderen Seite hin zu nennen, die allgemeine Offenbarung vollkommen nutzlos und eine auf ihr aufbauende philosophische Theologie Götzendienst?

W. Weischedel[63] hat im ersten Band seines eindrucksvollen Werkes über den Gott der Philosophen die Geschichte der philosophischen Theologie und ihren Niedergang in der modernen Zeit beschrieben. Er sieht in großer Klarheit, daß der Nihilismus die gegenwärtig herrschende und aus der abendlän-

---

[62] Vgl. Sparn, W. „Natürliche Theologie", in: *TRE* 24, S. 85-98.

[63] Weischedel, W. *Der Gott der Philosophen. Grundlegung einer philosophischen Theologie im Zeitalter des Nihilismus.* Zwei Bände in einem Band. Darmstadt: Wiss. Buchgesellschaft, 1998 (Reprographischer Nachdruck der 1975 in dritter Auflage erschienenen zweibändigen Ausgabe).

dischen Philosophie hervorgegangene geistige Macht ist. Auch er selbst philosophiert unter den Prämissen des Nihilismus. Im zweiten Band versucht er, eine Grundlegung für eine philosophische Theologie zu bieten, die allerdings nicht eigentlich zu positiven Sätzen kommt, sondern bewußt beim radikalen Fragen stehenbleibt. Die Fragen sind so gestellt, daß sie eine Antwort erheischen. Er kommt mit seiner Philosophie zu einem Wirklichkeitsverständnis, das sich von einer Größe ableitet, die er das „Vonwoher" nennt, das gegenüber der empirischen Wirklichkeit vorgängig ist. Dieses Vonwoher ist aber – aus seiner Sicht – nicht transzendent, sondern es ist als Tiefendimension der empirischen Welt erkennbar. Es läßt sich auch nicht als Person bestimmen, sondern ist ein Geheimnis.

Philosophisch gesehen ist Weischedels Werk eine hervorragende Arbeit. Es zeigt die Probleme einer philosophischen Theologie in großer Klarheit auf und wird damit auch der Armut einer philosophischen Theologie ansichtig. Ihr Ergebnis entspricht in den Grundzügen dem, was ich unten mit dem Begriff der „Lücke" bezeichne. Es macht zugleich deutlich, daß eine philosophische Theologie und damit eine sogenannte natürliche Theologie nicht möglich ist. Doch indem Weischedel zu dem Schluß kommt, Gott, das Vonwoher, sei Geheimnis, und der Mensch habe es als Geheimnis zu wahren[64], redet er doch sehr dogmatisch und scheint es zu verbieten, mehr von Gott wissen zu wollen. Was aber ist, so möchte man fragen, wenn Gott sich offenbart? Wahrhaft philosophisch und der von Weischedel immer wieder reklamierten Fraglichkeit entsprechend wäre es, wenn er diese Möglichkeit nicht ausschlösse. Auch ist das Vonwoher selbst dann, wenn es sich nur an der sichtbaren Wirklichkeit manifestiert, nicht zwangsläufig als immanent zu bestimmen, denn die Dimension, die es erheischt, ist nicht zwingend die immante, sondern eine andere, weil gerade in der Immanenz keine Kraft auszumachen ist, deren sich die Welt verdankt.

Die christliche Kirche hat die Lehre von der Offenbarung Gottes in der Schöpfung von ihrer frühesten Zeit her bekannt. Irenäus von Lyon († nach 202) sagt:

> „Die Schöpfung selbst verweist ja auf ihren Schöpfer, das Werk läßt erkennen, wer es gemacht hat, und die Welt tut kund, wer sie geordnet hat. Diese Tradition hat die ganze Kirche auf dem gesamten Erdkreis von den Aposteln empfangen."[65]

---

[64] Weischedel, W. Der *Gott der Philosophen* 2, S. 257.

[65] Irenäus, *Adversus haereses* II, 9.1; *FChr* 8/2; Freiburg u.a.: Herder, 1993, S. 71.

Die Kirche hat diese Sicht generell bis in die Zeit der Aufklärung hinein geteilt und auch dogmatisch dargestellt. Erst im neunzehnten Jahrhundert wurde sie von einer breiteren Masse als obsolet angesehen.

Die natürliche Gotteserkenntnis spielt bekanntlich im Katholizismus eine wichtige Rolle. Das Vaticanum I (1870) definierte, „daß Gott, der Ursprung und das Ziel aller Dinge, mit dem natürlichen Licht der menschlichen Vernunft aus den geschaffenen Dingen gewiß erkannt werden kann".[66] Natürliche Gotteserkenntnis und die Gottesoffenbarung können einander nicht widersprechen, weil sie von demselben Gott kommen. Sodann wird der natürliche Mensch angesprochen, die in ihm liegenden Fähigkeiten zur natürlichen Gotteserkenntnis zu aktivieren und das Seine zu tun, um sich auf Gott hin zu bewegen, der das natürliche Beginnen mit der Gnade krönt. Damit wird dem Menschen ein Bereich zugestanden, in dem er selbsttätig und selbstmächtig Gott erkennen kann. Diese Erkenntnis folgt nicht dem souveränen Heilsratschluß Gottes, sondern ist von diesem abgekoppelt. Die römische Lehre überläßt in diesem Raum den Menschen seiner eigenen Entscheidung. Je nachdem, auf welchem Wege er diesen Raum verläßt, ob durch die Tür „hin zu Gott" oder durch die Tür „weg von Gott", begegnet Gott ihm mit Gnade oder nicht. – Die mit Hilfe der natürlichen Vernunft gewonnene Gotteserkenntnis ist damit Teil der römischen Kirchenlehre. Daraus ergibt sich eine wichtige Frage an die reformatorische Apologetik: Ist eine natürliche Gotteserkenntnis wirklich so unzweideutig möglich, wie es die römische Kirchenlehre behauptet?

Eine weitere und sehr grundsätzliche Frage ist, ob es sich bei dieser allgemeinen Selbstkundgabe Gottes überhaupt um Offenbarung handelt. Selbst der konservative Lutheraner W. Künneth spricht von der „Unmöglichkeit der ‚Gottesbeweise' oder irgendeines Rückschlußverfahrens von Weltelementen auf Gottes Wirklichkeit"[67], und schränkt den Offenbarungsbegriff auf die Heilsoffenbarung, die unten zu besprechende *revelatio specialis*, ein.

Dies ist in Grundzügen auch die Sicht K. Barths, der sicher der profilierteste Theologe war, der im 20. Jahrhundert gegen die natürliche Theologie und die allgemeine Offenbarung gestritten hat. Besonders markant ist sein „Nein" zur natürlichen Theologie in der Auseinandersetzung mit seinem Zürcher Kolle-

---

[66] DH 3004: „Eadem sancta mater Ecclesia tenet et docet, Deum, rerum omnium principium et finem, naturali humanae rationis lumine e rebus creatis certo cognosci posse." – Vgl. auch DH 3005.

[67] Künneth, W. *Fundamente des Glaubens. Biblische Lehre im Horizont des Zeitgeistes.* Wuppertal: Brockhaus, 1975, S. 52.

gen und vormaligen Mitstreiter E. Brunner.[68] Brunner forderte die Rückkehr zu einer rechten *theologia naturalis*[69] und vertrat die These, daß der Mensch in der Dimension der Vernunft und in seinem Personsein sowie in seiner Verantwortlichkeit, in denen er die Gottebenbildlichkeit des Menschen sah[70], einen „Anknüpfungspunkt" für die Erlösungsgnade biete.[71] Darüber hinaus war er der Meinung, daß darin auch eine Art natürlicher Gotteserkenntnis gegeben sei,[72] die freilich nur von den Gliedern des auserwählten Gottesvolkes recht wahrgenommen werden könne.[73] Dieser Sicht galt das geräuschvolle Nein Barths. Barth war der Meinung, daß Gott sich nur einmal, und zwar in Christus, und nirgends sonst geoffenbart habe.[74] Jenseits der Inkarnation Christi könne nicht von Offenbarung gesprochen werden. Massiv polemisiert Barth gegen eine Kenntnis Gottes außerhalb von Christus. Hier wolle der Mensch Gottes Sein erkennen ohne Gnade, hier wolle sich der natürliche Mensch ohne Versöhnung in Christus einen Weg zu Gott bahnen. Barth anerkennt wohl, daß die Bibel von einer Erkennbarkeit Gottes in der Natur spricht, aber er betont, daß Röm 1,18-21 in einem ganz bestimmten Zusammenhang des paulinischen Römerbriefes stehe, und das Thema des Römerbriefes sei die Offenbarung der Gerechtigkeit Gottes im Evangelium. Von diesem her werde deutlich, daß auch die Griechen sich an Gott verantwortlich versündigt hätten. Sie seien immer solche gewesen, die Gott erkannt hätten, obwohl sie ihm die rechte Verehrung schuldig geblieben wären.[75] Die „Offenbarung Gottes in der Schöpfung" diene also dem Aufweis der Schuld der Heiden. Sie sei nicht ein positiver Weg zum Evangelium.

Wenn Barth sagt, „‚Gott' ist keine Größe, von deren Erkenntnis der Glaubende schon herkommt, bevor er Glaubender ist, um dann als Glaubender bloß eine Verbesserung und Bereicherung dieser Erkenntnis zu erfahren"[76], dann trifft der erste Teil des Satzes nicht zu. Paulus sagt: „Sie wußten daß ein

---

[68] Barth, K. *Nein! Antwort an Emil Brunner*. München: Kaiser, 1934.

[69] Brunner E. *Natur und Gnade. Zum Gespräch mit Karl Barth*. Tübingen: Mohr, 1934, S. 44.

[70] Brunner, E. *Natur und Gnade*, S. 40.

[71] Brunner, E. *Natur und Gnade*, S. 18.

[72] Brunner, E. *Natur und Gnade*, S. 12; 19-20; 36.

[73] Brunner, E. *Offenbarung und Vernunft*, S. 101.

[74] Barth, K., *KD* I/2, 13.

[75] Barth, K., *KD* II/1, 132-133; vgl. ders., *Credo. Die Hauptprobleme der Dogmatik dargestellt im Anschluß an das Apostolische Glaubensbekenntnis*. 2. Aufl., Kaiser: München, 1935, S. 14-15.

[76] Barth, K. *Credo*, S. 14.

Gott ist."[77] Er sagt damit, daß auch die Heiden ein Wissen von Gott haben, selbst dann, wenn sie es für nutzlos halten, rechte Gotteserkenntnis zu haben.[78] Allerdings gebe ich Barth Recht, wenn er herausstellt, daß diese Gotteserkenntnis immer zum Götzendienst verkehrt und mißbraucht wird. Barth scheitert mit seiner Einseitigkeit im Urteil an der Komplexität des Menschen. Der Mensch ist eben nicht nur Sünder, sondern zugleich auch Geschöpf, und zwar unabhängig davon, ob er es glaubt oder nicht. Die Geschöpflichkeit wird durch die Sünde nicht ausgelöscht. Sie und die von Brunner und später von Althaus reklamierten Elemente des Menschseins können, sofern sie geschöpflicher Natur sind, nicht geleugnet werden. Der Fehler Barths liegt darin, daß er – hier wie andernorts – die geschöpfliche Dimension nicht angemessen würdigt.

Unter anderem in der Auseinandersetzung mit Barth hat P. Althaus den ganzen Komplex der allgemeinen Offenbarung unter dem Stichwort *Uroffenbarung* dargestellt.[79] Er betont nachdrücklich die Notwendigkeit dieser Lehre. Dabei stellt er im Grundsatz zu Recht heraus, daß der Mensch bereits aufgrund der Schöpfung auf Gott bezogen sei. Er führt dann aus, daß Gott sich bezeuge (1) in der Existenz des Menschen in Gestalt lebendiger Erfahrung und im Bewußtsein eines selbst, in der „schlechthinnigen Gewirktheit unseres Daseins"[80], (2) im geschichtlichen Leben, indem der Mensch anhand seines Berufes und Standes in der Geschichte, seiner Verantwortung und anhand des Ethos der Geschichte Gottes innewerde. Gott bezeuge sich (3) auch im theoretischen Denken im Sinne der Gottesbeweise, (4) in der Wahrheitsbeziehung des Geistes und (5) in der Natur. In Althaus' Ausführungen finden sich zahlreiche beachtenswerte Gedanken, doch in den Einzelheiten findet sich auch mancher traditionell-spekulative Gedanke, der sich weder durch Erfahrung noch durch Schriftaussagen begründen läßt. Daß der Mensch sowohl an den positiven Dingen seines Lebens und seiner Existenz ebenso wie an der Erfahrung der Not Gottes innewerden kann, ist einfach zu positiv und optimistisch formuliert. So kann allenfalls derjenige reden, der vom christlichen Glauben und damit von der Heilsoffenbarung herkommt, nicht aber derjenige, der diese nicht kennt. Gerade die Zwiespältigkeit der menschlichen Erfahrung umgibt den Schluß auf Gott mit vielen Fragezei-

---

[77] Röm 1,21. Ich übersetze γνόντες τὸν θεὸν in diesem Sinne.

[78] So in Röm 1,28; dort ist die Gotteserkenntnis wiedergegeben mit den Begriffen τὸν θεὸν ἔχειν ἐν ἐπιγνώσει. (= *ton theon echein en epignosei*)

[79] Althaus, P. *Die christliche Wahrheit. Lehrbuch der Dogmatik.* 8. Aufl., Gütersloh: Mohn, 1969, S. 37 ff.

[80] Althaus, P. *Die christliche Wahrheit*, S. 65.

chen. Gewißheit jedenfalls ergibt sich daraus nicht, denn zu unbestimmt ist der „Gott", den Althaus anhand der Uroffenbarung ausmacht, und zu widersprüchlich erscheint er, um etwas von ihm sagen zu können. Althaus hat dieses Problem gesehen, aber er gewichtet es nicht im biblischen Sinn. Das wird besonders daran deutlich, daß er die Religion „als Echo des Menschen auf die Selbstbezeugung Gottes und als Ausdruck seiner Lage unter der Selbstbezeugung"[81] sieht. Formal mag das gelten, aber inhaltlich ist die ganze Welt der Religionen ein Ausdruck des Aufstandes gegen Gott. Inhaltlich richtige Erkenntniselemente werden in götzendienerischen Systemen usurpiert, in denen der Mensch sein sündiges Wesen auslebt.

Die gleiche Schlagseite hat Althaus' Behauptung, auch das Evangelium sei auf die Uroffenbarung bezogen, und zwar in dreifacher Weise: (1) in der Vergebung der Schuld, insofern von Schuld nur die Rede sein könne, wo die Wirklichkeit Gottes zuvor kundgeworden sei, (2) in der Bewährung ihrer Wahrheit und (3) in der Erfüllung der in ihr begründeten Heilserwartung.[82] Doch auch hier ist es notwendig, genauer hinzusehen. Althaus vermischt hier allgemeine Offenbarung und Heilsoffenbarung. Zu (1): Schon aus der Uroffenbarung soll der Mensch Erkenntnis seiner Schuld beziehen. Das ist insofern richtig, als die in ihr gegebene Evidenz ausreicht, daß Gott einen Menschen im Gericht damit behaftet. Doch daß erst durch das mosaische Gesetz Erkenntnis der Sünde kommt, wird weder hier noch später im biblischen Sinne zur Geltung gebracht. Zu (2): Aus dem Wissen, daß Gott ist, könne der Mensch auch für Christus nicht blind sein; der Unglaube gegenüber Christus sei eine Fortsetzung der Ungerechtigkeit, in der der Mensch sich der Uroffenbarung verschließe. Dieses Argument ist im Grunde zirkulär. Zu (3): Die Behauptung, daß das Evangelium die alttestamentlich-jüdische und heidnische Heilserwartung erfülle, mag ebenfalls formal stimmen. Aber Tatsache ist, daß weder die Juden noch die Heiden die neu zu ihnen kommende Evangeliumsbotschaft einhellig und mit freudiger Erwartung begrüßten, sondern ihr oft genug mit aggressivem Widerstand begegneten. Dies zeigt die theoretisierende – um nicht zu sagen: illusorische – Sicht Althaus'. Die Behauptung einer positiven Beziehung zwischen Evangelium und Uroffenbarung scheitert an der Sündhaftigkeit des Menschen.

Aufs Ganze gesehen ist die neuere protestantische Theologie begreiflicherweise zurückhaltend in der Annahme einer allgemeinen Offenbarung. Doch unter der Perspektive, daß die sichtbare Schöpfung eine Manifestation des

---

[81] Althaus, P. *Die christliche Wahrheit*, S. 93.
[82] Althaus, P. *Die christliche Wahrheit*, S. 42-50.

unsichtbaren Schöpfers ist, ist es berechtigt, von einer mittelbaren Offenbarung zu sprechen.

2.4 Die Gottesbeweise[83]

Klassischerweise wurden im Zusammenhang der allgemeinen Offenbarung auch die Gottesbeweise angeführt. Sie spielen in der neueren protestantischen Theologie keine Rolle mehr, und auch in der römischen Theologie haben sie ihre Funktion verloren, Gott zu beweisen. In der Sache aber wird häufig im Sinne der Gottesbeweise argumentiert. Um die Gottesbeweise einordnen und bewerten zu können, stelle ich sie zunächst dar.

2.4.1 Der ontologische Gottesbeweis

Der große Vertreter des ontologischen Gottesbeweises ist Anselm von Canterbury (1033-1109). Er hat ihn in seinem *Proslogion* folgendermaßen vorgetragen:

> „Denn wenn ein Maler vorausdenkt, was er schaffen wird, hat er zwar im Verstande; erkennt aber noch nicht, daß existiert, was er noch nicht geschaffen hat. Wenn er aber schon geschaffen hat, hat er sowohl im Verstande, als er auch einsieht, daß existiert, was er bereits geschaffen hat.
>
> So wird also auch der Tor überführt, daß wenigstens im Verstande etwas ist, über dem nichts Größeres gedacht werden kann, weil er das versteht, wenn er es hört, und was immer verstanden wird, ist im Verstande.
>
> Und sicherlich kann ‚das, über dem Größeres nicht gedacht werden kann', nicht im Verstande allein sein. Denn wenn es wenigstens im Verstande allein ist, kann gedacht werden, daß es auch in Wirklichkeit existiere – was größer ist. Wenn also ‚das, über dem Größeres nicht gedacht werden kann', im Verstande allein ist, so ist eben ‚das, über dem Größeres nicht gedacht werden kann', über dem Größeres gedacht werden kann. Das aber kann gewiß nicht sein. Es existiert also ohne Zweifel ‚etwas, über dem Größeres nicht gedacht werden kann', sowohl im Verstande als auch in Wirklichkeit (*et in intellectu et in re;* B.K.).

---

[83] Vgl. Köstlin, J. „Gott", in: *RE*[3] 6, S. 790-798 passim; Klein, J. „Gottesbeweise", in: *RGG*[3] II, Sp. 1745-1751. Clayton, J. „Gottesbeweise" II und III, in: *TRE* 13, S. 740-784; vgl. hier auch die umfangreiche und neuere Bibliographie. Vgl. auch das dem evangelikalen Spektrum zuzurechnende Werk von Kessler, V. *Ist die Existenz Gottes beweisbar? Neue Gottesbeweise im Licht der Mathematik, Informatik, Philosophie und Theologie.* Gießen: Brunnen, 1999.

Das existiert schlechthin so wahrhaft, daß auch nicht gedacht werden kann, daß es nicht existiert. Denn es läßt sich denken, daß es etwas gibt, das als nichtexistierend nicht gedacht werden – was größer ist, als was als nichtexistierend gedacht werden kann. Wenn deshalb ‚das, über dem Größeres nicht gedacht werden kann', als nichtexistierend gedacht werden kann, so ist eben ‚das, über dem Größeres nicht gedacht werden kann, nicht das, über dem Größeres nicht gedacht werden kann; was sich nicht vereinbaren läßt. So wirklich also existiert ‚etwas, über dem Größeres nicht gedacht werden kann', daß es als nichtexistierend auch nicht gedacht werden kann.

Und dieses bist du, Herr, unser Gott! So wirklich also bist Du, Herr, mein Gott, daß Du als nichtexistierend auch nicht gedacht werden kannst."[84]

Der ontologische Gottesbeweis geht von der platonischen Gleichsetzung von Denken und Sein aus: Was der Mensch denken kann, ist wirklich, und zwar als jenseitige Wirklichkeit (platonisch: als Idee). Diese Denkvoraussetzung ist in der abendländischen Geistesgeschichte immer wieder gemacht worden. Sie wurde auch mit der Annahme begründet, daß die Gottesbildlichkeit, in der der Mensch geschaffen wurde, gerade darin bestehe, daß die menschliche Geistigkeit eine wenigstens in Teilen göttliche oder mit Gott kompatible Sphäre im Menschen sei. So auch Anselm: Er begründet dies mit dem Bild Gottes in der Seele, das Gott ihm eingestiftet habe. Wenn der Mensch an das, was sich mit dem Begriff *Gott* verbindet, denkt, dann erinnert er sich im Grunde an etwas, was er schon immer wußte. Hier findet sich wieder, was Platon ἀνάμνησις (*anamnesis* = Erinnerung) nannte. In seinem Denken kann der Mensch Gott erfassen und lieben. Gott ist dieser Anlage im Menschen zufolge das, *quo nihil maius cogitari potest,* also ein solches Sein, „im Vergleich zu dem kein höheres Sein gedacht werden kann", also ein höchstes oder vollkommenes Sein. Indem der Mensch Gott denkt, hat er zugleich teil am Sein der gedachten Idee: Wenn er an Liebe denkt, dann erinnert er sich gleichsam automatisch und unbewußt an die Idee der Liebe, die Ideal-Liebe der platonischen Ideenwelt, die der Seele eingepflanzt ist. Gleicherweise ist ihm auch die Gottesidee eingepflanzt, eben als Idee des höchsten Seins. Weil aber für den Platoniker Denken und Sein eins und dasselbe sind, weil also mit dem Denken Wirklichkeit erfaßt wird, erfaßt der Mensch, der Gott denkt, ihn selbst. Mithin hat er auch Teil an Gott, indem er ‚Gott' denkt. Diese Vorstellung ist zugleich vom Gedanken der platonischen μεθέξις (*methexis* = Teilhabe) gekennzeichnet, die ebenfalls als Voraussetzung in den „Beweis" einfließt. Damit ist gemeint, daß alles Sein am Sein Gottes *teilhat,* und zwar durchaus in unterschiedlichen Graden. So entsteht eine Seinshierarchie, in

---

[84] Anselm von Canterbury, *Proslogion,* cp 2-3; übers. v. F.S. Schmitt.

der es eben auch ein höchstes oder absolutes Sein geben muß. Der Mensch aber hat mit seinem Sein am Sein Gottes teil und denkend wird er dessen inne, ja, im Denken verwirklicht sich dieses Sein in seiner für den Menschen höchsten Form.

Der ontologische Gottesbeweis bietet die Grundstruktur der übrigen Gottesbeweise. Deren Argumentation ist analog zu diesem. Kant[85] hat mit Recht gegen den ontologischen Gottesbeweis eingewandt, daß der Begriff des höchsten Seins ein Produkt menschlicher Abstraktion sei. Existenz sei nicht eine Eigenschaft, von der man mehr oder weniger haben könne. Man könne nicht über die Existenz einer Sache hinaus noch eine Art höherer Existenz annehmen. Schon allein deswegen werde dieser „Gottesbeweis" fragwürdig. Der spekulative Charakter des ontologischen Gottesbeweises ist einsichtig. Er hat keinen Bezug zu einer dinglichen Wirklichkeit außerhalb des denkenden Ichs, und es bedarf nur eines denkenden Ichs, um ihn zu führen[86]. Er steht damit nicht im Horizont der Argumentation von Röm 1.

2.4.2 Der kosmologische Gottesbeweis

Der kosmologische Gottesbeweis hat vor Augen, daß etwas da ist und bewegt ist: die Welt, wie wir sie aus der Erfahrung kennen. Weil wir davon ausgehen, daß alles, was da ist, eine Ursache haben muß, schließen wir, daß es eine absolute Ersturache für die Gegebenheiten in der Erfahrungswelt geben muß. Das Naturgesetz der Kausalität ist das tragende Element in diesem „Beweis." Kosmologisch wird der Beweis deswegen genannt, weil er von der Erfahrung der Welt ausgeht. Darin unterscheidet er sich vom ontologischen, weil dieser eine *reine* Denkoperation ist.

Man kann sich diesen Gottesbeweis anhand des Domino-Effekts veranschaulichen. Es ist nicht möglich, daß der letzte Stein, der fällt, von einer unendlich langen Ursachenkette zu Fall gebracht wird. Auch wenn die Reihe der Dominosteine sehr lang gewesen sein mag – es muß einen Anfang in der Ursachenkette geben, bei dem der erste Stein angestoßen wurde. Der kosmologische Gottesbeweis, der auf den Platonschüler Aristoteles zurückgeht, postuliert nun eine letzte Ursache der Welt und nennt diese Gott. Ich zitiere

---

[85] Kant, I. *Kritik der reinen Vernunft.* A 592-602; B 611-630; in: *Werke* 4, S. 523-536. Vgl. Köstlin, J. „Gott", in: *RE*³ 6, S. 796 f.

[86] Vgl. Clayton J. „Gottesbeweise III", in: *TRE* 13, S. 752.

ihn hier aus der Darstellung des Thomas von Aquino[87] in der Übersetzung von J. Bernhart, die eine bekanntermaßen eigenwillige Sprache hat:

> „Es ist also unmöglich, daß etwas ein und demselben Betracht nach und in ein und derselben Weise bewegend und bewegt ist oder sich selbst wegt (= bewegt; B.K.). Alles also, was gewegt wird, braucht ein anderes, um gewegt zu werden. Falls also das, wovon es gewegt wird, sich wegt, so braucht dies selbst ein anderes, um gewegt zu werden, und das wieder eins. Dabei kann man aber nicht ins Unendliche gehen, weil es dann kein Erstwegendes gäbe und infolge davon nicht irgend eins, das ein anderes wegte, weil die wegenden Zweitheiten nur dadurch wegen, daß sie von einem ersten Wegenden gewegt sind, gerade wie der Stock nur dadurch anwegt, daß er mit der Hand bewegt wird. Man muß also notwendigerweise zu einem Erstwegenden hinkommen, das von keinem gewegt wird, und darunter verstehen wir Gott."[88]

Auch dieser Beweis setzt voraus, daß alles Sein miteinander in Beziehung steht, so daß eine Wirkung des jeweils höheren auf das jeweils niedere Sein möglich ist. Im Bilde gesprochen: Es muß eine Kompatibilität zwischen den Dominosteinen und dem, der sie anstößt, bestehen. Gott ist dann das erste Glied der Seinskette (eine typisch neuplatonische Vorstellung!), er steht in puncto Sein oder Wirklichkeit in einer Linie mit dem Sein der Schöpfung. Das ist im Licht der Bibel nicht grundsätzlich abzuweisen.

Bei Leibniz und Wolff, also in der frühen Aufklärung, tritt der kosmologische Gottesbeweis in einer neuen Variante auf. Sie schließen aus der Zufälligkeit der Welt, aus den zufälligen Ereignissen, die ebensogut anders oder gar nicht sein können, daß es einen notwendigen Grund geben müsse, der eben nicht zufällig sei und von dem auch nicht gedacht werden könne, daß er nicht sei. Wenn man ihn denke, dann müsse er schon als existent vorausge-

---

[87] Thomas von Aquino, *ST* I,2.3 spricht von fünf Wegen, auf denen man zum Erweis komme, daß es Gott gebe. An erster Stelle nennt er den hier beschriebenen. Als zweiten nennt er die Kausalität: Es müsse eine erste Wirkursache für alle Dinge geben. An dritter Stelle betrachtet er die Wirklichkeit im Raster von Möglichkeit und Wirklichkeit. Alle Dinge waren irgendwann einmal möglich und wurden dann wirklich. Als Ursache aber muß es Dinge geben, die notwendig sind, und es bedarf einer Ursache, die in sich notwendig ist und Ursache für alle anderen notwendigen Dinge ist. - Der vierte Weg hat die Unterschiede der Dinge untereinander vor Augen. Einige Dinge sind warm, andere wärmer, andere ganz heiß. So gibt es auch etwas, was „das Wahrste und Beste und das Adeligste und folglich das am meisten Seiende ist", und was „die Ursache des Seins und der Gutheit und jeglicher Vollkommenheit ist." (Thomas v.A., *Summe der Theologie* 1: *Gott und die Schöpfung*, hg. v. Bernhart, J. Stuttgart: Kröner, 1985, S. 25). Der fünfte Weg ist der unten als teleologischer Gottesbeweis dargestellte.

[88] Thomas von Aquino, *ST* I,2.3; a.a.O. S. 23.

setzt werden. Dies ist praktisch die Aufnahme des Satzes vom zureichenden Grund.[89]

Kant hat hieran kritisiert, daß der Schluß, daß jedes schlechthin notwendige Wesen auch das allerrealste Wesen sei, nicht möglich sei. Es sei nicht statthaft, vom Zufälligen über die Grenze der empirischen Welt hinweg auf das Notwendige oder eine erste Ursache zu schließen. Er gestattet zwar die *Annahme* eines höchsten Wesens, aber sie als zwingenden Schluß auszugeben, ist ihm zufolge nicht möglich.[90]

2.4.3 *Der teleologische Gottesbeweis*

Der teleologische Gottesbeweis hat seine Wurzeln ebenfalls in der Antike.[91] Er beobachtet an der Welt so etwas wie Zweckmäßigkeit und setzt diese in letzter Konsequenz mit Gott gleich. Ich zitiere Thomas von Aquino, der ihn als fünften Weg nennt:

> „Der fünfte Weg wird von der Regierung der Dinge hergenommen. Wir sehen nämlich, daß einiges, was der Erkenntnis entbehrt, nämlich die natürlichen Körper, um eines Zweckes willen tätig ist; was daraus hervorgeht, daß sie immer oder doch häufig in derselben Weise tätig sind, um das zu erreichen, was das Beste ist; daraus ist klar, daß sie nicht aus Zufall, sondern aus einer Absicht an das Ziel gelangen. Was aber keine Erkenntnis hat, strebt nicht zu einem Ziel, es sei denn, daß es von einem in Richtung gebracht ist, das Erkenntnis und Vernunft hat, gerade wie der Pfeil vom Schützen. Also gibt es ein Vernünftiges, von dem alle Naturdinge zu einem Ziele hingeordnet werde: und das heißen wir Gott."[92]

In diesem Sinne hat die Aufklärung fünfhundert Jahre nach Thomas die Natur angeschaut. Bekanntlich war die Hinwendung zur Natur für die frühe Aufklärung Programm. Mit Hilfe der Vernunft fand sie darin die vom Schöpfer weise geordneten Gesetze und darüber hinaus Schönheit und Zweckmäßigkeit. So war es naheliegend, auf Gott als den Urheber dieser an der Natur beobachteten Eigenschaften zu schließen.[93]

---

[89] Vgl. auch Pannenberg, W. *Systematische Theologie*. Band 1, Göttingen: Vandenhoeck & Ruprecht, 1988, S. 101.

[90] Kant, I. *Kritik der reinen Vernunft* A 608-12; B 637-40; in: *Werke* 4, S. 540-42.

[91] Vgl. Clayton, J. „Gottesbeweise III", in: *TRE* 13, S. 752.

[92] Thomas v. Aq., *ST* I, q 2, a.3; a.a.O. S. 25.

[93] Vgl. Barth, K. *Die protestantische Theologie im 19. Jahrhundert*. Bd. 12: Die Vorgeschichte (1946). Hamburg: Siebenstern, 1975, S. 24-64. Vgl. z.B. auch Paine, Th. *The Age of Reason*. Amherst, NY: Prometheus Books, 1984. Paine (1737-1809), Philosoph und Politiker der frühen republikanischen Zeit Amerikas und der französischen Revolution, kämpfte gegen

Kant nennt diesen Beweis den physikotheologischen und bestimmt ihn so, daß aus der Erfahrung der Beschaffenheit und Anordnung der gegenwärtigen Welt ein Beweis für das Dasein eines höchsten Wesens geführt werde. Aber auch diesen lehnt er ab. Ähnlich wie beim ontologischen Gottesbeweis kritisiert er daran, daß es für die Vernunft nicht möglich sei, eine Brücke von der empirischen, materiellen Welt zu der intelligiblen, geistigen Welt zu schlagen, weil die Welt der Vernunft eben die diesseitige Welt sei und sie nur in Ansehung dieser zu sinnvollen Aussagen kommen könne.[94] Er anerkennt die in der Natur sichtbare Ordnung, Zweckmäßigkeit und Schönheit. Er sieht, wie naheliegend der Schluß auf einen höchsten Urheber ist, aber er kann diesem Verfahren nicht zubilligen, ein Beweis zu sein. Überdies zeigt er, wie der physikotheologische Gottesbeweis wie der kosmologische im Grunde ein ontologischer ist.

Problematisch wird dieser Gottesbeweis dort, wo in der Natur nicht Harmonie und Zweckmäßigkeit, sondern Chaos und Zerstörung beobachtet werden. Was für ein Gott ist es denn, der Erdbeben und Flutkatastrophen geschehen läßt, bei denen Tausende von Menschen auf einen Schlag vernichtet werden, der seine Geschöpfe einem oft tödlich endenden Kampf ums Dasein überläßt, der Gifte und tödliche Viren macht und millionenfaches Leid, Krankheit und Tod zuläßt? Der Gottesbeweis, der vordergründig für Gott spricht, kann sich unter der letztgenannten Perspektive als Argument gegen einen allweisen und gütigen Gott richten. Gerade die moderne Zeit hat sich dieser Sicht angeschlossen. Immerhin aber weist das Vorhandensein von Ordnung neben dem Chaos doch auf eine ordnende Intelligenz hin. A.E. Wilder-Smith, der Nestor der Evolutionskritik in den Sechziger und Siebziger Jahren des 20. Jahrhunderts, brachte in seinen Vorträgen häufig das Beispiel des von Kriegseinwirkungen beschädigten Kölner Domes: Der Dom war bei Kriegsende aufgrund der Beschädigungen zwar unvollkommen, aber er ermöglichte erstaunliche Einblicke in die Baukunst vergangener Jahrhunderte. Niemand wäre auf den Gedanken gekommen, die mittelalterlichen Baumeister für die Kriegsschäden verantwortlich zu machen. Daß in der vorfindlichen Welt neben Ordnung und Schönheit auch Zerstörung, Unrecht und Chaos wahrzunehmen sind, verwirrt den Beobachter, denn er meint, die ursprüngliche Schöpfung vor Augen zu haben. Eigentlich müßte er die Frage stellen, wieso es zu einem solchen

---

die spezielle Offenbarung, indem er Bibel und Dogma energisch kritisierte. Er ließ aber die Ordnung in der Natur willig als Offenbarung Gottes gelten und schätzte sie als zuverlässige Quelle der Erkenntnis Gottes.

[94] Kant, I. *Kritik der reinen Vernunft*, A 621-622; B 649-650; *Werke* 4, S. 549.

Nebeneinander gekommen ist. Aber eine sinnvolle Antwort gibt es ohne besondere Offenbarung nicht; es bleiben allenfalls Vermutungen.

2.4.4 Der moralische Gottesbeweis

Kant urteilt in seiner Kritik der reinen Vernunft:

> „Diese Moraltheologie hat nun den eigentümlichen Vorzug vor der spekulativen, daß sie unausbleiblich auf den Begriff eines einigen, allervollkommensten und vernünftigen Urwesens führt, worauf uns spekulative Theologie nicht einmal aus objektiven Gründen hinweiset, geschweige uns davon überzeugen könnte."[95]

Wie kommt Kant von der Moral zu Gott? Im Vorfeld dieses Zitates spricht er über den Zusammenhang von Moral und Glückseligkeit. Wer moralisch – das heißt zugleich: vernünftig – handelt, erwartet dementsprechend Glückseligkeit. Das Sittengesetz lehrt also, wie wir uns verhalten sollen, um der Glückseligkeit würdig zu werden. Dahinter steht die Idee einer moralischen Welt. Nur handeln nicht alle Menschen moralisch, sondern die Idee ist an die Bedingung geknüpft, daß jeder tut, was er soll. Da aber das Gebot, moralisch zu handeln, für alle verbindlich ist, und diese Verbindlichkeit nicht aus der Natur selbst heraus oder aus dem Zusammenhang von Moral und Glückseligkeit heraus begründet werden kann, kann nur eine höchste Vernunft als Ursache der Natur angesehen werden, die nach moralischen Gesetzen arbeitet: die den recht Handelnden belohnt und den Bösen bestraft.[96] Der moralische Gottesbeweis geht also von einer natürlicherweise vorhandenen und den Menschen verpflichtenden Moral aus und folgert daraus, daß es eine oberste moralische Instanz geben müsse. Kant, der als erster im Abendland den moralischen Gottesbeweis vorgetragen hat[97], anerkennt ihn als den einzig möglichen und sagt:

> „Also ist das höchste Gut in der Welt nur möglich, so fern eine oberste [Ursache; B.K.; vgl. Akademie-Ausgabe] der Natur angenommen wird, die eine der moralischen Gesinnung gemäße Kausalität hat. Nun ist ein Wesen, das der Handlungen nach der Vorstellung von Gesetzen fähig ist, eine Intelligenz (vernünftig Wesen) und die Kausalität eines solchen Wesens nach dieser Vorstellung der Gesetze ein Wille desselben. Also ist die oberste Ursache der Natur, so fern sie zum höchsten Gute vorausgesetzt werden muß, ein Wesen, das durch Verstand und Willen die Ursache (folglich der Urheber) der Natur ist, d.i. Gott. Folglich ist das Postulat der Möglichkeit des höchsten abgeleiteten

---

[95] Kant, I. *KdrV*, A 815; B 843, in: *Werke* 4, S. 683-684.

[96] Vgl. Kant, I. *KdrV*, A 810; B 838, in: *Werke* 4, S. 680-681.

[97] Clayton, J. „Gottesbeweise III", in: *TRE* 13, S. 756.

Guts (der besten Welt) zugleich das Postulat der Wirklichkeit eines höchsten ursprünglichen Guts, nämlich der Existenz Gottes. Nun war es Pflicht für uns, das höchste Gut zu befördern, mithin nicht allein Befugnis, sondern auch mit der Pflicht als Bedürfnis verbundene Notwendigkeit, die Möglichkeit dieses höchsten Guts vorauszusetzen, welches, da es nur unter der Bedingung des Daseins Gottes stattfindet, die Voraussetzung desselben mit der Pflicht unzertrennlich verbindet, d.i. es ist moralisch notwendig, das Dasein Gottes anzunehmen."[98]

Auf dem Wege der Moral begegnet Kant Gott: Indem er dem kategorischen Imperativ begegnet, begegnet er dem Anspruch eines höchsten Gutes, das die Struktur von Gesetzen trägt, mithin also intelligent und willenshaft und der Urheber der Welt ist. Damit hat er Gott als einen intelligenten, willenshaften Schöpfer „bewiesen".

2.4.5 Das Problem mit den Gottesbeweisen

Als Hintergrund dieser im Abendland breit diskutierten Thematik muß die lange Geschichte des Neben- und Miteinanders von Philosophie und Offenbarung gesehen werden. Das Problem mit den Gottesbeweisen ergab sich geradezu natürlich aus der Begegnung des Christentums mit der griechischen Philosophie. Die antike griechische Philosophie rang mit dem Problem des Anfangs, der ἀρχή (arché = Anfang, Urbeginn), und berührte damit der Sache nach die Frage nach Gott. Darüber hinaus hatte sich die antike Philosophie auch zu Gottesvorstellungen geäußert, etwa in der Annahme, daß es einen Logos gebe, eine Weltvernunft, die alles durchwalte.[99] Im Rahmen der Begegnung lautete die Frage: Ist das, was die Philosophie ἀρχή nennt, der Gott der Christen? Ist der Logos derselbe wie Jesus Christus? Die christlichen Apologeten des zweiten Jahrhunderts und die Theologen der folgenden Zeit haben diese Frage im Prinzip positiv beantwortet[100], haben aber in unterschiedlicher Deutlichkeit betont, daß erst die Offenbarung, also das, was man spezielle Offenbarung nennt und in der heiligen Schrift gegeben ist, zur rechten und rettenden Erkenntnis Gottes führe. Das Verhältnis beider zueinander bleibt aber für Jahrhunderte nicht näher bestimmt.

Bei dieser Sachlage haben die christlichen Theologen von der Zeit der Alten Kirche bis ins Hochmittelalter die Voraussetzung geteilt, daß der Mensch in

---

[98] Kant, I. *Kritik der praktischen Vernunft*; in: *Werke* 6, S. 256.

[99] Vgl. Pannenberg, W. „Die Aufnahme des philosophischen Gottesbegriffs als dogmatisches Problem der frühchristlichen Theologie" in: *Grundfragen systematischer Theologie* I, Göttingen: Vandenhoeck & Ruprecht, 1967, S. 312 ff.

[100] Vgl. Pannenberg, W. *Systematische Theologie* I, S. 89-91.

seinem Geist ein göttliches Licht besitze. Diese aus dem Platonismus stammende Anschauung wurde bereits sehr früh von den christlichen Denkern übernommen.[101] Neuplatonische Anthropologie und christliches Schöpfungsdenken verbanden sich in dieser Anschauung. Diese besagte, daß der menschliche Geist von Gott komme und beständig aus der Welt Gottes erleuchtet werde – die sogenannte Illuminationstheorie, wie sie geradezu exemplarisch bei Augustin zu finden ist. Unter diesen Voraussetzungen gab es keinen Bruch im Denken, keinen Gegensatz von Denken und Glauben, sondern es gab legitimerweise nur gläubiges Denken. Dieses Konzept kristallisierte in der von Augustin geprägten Formel *crede ut intellegas* („glaube, damit du verstehst")[102]. Die Tatsache, daß noch Anselm von Canterbury und im Prinzip auch Thomas von Aquino in derselben Weise dachten, zeigt, daß hier eine große geschichtliche Kontinuität im Denken bestand. Doch daß Vernunft und Offenbarung keine dauerhafte gemeinsame Ehe führen können, zeigt sich darin, daß bereits im Spätmittelalter, in der Philosophie Ockhams (ca. 1300-1350) und der Franziskaner seiner Zeit, kein gemeinsamer Weg von beiden mehr möglich war. Vernunftwahrheiten und Glaubenswahrheiten sind für sie zweierlei. Die Vernunft hat ihre eigene Methode, durch die sie ihre Wahrheiten gewinnt, sie beansprucht ihr eigenes Recht und ihre Gewißheit. Die kirchliche Lehre dagegen beruht auf Offenbarung, auf der heiligen Schrift und deren Autorität.[103] Bei dieser Aufspaltung der Erkenntniszugänge kann man mit philosophischen Mitteln keinen Gottesbeweis mehr führen.

Wir sehen bereits vor der Reformationszeit beachtliche Unterschiede der Positionen auf römischem Boden. Daß die römische Kirche in der Zeit der Gegenreformation die natürlichen Fähigkeiten des Menschen so positiv bewertete und dogmatisch festlegte, daß man mit Hilfe der Vernunft Gott gewiß erkennen könne, führte sie unter dem Ansturm des modernen kritischen Denkens zu den antimodernistisch-trotzigen Behauptungen des Ersten Vatikanischen Konzils. Die römische Position stellt eine starke Herausforderung für die reformatorische Apologetik dar. Eine noch stärkere Herausforderung freilich ist das moderne, kritische Denken. Reformatorische Apologetik

---

[101] Vgl. Pannenberg, W. „Christentum und Platonismus. Die kritische Platonrezeption Augustins in ihrer Bedeutung für das gegenwärtige christliche Denken", in: *ZKG* 96, 1985, 147-161.

[102] Augustin, Sermo XLIII, 7 und 9 in: *CCSL XLI*, S. 511-512. Vgl. Klein, J. Art.: „Gottesbeweise" in: *RGG³* II, Sp. 1747.

[103] Vgl. Adam, A. *Lehrbuch der Dogmengeschichte*. Band II, S. 135-140; Schmidt, M.A. „Dogma und Lehre im Abendland", in: *HDThG* I, Göttingen: Vandenhoeck & Ruprecht, 1982, S. 704-708; Hägglund, B. *Geschichte der Theologie. Ein Abriß*. München: Kaiser, 1983, S. 151-152.

hat demgegenüber die Aufgabe, von etwas zu sprechen, von dem man aus bloßem menschlichen Vermögen nichts sagen kann: von Gott dem Schöpfer und vom Menschen als Geschöpf und Sünder zugleich. Es wird aber der reformatorischen Apologetik kaum möglich sein, bei den Argumenten der römischen Kirche Anleihe zu machen.

2.4.6 Die Bewertung der sogenannten Gottesbeweise

Der Ausweg aus der angedeuteten Aporie besteht nicht in der einfachen Rechtfertigung oder Ablehnung der Gottesbeweise. Er besteht vielmehr in der speziellen Offenbarung. Mit dieser muß das, was der Mensch natürlicherweise sehen kann, in Beziehung gesetzt werden. Wie dies im Rahmen des reformatorischen Modells geschieht, kann darum naturgemäß unter dem Paragraphen der allgemeinen Offenbarung allein nicht abgehandelt werden. Ich werde aber hier zunächst die angeführten Gottesbeweise bewerten und ihre Leistungsfähigkeit zu bestimmen versuchen.

2.4.6.1 Was impliziert ein Gottesbeweis?[104]

Es geht bei einem Gottesbeweis, der seinen Namen verdient, um ein doppeltes:

(1) Es muß sich um einen *Beweis* handeln. Die Antwort auf diese Frage hängt von der Definition des Beweises ab. Man kann einen Beweis als eine experimentelle oder auf einem Experiment basierende Operation verstehen, bei der das oder der zu Beweisende sichtbar vorgeführt wird[105], und man kann den Beweis als eine gedankliche Operation ansehen, bei der auf die zu beweisende Person oder den zu beweisenden Gegenstand mit Sicherheit geschlossen wird. Ein experimenteller Beweis Gottes, der jederzeit wie unter Laborbedingungen durchgeführt werden kann, ist nicht möglich, weil Gott empirisch

---

[104] Vgl. Lorenz, K. „Beweis", in: *HWPh* I,882-886.

[105] Bei dieser Art des Beweises habe ich das naturwissenschaftliche Labor vor Augen. Allerdings muß auch hier anerkannt werden, daß viele Gegenstände, die bewiesen werden, nur indirekt bewiesen werden können, mithin also, daß das Experiment im Rahmen eines Modells – eines geistigen Entwurfs – steht, und daß aus dem Experiment und seinem Resultat eine Schlußfolgerung gezogen wird, also erneut ein geistiger Akt stattfindet. Die auf dem Bohrschen Atommodell basierende Naturwissenschaft kann darum nur die Richtigkeit ihrer Beweise *im Rahmen dieses Modells* verweisen. Das Modell hat sich bewährt und als Deutungsrahmen zu vielen neuen Erkenntnissen geführt. Aber es bleibt ein Modell. – Übrigens beinhaltet selbst der einfache Lackmustest bei aller Evidenz und aller Sicherheit ein geistiges Element, denn daß eine Lösung sauer oder basisch ist, wird ja gerade nicht *unmittelbar* evident.

nicht zugänglich ist.[106] Deshalb beschränken wir uns auf die zweite Variante.[107]

(2) Es muß *Gott, so wie er wirklich ist,* bewiesen werden. Will man auf den Beweis vertrauen, dann ist es notwendig, daß er keine falschen Angaben über Gott macht und daß er keine für die Erkenntnis Gottes notwendigen Angaben ausläßt. Hier ergibt sich das Problem, daß der Mensch ohne die spezielle Offenbarung nur das von Gott weiß, was ihm aus der allgemeinen Offenbarung bekannt ist und er keine nähere Vorstellung von dem mit dem Begriff „Gott" bezeichneten Gegenstand hat. Ihm fehlt also die Vorstellung von dem, der bzw. das zu beweisen ist. Das ist für die Beweisführung ein nicht geringes Problem, denn der Mensch hat keine Möglichkeit, hinsichtlich der anhand seines Beweises gewonnenen positiven Bestimmung Gottes sicher zu sein. Er kann nicht etwas beweisen, was er nicht kennt. In diesem Zusammenhang steht auch die Forderung, daß der Gottesbeweis mit dem, was aus der speziellen Offenbarung von Gott bekannt werde, in Einklang zu bringen sei. Doch die Gefahr einer μετάβασις εἰς ἀλλὸ γένος (*metabasis eis allo genos* = Übergang in einen andersgearteten Bereich), ist groß: Gott ist nicht ein Gegenstand wie jeder andere und auch nicht Ursache wie jede andere. Er ist in einer anderen Dimension als die Schöpfung. Die nichtgegenständliche Größe „Gott" wird aus der Existenz von Gegenständen gefolgert. Der Beweis gilt wenn überhaupt dann nur unter der Voraussetzung, daß die Ursache mit der Wirkung kompatibel ist, wie beim kosmologischen Gottesbeweis. Das ist zwar im Licht der Heilsoffenbarung und bei einem schöpfungstheologischen Denkansatz kein Problem, denn hier kann der Schöpfer auf die Schöpfung

---

[106] An dieser Stelle wird der Schwärmer behaupten, Gott sei sehr wohl zugänglich. Sein optimistisches Menschenbild gestattet es ihm, Gott mit Hilfe seiner Offenbarung gleichsam auf die Probe zu stellen. Man könne ihn selbst erleben, etwa in Gestalt eines besonderen Gefühls oder eines besonders intensiven Geistwirkens, oder ihn anhand seiner Gaben – welche immer dies auch sein mögen – wahrnehmen. Unter bestimmten Bedingungen und bis zu einem gewissen Grade mag dies sogar zutreffen: Etwa unter der Bedingung der Erwählung mag es sein, daß ein Mensch zu Gott betet und Erhörung erlebt. Gleichwohl ist Gott Gott und läßt sich von Menschen nicht versuchen. Ein experimenteller Beweis aber muß wirklich jederzeit wiederholbar sein. Diese Option hat ein Mensch im Blick auf Gott nicht. Überdies wird der Gottesbeweis formal dann verfälscht, wenn die biblische Offenbarung mit einbezogen wird, denn der klassische Gottesbeweis soll ja gerade mit den Mitteln natürlicher Erkenntnis und ohne Zuhilfenahme der speziellen Offenbarung geführt werden.

[107] Bei dieser läßt der Beweis noch die Distanz zu, die generell zwischen dem heiligen Gott und dem sündigen Menschen besteht. Ob der Mensch ein direktes Vorführen Gottes überhaupt ertragen kann, ist angesichts der biblischen Aussagen von der Heiligkeit Gottes zu bezweifeln.

einwirken, ohne daß damit schon eine Seinsanalogie die notwendige Folgerung wäre. Aber damit ist die Frage, ob mit den Gottesbeweisen Gott, so wie er wirklich ist, tatsächlich bewiesen werden kann, noch nicht beantwortet; es bleibt die Unsicherheit. Mit dieser Einsicht fällt der Beweischarakter der Gottesbeweise. Selbst wenn die Schlußfolgerung auf einen Schöpfer notwendig ist, ist damit noch kein Beweis geliefert.

2.4.6.2 Der Gottesbeweis als gedankliche Operation

Die abstrakte, rein geistige Operation eines Gottesbeweises gerät in mehrfacher Hinsicht bald an ihre Grenzen, und zwar nicht nur im Blick auf den ontologischen Gottesbeweis:

(1) Der Gott, der mit dem ontologischen Gottesbeweis „bewiesen" wird, ist das höchste Sein, die höchste Weisheit, das höchste Gut und das letzte Ziel. Er ist derart abstrakt, daß man ihn sich gerade nicht vorstellen kann. Er ist universal und unaussprechlich. Das aber heißt auch: Man kann von ihm nichts Positives aussagen und man kann ihn nicht näher bestimmen. Gott ist immer so hoch, so überlegen, so ganz anders, daß er vom menschlichen Denken nicht erreicht wird. Der „Beweis" führt zu einem Etwas, von dem gerade nichts gesagt werden kann. Für sich genommen widerspricht also dieser Gottesbeweis einer speziellen Offenbarung in propositionaler Gestalt, das heißt in Gestalt von Sätzen, die Gott näher bestimmen. – Auf dem Hintergrund der speziellen Offenbarung wäre insbesondere zu bemerken, daß dieser Gott keine Person ist, denn Personalität beinhaltet immer ein Element der Beschränkung und der Unterscheidung von anderen Personen. Immer wieder zeigt sich sowohl in der Religionsgeschichte – etwa im Islam – als auch in der Geschichte der christlichen Theologie, daß ein solcher philosophischer Gottesgedanke die Rede von einem persönlichen, dreieinigen und hinsichtlich seiner Eigenschaften bestimmbaren Gott unmöglich macht.[108]

---

[108] Man denke hier an den Gottesbegriff der islamischen Philosophen im Mittelalter, die Gott mit Hilfe der aristotelischen Philosophie zu bestimmen suchten. Selbst die protestantische Orthodoxie, die keineswegs frei ist von der aristotelischen Philosophie, empfindet es als Problem, von Gott positiv zu reden. Wann immer sie nämlich den aristotelischen Gottesbegriff rezipiert, gerät sie in Schwierigkeiten, Gott in seinem eigentlichen Wesen zu bestimmen. Cremer, H. *Die christliche Lehre von den Eigenschaften Gottes* (1897). 2. Aufl., Gießen/Basel: Brunnen, 1983, S. 12 verweist auf eine Bemerkung des Lutheraners Quenstedt (gest. 1688), daß den Eigenschaften etwas Wirkliches in Gott entspreche, aber unser begrenzter Intellekt sei nicht in der Lage, *die einfache und unendliche Wesenheit in Gott* in einem angemessenen Begriff zu erfassen. Deswegen sei dies in mehreren Vorstellungsformen auseinanderzulegen, so daß ein unzulässiges Nebeneinander zu entstehen scheine.

Insofern also ein solcher Gott vom Menschen als etwas absolut Seiendes vordefiniert wird, kann es keinen sinnvollen Weg zu dem Gott der Bibel geben.

(2) Der Gottesbeweis kann nicht den Beweis erbringen, daß der philosophisch ermittelte Gott der Gott der Bibel ist. Rein theoretisch könnte dies ebensogut oder vielleicht noch besser der Gott des Islam sein oder gar eine Gestalt aus dem antiken Pantheon. Die Gottesidee ist eben nicht auf eine Religion beschränkt, und es scheint, als könne der „Gottesbeweis" tatsächlich von den verschiedenen Religionen jeweils für sich vereinnahmt werden. Darin spiegelt sich ein Problem wieder, das sich für den Christen wie für den Moslem oder den Vertreter einer anderen Religion stellt: Schlußendlich ist es der Gott der eigenen Tradition, der den Beweis motiviert und der aus dem Beweis herausgelesen wird. Es müßte im anderen Fall zu zeigen sein, daß der Gottesbeweis tatsächlich mit dem Gott der einen Tradition mehr übereinstimmt als mit dem der anderen.

(3) Kants Kritik bezieht sich darauf, daß der Ausgangspunkt bei den sogenannten Gottesbeweisen der bloße Begriff eines höchsten Wesens sei. Dieser Begriff aber solle nicht am Anfang, sondern am Ende der Beweiskette stehen. Überprüfe man aber die Beweiskette auf ihre Stringenz hin, dann zeige sich, daß das höchste Wesen keineswegs notwendig gedacht werden müsse. Darüber hinaus betont er, daß die Einheit und Absolutheit Gottes und sein allumfassender und absolut notwendiger Charakter sich niemals aus der an die empirische Welt gebundenen Vernunft ergeben. Man möchte im Sinne Kants sagen: Die Vernunft verhebt sich mit dem Gottesbeweis. Sie *kann* ihn nicht leisten, weil er über ihre Fähigkeiten, ihre Kategorien, hinausgeht. Kant gesteht nur zu:

> „Das Ideal eines höchsten Wesens ist ... nichts anders, als ein regulatives Prinzip der Vernunft, alle Verbindung in der Welt so anzusehen, als ob sie aus einer allgenugsamen notwendigen Ursache entspränge, um darauf die Regel einer systematischen und nach allgemeinen Gesetzen notwendigen Einheit in der Erklärung derselben zu gründen, und ist nicht eine Behauptung einer an sich notwendigen Existenz. Es ist aber zugleich unvermeidlich, sich, vermittelst einer transzendentalen Subreption, dieses formale Prinzip als konstitutiv vorzustellen, und sich diese Einheit hypostatisch zu denken."[109]

Kants Kritik an den Gottesbeweisen ist kategorialer Art. Weil er die Vernunft der empirischen Welt zuordnet und sie auf diese beschränkt, darum ist der Gottesbeweis nicht möglich, denn Gott steht in einer Dimension, in die die

---

[109] Kant, *KdrV* A 619; B 647; in: *Werke* 4, S. 547.

Vernunft nicht hineinreicht. Das aber ist ein prinzipielles Nein gegenüber einem Beweis Gottes. Man muß dann fragen, ob der moralische Gottesbeweis Kants nicht das gleiche Manko aufweist: wie bei den anderen Gottesbeweisen ist auch in ihm die Dimension der Gottheit nicht positiv bestimmt. Trotzdem schreibt er seinem Gott Intelligenz und Willen sowie Existenz und die Eigenschaft des höchsten Guten zu.

(4) Ferner ist die Voraussetzungsgebundenheit der Gottesbeweise in Betracht zu ziehen. Der ontologische Gottesbeweis steht und fällt mit seinen Denkvoraussetzungen. Mit welchem Recht, so muß also gefragt werden, können Denken und Sein ineinsgesetzt werden? Mit welchem Recht beansprucht der Mensch, in seiner Geistigkeit göttlich zu sein oder mit einer quasi-göttlichen Idealwelt in Verbindung zu stehen? Mit welchem Recht werden das Denken oder die menschliche Geistigkeit isoliert und dem Materiellen entgegengestellt und gar übergeordnet? Ist nicht auch das Leibliche und Materielle von Gott geschaffen? Die biblischen Aussagen von der Gottesbildlichkeit des Menschen erlauben nicht die Voraussetzung, das Geistige sei das Göttliche im Menschen. Auch wenn man schöpfungstheologisch und im Einklang mit der Bibel denkt, läßt sich die Voraussetzung, Denken und Sein seien identisch, nicht verifizieren. Das heißt: Wenn der Mensch Gott als das denkt, neben dem nichts Höheres gedacht werden kann, so ist damit noch nicht bewiesen, daß Gott auch wirklich da ist.

(5) Im Blick auf den ontologischen Gottesbeweis sei noch auf eine außerordentlich bedeutsame und folgenreiche Beobachtung hingewiesen, die besonders für das neuzeitliche Denken gilt. Pannenberg[110] stellt mit Recht heraus, daß die Neuzeit dem Gottesbeweis eine anthropologische Wende gegeben habe. Er verweist auf Descartes' (1596-1650) Abneigung gegen Gottesbeweise aus der empirisch wahrnehmbaren Welt heraus. Die Vorstellung von einer Ursachenkette zum Zustandekommen der Welt erlaube nicht den Schluß auf eine erste Ursache. Deshalb habe Descartes gemeint, daß die Idee eines vollkommenen Wesens dem Menschen angeboren (*„innata"*) beziehungsweise eingepflanzt (*„indidisse"*) sei.[111] Pannenberg hat richtig gesehen, daß „mit dieser anthropologischen Wendung die Objektivität des Gottesgedankens gefährdet werden sollte."[112] Das gilt grundsätzlich, denn in dem

---

[110] Pannenberg, *Systematische Theologie* I, S. 101 ff.

[111] Descartes, R. *Meditationes de prima philosophia / Meditationen über die Grundlagen der Philosophie* III, 37 und 38; in: *Philosophische Schriften in einem Band*. Hamburg: Meiner, 1996, S. 94.

[112] Pannenberg, *Systematische Theologie* I, S. 101.

Maße, in dem der Mensch auf eine bei ihm angelegte Idee zurückgreift und Gott nicht in seiner speziellen Offenbarung außerhalb des Menschen erkennen will, wird Gott vom Menschen abhängig, ganz im Gegensatz zur eigentlichen Intention des Gottesbeweises, die Abhängigkeit des Menschen von Gott zu zeigen. In guter platonischer Tradition hat darum die Romantik Gott als unendlichen Geist aufgefaßt und ihn im menschlichen Gefühl lokalisiert.[113] Negativer Höhepunkt dieser Begründung der Gottesbeweise im Menschen sind die Äußerungen von L. Feuerbach (1804-1872) und F. Nietzsche (1844-1900), die Gott nur noch als eine Projektion oder eine Illusion des Menschen verstehen können. Sie hätten recht, wenn Gott wirklich nur eine Bewußtseinsgröße des Menschen oder eine dem Menschen angeborene Idee wäre. Bei ihnen zeigt sich, daß die Begründung der Gotteserkenntnis auf der Grundlage des menschlichen Bewußtseins zu Aporien beziehungsweise zum Atheismus führt.

(6) Aus theologischer Sicht muß beachtet werden, daß selbst dort, wo der kosmologische und der teleologische Gottesbeweis auf eine Größe verweisen, die das Dasein und die Ordnung der Welt bedingt, nur die Größe als solche denknotwendig ist. Sie kann nicht näher bestimmt werden und es bedarf weiterer Information (nämlich der speziellen Offenbarung), um zu der rechten Erkenntnis dieser Größe zu kommen. Die Gottesbeweise geben darüber hinaus keine Antwort auf die Frage nach dem Bösen in der Welt. Angesichts der Zwiespältigkeit der Welt kann ein allseits gütiger Gott nicht das Ergebnis der Beweisführung sein.

Mithin kann nicht behauptet werden, man habe das Dasein eines höchsten Wesens, eines ersten Bewegers oder letzten Zieles bewiesen. Die Gottesbeweise führen im Licht der Bibel zu einem defizitären Gottesbegriff. Der so gewonnene Gottesbegriff wird falsch, wenn man ihn zur Maßgabe oder zum Grundbegriff der Gotteserkenntnis schlechthin macht. Die Tatsache, daß die Gottesbeweise zu einem Wesen führen, das sich der positiven Bestimmung durch den Menschen entzieht, führt sie im Grunde *ad absurdum*. Sie *beweisen* nichts. Deshalb können sie auch keine Geltung beanspruchen. Ich anerkenne aber, daß sie eine bestimmte Leistung erbringen, über die ich unten noch sprechen werde.

---

[113] Vgl. Schleiermacher, F.D.E. *Über die Religion. Reden an die Gebildeten unter ihren Verächtern* (1799, S. 120), in: Ders. *Theologische Schriften*. Hg. u. eingel. v. K. Nowak. Berlin: Union Verlag, 1983, S. 114.

2.4.6.3 Der moralische Gottesbeweis Kants

Es muß zunächst anerkannt werden, daß Kant grundsätzlich einen Gottesbeweis antritt. Gott ist für ihn auch nicht das ruhende Sein, eine abstrakte Idee von etwas, dem gegenüber nichts Größeres gedacht werden kann, sondern schaffender Wille und als solcher denknotwendig als das Woher des moralischen Bewußtseins des Menschen und als Vergelter moralisch richtigen Handelns.

Was leistet dieser Gottesbeweis? Er wird offenbar benötigt, um den als autoritativ empfundenen Charakter des kategorischen Imperativs zu begründen. Das Handeln entsprechend dieses Solls – das Gute, das der Mensch zu tun vermag und das er bei sich selbst schaffen muß – sei das gottgemäße Handeln. Doch bekanntermaßen vermag das Sittengesetz den Menschen nicht zu einem ethisch einwandfreien Verhalten zu führen, selbst dann nicht, wenn man es mit einem Gottespostulat ausstaffiert, denn es richtet sich an einen aus biblischer Sicht schwachen und sündhaften Menschen, der nicht die Kraft besitzt, ihm durchgängig zu folgen; aus philosophischer Sicht richtet es sich an einen Menschen, bei dem auch das radikal Böse Ereignis werden kann, wie Kant richtig beobachtete, aber nicht systematisch in Ansatz brachte. Auch der Philosoph muß beobachten, daß der Mensch oft genug seine Kraft in das dem Sittengesetz entgegenstehende Handeln investiert: Er kann mit voller Absicht grausam und zerstörerisch handeln. Das tatsächliche Handeln des Menschen beweist also wieder und wieder, daß er dem Sittengesetz nicht folgt. Der bloß empfundene Anspruch *beweist* noch keinen Gott. Man könnte sogar aus der ständigen Zuwiderhandlung gegen das moralische Soll auf die Abwesenheit eines guten Gottes schließen. Darum halte ich auch diesen Gottesbeweis für spekulativ und keineswegs zwingend.

Man kann ferner gegen Kant argumentieren, daß der Mensch das Sittengesetz verzerrt wahrnimmt, weil er die Schöpfung generell im Geist der Vergötterung des Geschöpflichen verzerrt wahrnimmt. So hat zum Beispiel der Hindu beim Schlachten einer Kuh, die für ihn heilig ist, ein schlechtes Gewissen – ganz im Gegensatz zu einem Lateinamerikaner, der sich daraus kein Gewissen macht, sondern den Spießbraten mehr als genießt. Solche Befindlichkeiten überlagern die Wahrnehmung des kategorischen Imperativs und die Schlußfolgerungen aus dieser Wahrnehmung.

In Röm 2, dessen Aussagen im Hintergrund dieser Überlegungen stehen, ist das Gewissen *als solches* im Blickfeld des Apostels, nicht aber seine Qualität und die etwa postulierte durchgängige Richtigkeit seines Urteils. Es wird dort auch nicht zum Gottesbeweis herangezogen, sondern lediglich zum Beweis der Sündhaftigkeit, die der Mensch bei sich wahrnimmt. Es kann allenfalls auf einen Gott als moralische Instanz *weisen*, aber ihn selbst nicht *beweisen*.

Ferner ist auch hier zu fragen, ob mit dem moralischen Gottesbeweis wirklich der Gott *der Bibel* beschrieben wird. Immerhin mag man als richtig verbuchen, daß Kant eine *moralische* Instanz akzeptiert, denn dies entspricht formal der biblischen Offenbarung. Doch auch so kann Gott immer noch verzerrt wahrgenommen werden. Das geschieht bei Kant, denn Gott ist hier nicht der, der die Welt in Christus mit sich versöhnt, sondern der, der die tugendhaft handelnden Menschen mit der Glückseligkeit belohnt und die anderen bestraft, jedenfalls im Sinne der Idee. Damit passiert Kant das gleiche wie den Ontologen, nur an anderer Stelle: Der Gottesbegriff ist vereinseitigt, und in der Vereinseitigung falsch.

Im Anschluß daran muß noch festgestellt werden, daß im Postulat, daß der Mensch tugendhaft handeln *könne*, weil er es *solle*, Kant nachgerade das Geschöpf, den Menschen, zum Geschäftspartner Gottes macht und ihn auf eine Stufe mit Gott hebt. Kant übersieht die Heiligkeit Gottes und die Sündhaftigkeit des Menschen. Er unterschätzt Gott und überschätzt den Menschen.

Aus postmoderner Sicht wird man an dieser Argumentation kritisieren, daß Kant in der Ableitung des moralischen Solls, der Verpflichtung, tugendhaft zu handeln, aus einer höchsten Vernunft oder aus Gott eigentümlich schwach sei. Man kann nicht ausschließen daß Gott nicht doch als bloße Projektion aus einem subjektiven moralischen Empfinden erscheint. Ein Gottesbeweis ist damit genauso wenig geliefert wie bei dem ontologischen, denn auch hier ist von einem von den einzelnen Menschen subjektiv empfundenen und relativen Bewußtsein von Moral auf einen absoluten Willen geschlossen worden. Das zwar ein legitimer, aber kein zwingender Schluß und man müßte Kants Argumente gegen den ontologischen Gottesbeweis auch gegen seinen moralischen anwenden. Weder der Nihilismus noch die Psychologie haben sich trotz Kant darauf einlassen können, in der allgemein empfundenen Moral ein Argument für die Existenz Gottes zu sehen.

2.4.6.4 Ergebnis

Ich habe – zum Teil im Anschluß an Kant, aber auch in der Auseinandersetzung mit ihm – mehrfach gezeigt, daß die als solche verstandenen Gottesbeweise Gott nicht beweisen, und zwar einmal, weil sie keinen zwingenden *Beweis* darstellen und zweitens, weil sie *den Gott der Bibel* nicht aufweisen. Doch muß man gleich im Anschluß fragen: Sind sie deswegen überhaupt

nicht zu gebrauchen? Geht nicht das, was die Bibel zur allgemeinen Offenbarung sagt, wenigstens in die Richtung eines Gottesbeweises?

Zugegebenermaßen weisen sie in diese Richtung; sie machen die Existenz
Gottes wahrscheinlicher als seine Nichtexistenz. Im Rahmen dessen, was die
Untersuchung der biblischen Aussagen ergeben hat, ist nun folgende Antwort
gerechtfertigt: Sie weisen auf das Vorhandensein einer Größe, die gegenüber
der Schöpfung Macht hat und so überlegen ist, daß sie das Universum erschaffen kann. Nach allen uns bekannten Gesetzen, namentlich aufgrund des
ontologisch verstandenen Satzes vom zureichenden Grunde, ist diese Größe
notwendig. Damit meine ich, daß diese Größe wirklich da sein muß, um das
Dasein der Welt und des Menschen zu gewährleisten, mithin also, daß sie
nicht nur denknotwendig ist, sondern in ihrem Dasein auch mit der sichtbaren
Schöpfung insoweit kompatibel sein muß, daß sie das Dasein der Welt und
des Menschen bewirken (und erhalten) kann. Dies gilt analog auch für den
moralischen Gottesbeweis. Allerdings: Mehr als die Schöpfermacht und
Überlegenheit dieser Größe – biblisch gesprochen: die ewige Kraft und
Gottheit Gottes – sind nicht erkennbar, und auch diese sind unanschaulich.
Es bleibt also bei dem oben erwähnten defizitären Erkennen. Der Mensch
begegnet einer Lücke im Gesamtraum des Wirklichen. Er kann wohl schlußfolgern, daß ein Schöpfergott ist, aber er hat Gott damit nicht weiter positiv
bestimmt. Der Raum, in dem dieser Gott ist, ist ihm nicht zugänglich und er
erscheint ihm zu dunkel, um etwas darin zu erkennen.

Bevor ich die Frage nach dem Menschen stelle, wie er der der allgemeinen
Offenbarung gegenübersteht, werfe ich noch einen Seitenblick auf mögliche
weitere Argumente für eine natürliche Gotteserkenntnis. Sie seien als Beispiele erwähnt.

2.5 Weitere Überlegungen zur natürlichen Gotteserkenntnis

Die Theologiegeschichte läßt erkennen, daß die klassischen Gottesbeweise
nicht alles sind, was zur natürlichen Gotteserkenntnis angeführt werden kann.
Einige Beispiele zeigen, daß man von zum Teil spezifischen geschöpflichen
Gegebenheiten oder anhand von Beobachtungen an der Schöpfung auf Gott
oder bestimmte Eigenschaften Gottes geschlossen hat. Diese gehören sachlich in den Bereich der allgemeinen Offenbarung und sollen daher hier kurz
genannt werden.

(1) *Augustin* ging selbstverständlich davon aus, daß die Trinitätslehre aus der
biblischen Offenbarung komme. Trotzdem sah er – namentlich in seinen
Frühschriften – in den natürlichen Gegebenheiten Abbilder der Trinität. So

sind etwa die trichotome Struktur des Menschen (Leib-Seele-Geist), der Geist als Gedächtnis, Einsicht und Wille oder auch die dreifache Dimension der Liebe (Liebe-Liebender-Geliebter) für ihn Spiegel der göttlichen Dreieinigkeit.[114] Aus den in der geschöpflichen Dimension erfahrenen Dreiheiten schloß er also auf den dreieinigen Gott. Aufgrund der Gottesbildlichkeit des Menschen sah er in solchen Strukturen der Dreiheit Hinweise auf die göttliche Trinität.

(2) *Anselm von Canterbury* hat auf seinem neuplatonischen Denkhintergrund in seiner Schrift *Cur deus homo?* (= Warum ist Gott Mensch geworden?) rein aus Vernunftgründen nachzuweisen versucht, daß der Sühnetod Christi notwendig war.[115] Hier scheint sich die Vernunft sogar der zentralen biblischen Aussagen zu bemächtigen und sie als denknotwendig aufweisen und ohne Offenbarung einsichtig machen zu wollen.

(3) *Thomas von Aquino* ging davon aus, daß alle Kreaturen nach der *beatitudo* (= Glückseligkeit) streben, die für den Menschen in der Erkenntnis Gottes besteht.[116] Weil auch der Mensch nach dieser Glückseligkeit strebt, hat er die Möglichkeit, die Einzigkeit, Tatsächlichkeit und unendliche Überlegenheit Gottes zu verstehen. Die natürliche Gotteserkenntnis ist überdies immer schon auf Gott hin ausgerichtet. Dies ist der Ansatzpunkt der speziellen Offenbarung, die die Defizite der allgemeinen ausgleicht.

(4) Die reformierte Theologie hat aus der Tatsache, daß Gott die Schöpfung nach dem Sündenfall nicht zerstört hat, sondern sie weiterexistieren läßt, und daß der Mensch trotz der Sünde weiterlebt und daß in ihr Geschichte, Arbeit, Wissenschaft und Kultur, Tugend und äußeres Wohlergehen möglich sind, auf die sogenannte allgemeine Gnade geschlossen.[117] Selbstverständlich nimmt die reformierte Theologie dabei auf Aussagen der Bibel bezug, um diese Lehre zu begründen, aber von Interesse ist hier, daß es natürliche Gegebenheiten sind, die als Hinweis auf eine gnädige Gesinnung Gottes interpretiert werden.

(5) In der Zeit der frühen Aufklärung stellte *Christian Wolff* (1679-1745) Vernunft und Offenbarung als zwei sich teilweise überschneidende Kreise

---

[114] Augustin, *De trinitate* XI,5; XV,21; *Confessiones* 13/11. Vgl. Flasch, K. *Augustin. Einführung in sein Denken.* 2. Aufl., Stuttgart: Reclam, 1994, S. 328-355, bes. S. 342.

[115] Anselm von Canterbury. *Cur Deus Homo – Warum Gott Mensch geworden.* Besorgt und übersetzt vom F.S. Schmitt. 3. Aufl., München: Kösel, 1970.

[116] Thomas von Aquino, *ST* I, q 2 a 1.

[117] Vgl. Calvin, J. *Inst.* II,3.3; Kuyper, A. *De Gemeene Gratie.* Kampen, o.J.; vgl. dazu Douma, J. *Algemene Genade.* 3. Aufl., Goes: Oosterbaan & Le Cointre, 1976.

dar, wobei der von beiden Kreisen abgedeckte Bereich von besonderem Interesse war.[118] Die in diesem Bereich stehenden Gegenstände können also sowohl unter dem Aspekt der Vernunft, als auch unter dem Aspekt der Offenbarung beschrieben werden. Es handelt sich hier (a) um die Gottesidee, also um die Existenz Gottes als Schöpfer und Regierer (entsprechend dem kosmologischen und teleologischen Gottesbeweis), (b) um die Idee der Freiheit und (c) die Idee der Unsterblichkeit. Beide Bereiche stehen in additionaler Zuordnung zueinander. Die Aufklärung hat gelehrt, daß diese drei Ideen allen Menschen angeboren seien und hat aus ihnen auf die Dimension Gottes, des Geistes und der jenseitigen Welt geschlossen. Wie Wolff selbst sprach die Aufklärung von einer natürlichen Theologie im modernen Sinne.[119] Natürliche Theologie heißt, daß der Mensch mit Hilfe seiner natürlichen Fähigkeiten eine Anschauung von Gott entwickelt.

Die Geistesgeschichte der nachkantischen Zeit hat gezeigt, daß diese Überlegungen für den modernen Menschen nicht mehr nachvollziehbar sind. Offen stehen bei S. Kierkegaard (1813-1855) Vernunft und Glaube unverbunden nebeneinander. Das objektive Denken entspricht der Vernunft. Der Glaube aber ist mit einer jeweils subjektiven Situation und mit individueller Befindlichkeit verbunden; Jesus Christus und seine Menschwerdung sind für die Vernunft Paradoxa. Hier besteht keine Verbindung mehr zwischen dem natürlichen Erkennen des Menschen und dem Glauben; Vernunft und Glaube – aus der Offenbarung ist subjektiver Glaube geworden – fallen auseinander. Das gilt für den Positivismus des 19. Jahrhunderts ebenso wie für die philosophischen und theologischen Schulen des 20. Jahrhunderts – von wenigen Ausnahmen abgesehen. Die allgemeine Offenbarung wird dabei nutzlos. Das dürfte auch der Grund sein, weshalb sie in den neueren Dogmatiken nicht oder nur am Rande thematisiert wird.

2.6 Der gefallene Mensch und die allgemeine Offenbarung

Ich stelle im folgenden die Überlegungen zur Möglichkeit einer natürlichen Gotteserkenntnis in einen weiteren Kontext, der sowohl die Funktion der

---

[118] Vgl. Barth, K. *Die protestantische Theologie im 19. Jahrhundert*. Bd. 1: *Die Vorgeschichte* (1946). Hamburg: Siebenstern, 1975, S. 131 ff.

[119] Vgl. Pannenberg, W. *Systematische Theologie* I, S. 86 ff.. Pannenberg weist darauf hin, daß der Begriff *natürliche Theologie* in der stoischen Philosophie in dem Sinne einer *der Natur Gottes entsprechenden Lehre* gebraucht wurde. In diesem Sinne hat auch die christliche Antike den Begriff übernommen.

allgemeinen Offenbarung als auch die Rolle des sie empfangenden Menschen in betracht zieht.

2.6.1 Der Mensch als Empfänger der allgemeinen Offenbarung

Für die Bewertung der allgemeinen Offenbarung ist die Betrachtung des Menschen, der ihr gegenübersteht, von ebenso großer Bedeutung wie die der Offenbarung selbst. Was sie leistet, kann nur bestimmt werden, wenn die Leistungsfähigkeit des Menschen ebenfalls in Betracht gezogen wird. Es ist aus den unter 2.1. und 2.2 angeführten Schriftaussagen hervorgegangen, daß es allgemeine Offenbarung gibt. Auf menschlicher Seite handelt es sich nach dem, was ich dabei gesagt habe, um eine dem Menschen gegebene Erkenntnis, die ihm nicht angeboren ist, sondern die erworben wird, sofern der Akt der Wahrnehmung der Schöpfungswerke Gottes für diese Erkenntnis stattfindet. Das dürfte auch für die inhaltliche Seite der Gewissensurteile gelten, die ja in erheblichem Maße durch die Kultur gespeist werden, in der ein Mensch aufwächst. Allerdings ist sowohl die Fähigkeit zu dem Wissen, daß ein Gott ist, als auch die Fähigkeit zu einem moralischen Urteil und zur Unterscheidung von Gut und Böse dem Menschen angeboren. Doch darf daraus nicht geschlossen werden, daß der Mensch an sich schon in der Lage wäre, die allgemeine Offenbarung richtig zu entziffern und richtige moralische Urteile zu fällen.

Gott tritt in seiner Offenbarung Menschen gegenüber, die Sünder sind. Das wissen wir freilich nur aus der Heilsoffenbarung, aber es ist für die Bewertung der allgemeinen Offenbarung von größter Bedeutung. Ich frage daher: Was macht der natürliche, sündige Mensch mit der ihm in der allgemeinen Offenbarung entgegentretenden Evidenz? Wir haben es bei dieser Art der Erkenntnis mit einer solchen *extra gratiam* (= außerhalb der Gnade) zu tun, einer Erkenntnis, die nicht die von Joh 17,3 genannte Gotteserkenntnis zum Heil beinhaltet. Wie ist diese Erkenntnis beschaffen? Zunächst ist an den Aussagen von Röm 1 zu beobachten, daß Paulus nicht davon spricht, daß der Mensch Gott in der Natur erkennen *kann*; er beschreibt nicht, welche *Möglichkeiten* dem Menschen zur Verfügung stehen. Er stellt vielmehr die *Tatsache* fest, daß der Mensch die gegebene Erkenntnis Gottes in ein Götzenbild verkehrt. Dies ist nun aus unterschiedlicher Perspektive zu betrachten.

2.6.1.1 Der Nichtchrist ohne Kenntnis der biblischen Offenbarung

Der Nichtchrist, der fern aller Berührung mit biblischem Gedankengut lebt, biblisch gesprochen: der Heide, anerkennt wohl die Existenz höherer Mächte und fürchtet sich vor ihnen. Im Licht der Bibel läßt sich auch sagen, daß

Heiden ein Empfinden haben, von einem Gott bestimmt zu sein, und daß sie diesen in Gestalt ihrer Religion suchen.[120] Dies zeigt auch die Religionsgeschichte in großer Deutlichkeit. Auch liegt es auf der Hand, daß im heidnischen Umfeld Bruchstücke rechten Erkennens und Verhaltens zu finden sind, die die Bibel dem Wirken des Geistes Gottes zuschreibt, ohne daß es dabei zur rettenden Erkenntnis Gottes kommt, sondern nur zu einem sinnvollen schöpfungsgemäßen Verhalten.[121] In seinem Unglauben und seinem Unverstand jedoch verkehrt der Heide die ihm in der allgemeinen Offenbarung entgegentretende Evidenz von der Kraft und Gottheit Gottes in ein Bild, das offensichtlich geschöpfliche Züge trägt. Das wird daran erkennbar, daß er sich Götzenbilder macht in Gestalt von Menschen, Tieren, Gestirnen und anderem mehr, wie es die Welt der Religionen aufweist. Er glaubt, daß diese Bilder Gott vergegenwärtigen und erweist ihnen Ehre. Diese Praxis beschreibt Paulus in Röm 1,18 ff. Doch mit diesen Vorstellungen irrt der Heide in der Finsternis, der Unwissenheit und Torheit[122] seines Herzens. Sein Gottesdienst ist Götzendienst. Er hat die rechte Erkenntnis Gottes in Aberglauben pervertiert.

Auch haben die Gottesbeweise die Philosophen nicht zu dem Gott Abrahams, Isaaks und Jakobs geführt, sondern zu einem abstrakten philosophischen Gottesbegriff, der dem gefallenen menschlichen Denken entspricht. Dieser Gottesbegriff ist gerade in seiner Abstraktion eine Entstellung des biblischen Gottes. Das Gottesbild ist zwar unanschaulich, es ist kein sichtbares, materielles Bild, was der biblischen Sicht zwar formal entsprechen würde, aber es ist ein geistiges Bild und genauso falsch, wie das Stierbild, das Gott als Naturkraft repräsentieren soll. Die Unanschaulichkeit Gottes wird zu einem derart wesentlichen Faktor in der Bestimmung Gottes, daß jegliche positive Aussage von Gott sinnlos wird. Es mag, wie das Stierbild, Wahrheitsmomente enthalten, aber diese werden im Zusammenhang, in dem sie zu stehen kommen, sinnwidrig verwendet, so daß Gott unsagbar fremd bleibt.

Pannenberg sieht dies anders. Im Zusammenhang seiner Äußerungen zur natürlichen Theologie der antiken Philosophie sagt er:

> „Die natürliche Theologie der Philosophen hatte Kriterien dafür formuliert, unter welchen Bedingungen irgendein behaupteter Gott ernsthaft als Urheber des ganzen Kosmos gedacht werden könne, und die christliche Verkündigung mußte sich diesen Kriterien stellen, wenn sie ernst genommen werden wollte

---

[120] Apg 17,27-28.

[121] Hiob 32,8.

[122] Jes 9,1ff; 60,2ff; Lk 1,79; Eph 4,18 / Apg 17,30; 1Petr 1,14 / 1Kor 1,20; 3,19.

in ihrem Anspruch, daß der in Jesus Christus die Menschen erlösende Gott der Schöpfer des Himmels und der Erde und so auch der eine, wahre Gott aller Menschen sei."[123]

Für ihn ist der philosophische Monotheismus gleichsam die Instanz, vor der die christliche Theologie ihre Bedeutsamkeit habe erweisen müssen. Dies mag historisch gesehen für die Apologeten des zweiten Jahrhunderts und spätere Theologen gelten. Tatsache ist auch, daß altkirchliche Theologen die Philosophie wieder und wieder als mit der christlichen Lehre kompatibel verstanden. Augustin ist der Ansicht, daß Platon in großer Nähe zu dem christlichen Glauben stehe.[124] Selbst der Reformator Zwingli war in seiner frühen Zeit von der Christlichkeit einiger antiker griechischer Philosophen überzeugt. Aus sachlichen Gründen jedoch muß hier Widerspruch eingelegt werden. Die Apostel verstanden die antike Philosophie durchaus nicht als Forum, vor dem sie ihre Aussagen hätten relevant machen müssen, sondern sie haben ihre Botschaft auch dann verkündet, wenn sie den Griechen als Torheit erschien. Der philosophische Monotheismus ist kein quasi-biblischer Brückenkopf im nichtchristlichen Denken. Deswegen haben andere christliche Theologen im Laufe der Kirchengeschichte wiederholt gegen die unbesehene Verknüpfung von Philosophie und Offenbarung polemisiert.

2.6.1.2 Der Namenschrist

Auch der Namenschrist, der unter dem Einfluß christlichen Denkens steht, aber nicht dem Evangelium glaubt, nimmt die allgemeine Offenbarung falsch oder gebrochen wahr. Führen wir uns den ungläubigen Kirchenchristen aus dem Jahre 1890 vor Augen. Er kennt die Bibel und den Katechismus aus dem Religions- und Konfirmandenunterricht und hat eine formal-äußerliche christliche Weltanschauung. Sein Denken ist vom christlichen Gottes- und Schöpfungsgedanken getragen. Sowohl durch die Schöpfung selbst als auch durch die sonntägliche Predigt wird er mit der Kraft und der Gottheit Gottes bekannt gemacht. Weil er durchaus logisch und ganz im Sinne der allgemeinen Offenbarung von der Schöpfung auf den Schöpfer schließt, lehnt er den Darwinismus ab, akzeptiert ein christliches Wirklichkeitsverständnis und eine christliche Ethik. Aber er baut diese formal richtigen Einsichten in sein falsches Gottesbild ein. Er sieht Gott als gerechten, aber auch freundlichen Richter und möchte sich mit seiner bürgerlichen Gerechtigkeit vor ihm rechtfertigen. Indem er Gott in seiner parachristlichen Weltanschauung verrechnet, macht auch er sich ein Bild

---

[123] Pannenberg, W. *Systematische Theologie* I, S. 90.

[124] Vgl. Augustin, *De civitate dei* VIII,5; vgl. auch Pannenberg, W. *Systematische Theologie* I, S. 91.

von Gott. Gott wird so zum Götzen, den er nicht mehr zu fürchten braucht, sondern den er mit seiner bürgerlich-religiösen Leistung bestechen kann. Er gewinnt keine Sicht für Gottes Gottheit und dessen Eigenschaft als Retter und Versöhner, und es kommt kein rechter Gottesdienst zustande.

2.6.1.3 Wahrheit und Ungerechtigkeit

Sowohl beim Heiden als auch beim Namenschristen findet das statt, was Paulus mit der Wendung beschreibt: „die Wahrheit in Ungerechtigkeit niederhalten."[125] Die Wahrheit, nämlich die Gottheit Gottes, ist durch die Schöpfungswerke evident. Der Mensch *extra gratiam* aber kann sie nur verdrängen oder verkehren, und er tut dies willentlich. Die Mechanismen dieser Verkehrung sind unterschiedlich. Der religiöse Mensch wird die Wahrheit, die Evidenz, daß Gott ist, mißbrauchen, um sich selbst, seine Werkgerechtigkeit, seine religiösen Überzeugungen oder gar seinen Aberglauben zu empfehlen. Der moderne Mensch, der in der Regel materialistisch denkt, wird den Gedanken an Gott verdrängen und seine Zuflucht bei atheistischen Welterklärungen suchen, wie sie von der modernen Kosmologie und besonders der Biologie unter der vorwissenschaftlichen Annahme einer jahrmilliardenlangen Evolution und mit dem Schein der Wissenschaftlichkeit zur Verfügung gestellt und von den Medien verbreitet werden. In allen Fällen aber wird der Mensch in seiner Ungerechtigkeit die Hand auf der Wahrheit halten, so daß sie nicht zu Geltung kommt.

Der Grund für die Ineffektivität der allgemeinen Offenbarung liegt in der Sündhaftigkeit des Menschen. Sie *kann* den Menschen nicht zur rechten Gottesverehrung bringen, weil dieser in seiner Sünde dazu überhaupt nicht in der Lage ist, sondern sich im Aufstand gegen Gott befindet und sein durch die Sünde verdorbenes Wesen nicht durch rechte Einsicht und rechtes Wollen überwinden kann. Dieser Sachverhalt ist von den Verteidigern einer natürlichen Gotteserkenntnis übersehen worden. Man kann daher nicht aufgrund der biblischen Aussagen über die allgemeine Offenbarung argumentieren, der Mensch *könne* – im Sinne einer in ihm vorhandenen Potenz, die nur durch den Willen aktiviert oder durch religiöse Übungen entfaltet werden müßte – natürlicherweise Gott recht erkennen und richtige Aussagen über ihn machen.

Diese Sicht steht freilich vor dem Problem, inwieweit dem sündigen Menschen sein Unvermögen zur rechten Reaktion auf die allgemeine Offenbarung als Schuld angerechnet und er dafür bestraft werden kann. Wenn ihm die Sünde Adams zugerechnet wird und er kraft dieser Zurechnung als Sünder konstituiert

---

[125] Röm 1,18.

wird[126], ist scheinbar kein Raum mehr für eine persönliche Entscheidung. Doch erfährt der Mensch seine Entscheidung gegen die aus der allgemeinen Offenbarung kommende Evidenz als freie, willentliche Tat.

Die römische Kirche hingegen lehrt im Vaticanum I von der allgemeinen Offenbarung:

> „Zwar ist es dieser göttlichen Offenbarung zuzuschreiben, daß das, was an den göttlichen Dingen der menschlichen Vernunft an sich nicht unzugänglich ist, auch bei der gegenwärtigen Verfaßtheit des Menschengeschlechtes von allen ohne Schwierigkeit, mit sicherer Gewißheit und ohne Beimischung eines Irrtums erkannt werden kann."[127]

Weniger optimistisch sagt Thomas von Aquino, daß es von Natur aus im Menschen stecke, „in irgendeiner Allgemeinheit unter gewisser Verschwommenheit zu erkennen, daß es Gott gibt."[128] Diese Erkenntnis sei naturhaft. Thomas stellt übrigens die Sicht von Johannes Damascenus zur Diskussion, daß dem Menschen „die Kunde vom Dasein Gottes von Natur her eingesät" sei.[129] Differenzierter stellt Fries den Gegenstand der „Offenbarung im Ursprung" dar.[130] Ohne eine Uroffenbarung beweisen zu wollen, signalisiert er vorsichtige Zustimmung, indem er sie als Ätiologie, als Besinnung auf Grund und Ursache der Wirklichkeit, für sinnvoll hält. Althaus – um hier den protestantischen Anwalt der Uroffenbarung zu zitieren – sagt, daß der Mensch durch die ursprüngliche Bekundung Gottes wisse, daß ein Schöpfer sei, und daß dieser „dem Menschen den νοῦς (= Nous; B.K.), die ‚Vernunft', gegeben habe, mit der der Mensch die Wirklichkeit als Schöpfung und damit den Schöpfer erkennen könne."[131] Er stellt fest: „Ihr im Willen begründetes Nicht-Können hebt darum ihr grundsätzliches Können nicht auf."[132] Damit spricht er dem Menschen ausdrücklich und generell die Potenz zu, Gott auf natürlichem Wege zu erkennen. Daß der Heide Gott die Anerkennung verweigere, den Blick für ihn verliere und dem Götzendienst verfalle, sei willentlich bedingt und damit Schuld.

---

[126] Röm 5,19.

[127] DH 3005: „Huic divinae revelationi tribuendum quidem est, ut ea, quae in rebus divinis humanae rationi per se impervia non sunt, in praesenti quoque generis humani condicione ab omnibus expedite, firma certitudine et nullo admixto errore cognosci possint." Auf Thomas v. Aq., *ST* I, q 1 a 1 wird verwiesen.

[128] Thomas v. Aq., *ST* I/II q 1 a 1.

[129] Thomas v. Aq., *ST* I/II q 1; vgl. Johannes Damascenus. *De fide orthodoxa* 1,3.

[130] Fries, H. *Fundamentaltheologie.* 2. Aufl., Graz/Wien/Köln: Styria, 1985, S. 231-236.

[131] Althaus, *Die christliche Wahrheit*, S. 38.

[132] Althaus, *Die christliche Wahrheit*, S. 39.

Im Licht der Ausführungen Pauli in Röm 1 kann jedoch nur die Einsicht übrigbleiben, daß der in Sünde gefallene Mensch nur die Fähigkeit besitzt, die ihm in der allgemeinen Offenbarung entgegentretende Einsicht götzendienerisch zu vereinnahmen. Er weiß, daß ein Gott ist, auch und gerade als Sünder. Aber es ist ihm nicht möglich, diese Erkenntnis fruchtbar werden zu lassen, weil sein Bewußtsein durch die Sünde gebunden ist. Zu diesem Ergebnis kommt auch Calvin. Er gesteht zwar zu, daß dem Menschen ein natürliches Empfinden für Gott eingepflanzt sei, aber daß es wegen der Sünde und Blindheit des Menschen nur die üble Frucht des Götzendienstes zeitige.[133] Die Sicht der römischen Theologie, daß der Mensch in der Lage sei, Gott anhand der geschaffenen Dinge mit Gewißheit zu erkennen, übersieht insbesondere, daß der Mensch auch in seinem Denken unter der Sünde steht und daß es von daher durchaus Widersprüche zwischen Vernunfterkenntnissen und Offenbarungserkenntnissen geben kann kann. Die Aussagen des Vaticanums I können daher nur als Spekulation erkannt werden.

2.6.2 *Die Aufgabe der allgemeinen Offenbarung*

Es ist zunächst zu beachten, daß Gotteserkenntnis soteriologische Implikationen hat. Gott zu erkennen heißt, ewiges Leben zu haben.[134] Wenn nun die allgemeine Offenbarung Christus selbst, das Heil in ihm und das Evangelium nicht offenbart, dann bleibt immer noch die Frage, ob die allgemeine Offenbarung nicht doch einen Beitrag leistet für die Zueignung des Heils.

Aus dem bisher Gesagten ergibt sich, daß die allgemeine Offenbarung für sich genommen im Blick auf das Heil unwirksam ist. Gottes Liebeswille und alles, was damit zusammenhängt – die Sendung Christi, das Werk des Heiligen Geistes, die Rechtfertigung aus Gnaden, um die wesentlichen Elemente zu nennen – werden an ihr nicht ersichtlich. Auch wenn die Welt nach dem Fall weiterlebt und man daraus auf die allgemeine Gnade schließen könnte, so ist doch die Auskunft der Schöpfung zu zwiespältig und das Böse in ihr zu real, um einen gütigen oder gar gnädigen Gott darin erkennen zu können. *Extra gratiam* steht sie vielmehr im Dienst der Anklage vor dem Gericht Gottes: Gott bezeugt dem Menschen in seinem Gewissen, daß ein mächtiger Schöpfer und Gott da ist, aber daß er, der Mensch, sich von ihm abgewandt hat und an ihm schuldig geworden ist.[135] Die Schuld des Menschen besteht darin, daß er sich willentlich der Evidenz verschließt, die ihm die allgemeine

---

[133] Calvin, J. *Institutio* I, 3 und 4.

[134] Joh 17,3.

[135] Röm 1,20; 2,1 ff.

Offenbarung bietet. Diese macht also die Gottlosigkeit offenbar und widerspricht dem Gottlosen, der behauptet, es sei kein Gott. Sie widerspricht in Gestalt der Gewissensanklage auch dem, der meint, sich mit seinen Werken vor Gott rechtfertigen zu können.

Außerhalb der Gnade sind auch die Gottesbeweise für eine positive Erkenntnis Gottes nutzlos. Hatte ich oben deutlich gemacht, daß die Gottesbeweise aus verschiedenen Gründen keine hinreichende Beweiskraft haben, so muß hier gesehen werden, daß die gefallene und in Sünde verstrickte Vernunft den Gottesbeweis auch nur mißbrauchen kann. Sie haben außerhalb der Gnade nur soviel Beweiskraft, daß sie dem Menschen zeigen, daß ein mächtiger Gott ist und sein muß, aber ohne ihn näher zu bestimmen.

Sub gratia (= unter der Gnade, nämlich dann, wenn Gott es einem Menschen gibt, ihn zu erkennen) jedoch wird auch die Funktion der natürlichen Offenbarung ins Heil gestellt. Die aus ihr kommende Erkenntnis wird nicht mehr zum Selbstruhm mißbraucht, sondern in die Kontinuität zur Heilsoffenbarung gestellt. Die Folge ist, daß ein ganzheitliches Erkenntnisfeld zustande kommt. Ich spreche bewußt nicht von einem einheitlichen Erkenntnisfeld, um den Eindruck zu vermeiden, im Verbund mit der Heilsoffenbarung ergäbe sich ein logisch widerspruchsfreies System christlicher Erkenntnis. Ganzheitlich aber ist die Erkenntnis, weil sie Gott und Mensch, Offenbarungserkenntnis und natürliche Erkenntnis sinnvoll miteinander verbindet, auch wenn manche Aussagen der Heilsoffenbarung sich so komplex zueinander oder zur allgemeinen Offenbarung verhalten, daß sie der gefallenen Vernunft als Widerspruch erscheinen. Die Aussagen der allgemeinen Offenbarung widersprechen unter der Perspektive des Glaubens nicht denen der Heilsoffenbarung. Wie alle anderen Dinge erkennt der Mensch hier „durch den Glauben", daß Gott die Welt gemacht hat[136], und ist in diesem Glauben, der aufgrund der Heilsoffenbarung einzig in Christus gründet, mit seinem Schöpfer verbunden. In diesem Zusammenhang finden auch Denkelemente der sogenannten Gottesbeweise eine sinnvolle Verwendung, und zwar nicht in dem Sinne, daß die gläubige Vernunft sich nun Gott andemonstrieren würde, sondern in dem Sinne, daß der Glaubende unter der speziellen Offenbarung den Rückschluß von der Schöpfung auf den Schöpfer als sinnvoll und vernünftig erkennt.[137]

---

[136] Hebr 11,3.

[137] Zu diesem Ergebnis kommt – im Blick auf die Gottesbeweise – auch Kessler, V. *Ist die Existenz Gottes beweisbar?*, S. 114-117. Von daher wundert es, daß er den Gottesbeweisen an sich und ohne wirklichen Nachweis eine Funktion *extra gratiam* gegenüber anderen Weltanschauungen zubilligt. Kessler übersieht in der Bewertung der Leistungsfä-

Unter der Gnade, also im Licht der Heilsoffenbarung, sieht der Mensch auch das aus der Schöpfung Erkennbare als einen Erweis der Freundlichkeit Gottes[138], der tatsächlich zur Dankbarkeit führt; außerhalb der Gnade wurde er vielleicht des Gabecharakters der geschöpflichen Güter ansichtig, aber er mißbrauchte sie ohne Dank gegenüber Gott. Im Licht der Heilsoffenbarung wird auch deutlich, daß die Widersprüche, die sich hinsichtlich der Gotteserkenntnis aus der Schöpfung ergeben, wenigstens eine teilweise Lösung erfahren. Das Böse in der Welt, dem sowohl Christen wie Nichtchristen unterliegen, kann allgemein als Folge der menschlichen Sünde und als Gericht Gottes begriffen werden. Ein ansonsten auf die Immanenz bezogener Gerechtigkeitsbegriff, also etwa die Erwartung, daß ein gütiger Gott für eine gerechte Ordnung der Dinge in dieser Welt und diesem Leben sorgen müsse, wird im Licht der Heilsoffenbarung aufgebrochen, weil die Durchsetzung der Gerechtigkeit Gottes nicht in dieser Welt, sondern im endlichen Gericht geschieht. – Die geschöpfliche Evidenz, das, was aus der Schöpfung erkennbar wird, und das, was bei ihrer Betrachtung fraglich bleibt, wird also eingebunden in das Vertrauens- und Heilsverhältnis zu Gott.

Weil der Mensch in seiner gesamten geschöpflichen Dimension Sünder ist, sind der Wirkung der allgemeinen Offenbarung Grenzen gesetzt, namentlich in Richtung auf das Heil des Menschen. Im Blick auf den Menschen sollte man denn auch allen Illusionen im Blick auf das, was an Erkenntnis theoretisch möglich wäre, eine Absage erteilen. Solange ein Mensch nicht unter der Gnade steht, trägt sie nichts zur Rettung eines Menschen bei. Sie bewirkt allenfalls, daß ein Mensch theistisch denkt, wobei dieser Theismus ganz unterschiedlich geprägt sein kann; sie führt nicht zwangsläufig zu einem christlichen Theismus – was immer letzterer sein mag. Trotz dieser Einschränkung behält sie ihren Charakter als Offenbarung, denn sie ist ein Modus der Selbstkundgabe Gottes. Sie wird weder katholisierend überbewertet als Vorstufe der speziellen Offenbarung und Basis für eine natürliche Theologie, noch wird sie gnostisch entwertet als irrelevante, für Gotteserkenntnis zum Heil unbedeutende Größe.

2.7 Die Lücke

Wir haben also in der allgemeinen Offenbarung *etwas* an Information, aber hinsichtlich der positiven Bestimmung Gottes klafft eine große Lücke. Wir

---

higkeit der Gottesbeweise sowohl die wesenhafte Sündhaftigkeit des Menschen als Empfänger der allgemeinen Offenbarung als auch die die Kategorie der Erwählung.
[138] Mt 6,26ff, Apg 14,17.

können die Lücke identifizieren und mit Sicherheit daraus schließen, daß in dieser Lücke *etwas* sein muß. Dieses Etwas, das als denkender und planender Geist und als überlegene Schöpfermacht erkennbar wird, nennen wir billigerweise Gott. Wir können aber über diesen Gott keine über Röm 1 und 2 hinausgehenden Aussagen machen. Eine philosophische Theologie, die diese Grenze mißachtet, ist immer spekulativ. Ein Teil ihrer Aussagen kann zwar formal mit der heiligen Schrift übereinstimmen, aber das Gottesbild, das sie entwickelt, hat die oben kritisierten Mängel. Es ist vor allen Dingen nicht statthaft, die festgestellte Lücke zur *Maßgabe* zu machen für den Schöpfergott. Gott wäre dann wirklich nur der Lückenbüßer, wie ihn der Mensch gerne hätte. Wenn Pannenberg[139] von der Philosophie erwartet, daß sie kritische Prinzipien für das Reden von Gott bereitstelle, damit sich die christliche Theologie daran orientiere und ihre Allgemeingültigkeit bewähre, dann wird die Lücke tatsächlich zur Maßgabe für die christliche Theologie und das defizitäre philosophische Gottesbild zum Maßstab. Probleme mit der Heilsoffenbarung sind die Folge: Wenn Gott nach Maßgabe der „Lücke" als das höchste, unwandelbare und ewige Sein bestimmt wird, dann werden, wie ich oben bereits angedeutet habe, biblische Aussagen von den Eigenschaften, vom Handeln, Leiden und Sterben Gottes problematisch. Die Folge ist die Überfremdung des biblischen Gottesbildes durch die Philosophie und im schlimmsten Fall die Entautorisierung der Offenbarung durch die natürliche Theologie.

Im übrigen haben Menschen neben der natürlichen Theologie und dem Gott der Gottesbeweise die unterschiedlichsten Vorstellungen erfunden, wie diese Lücke gefüllt sei. Man hat im Rahmen des Supranaturalismus etwa vom absoluten Sein, von Geist, Ideen, Äonen und Göttern gesprochen; pantheistische[140] Ideen und die Vorstellung einer *natura naturans* haben die Existenz der Welt aus ihr selbst heraus zu erklären und die Lücke zu füllen versucht. Im Rahmen des modernen und metaphysikfeindlichen Naturalismus sprach zum Beispiel der Nobelpreisträger M. Eigen vor nunmehr schon über zwanzig Jahren von Hyperzyklen[141], die für die Bildung von Ribonukleinsäuren verantwortlich seien, aber bislang nicht nachgewiesen werden konnten; in aktuellen Pulikationen ist von einem dynamischen Kosmos[142] oder einer

---

[139] Pannenberg, W. *Systematische Theologie* I, S. 120.

[140] Pantheismus: die Lehre, daß Gott in allen Dingen und darum alle Dinge göttlich seien.

[141] Eigen, M., Gardiner, W.C., Schuster, P. und Winkler-Oswatitsch, R., „Ursprung der genetischen Information", in: *Spektrum der Wissenschaften* 6/1981, S. 37-56.

[142] Kanitscheider, B. *Im Innern der Natur*, S. 15.

„kreativen Potentialität der Evolution"[143] die Rede, um die postulierten Kräfte zur (Selbst-) Erzeugung der Welt zu benennen – moderne und wissenschaftlich scheinende Bezeichnungen für die *natura naturans*.

Die Lücke, die uns in der allgemeinen Offenbarung begegnet, kann nur sinnvoll gefüllt werden durch die Heilsoffenbarung. Bei der Beschreibung derselben wird sich zeigen, daß die Lücke gerade nicht Maßgabe für diese ist, sondern daß die Heilsoffenbarung Überraschungen mit sich bringt, die sich nicht einfach wie ein Puzzleteil in die Lücke, vor der wir bei der allgemeinen Offenbarung stehen, einfügen lassen.

---

[143] Stadelmann, H.-R. *Im Herzen der Materie. Glaube im Zeitalter der Naturwissenschaften.* Darmstadt: Wiss. Buchgesellschaft, 2004, S. 92.

3 Die Heilsoffenbarung
(*revelatio specialis seu particularis*)

Wir erinnern uns, daß wir vorab immer noch keinen Begriff von Offenbarung besitzen und auch keine Kategorien entdecken können, die uns erlauben, Offenbarung als solche zu identifizieren. Das gilt auch noch, nachdem ich von der allgmeinen Offenbarung gesprochen habe, und dies auch nur, weil und insofern die Bibel als Heilsoffenbarung davon redet. Von daher ergibt sich als erste Aufgabe, zu sichten, was die Bibel in Sachen Offenbarung aufweist. Die Leitfrage lautet: Welche Anhaltspunkte ergeben sich, daß wir es in der Bibel mit Offenbarung zu tun haben und nicht mit einem der üblichen religiösen Bücher? Was sagt die Bibel, was ein religiöser Mensch nicht von sich aus sagen kann? Ich erwarte, daß bei dieser Untersuchung sowohl der biblische Offenbarungsbegriff selbst klar wird als auch, daß es einsichtig wird, daß wir es mit *Offenbarung* zu tun haben. Das Resultat dieser Untersuchung sei zunächst hypothetisch *Heilsoffenbarung* oder, im Unterschied zur allgemeinen Offenbarung, *spezielle Offenbarung* genannt. Ob die Erwartung, tatsächlich eine solche Offenbarung zu Gesicht zu bekommen, erfüllt wird oder nicht, sei vorerst dahingestellt.

Ausgangspunkt meiner Überlegungen zum Thema Offenbarung war die Frage, wie Offenbarung verstanden werden kann und welche Perspektiven sich dazu ergeben bei den unterschiedlichen Verständnisweisen von der Wirklichkeit, von Gott und vom Menschen. Daneben habe ich erwähnt, daß sich der christliche Glaube in der breiten Welt der Religionen durch seine Geschichtsverbundenheit und damit seinem massiven gegenständlichen Bezug ausweist. Diesem Bezug möchte ich im folgenden nachgehen und fragen, was alles an geschichtlicher Wirklichkeit, die den Anspruch erhebt, Offenbarung zu sein, zu finden ist, und wie die Offenbarung beschaffen ist. Oder, um die Fragestellung unter einen anderen Blickwinkel zu sehen: Ich frage danach, wer sich in der Bibel auf welche Weise vorstellt.

Ich untersuche zunächst die Gestalt der Offenbarung, wie sie sich aus den Aussagen der Bibel ergibt. Diese ist gleichsam der Bildschirm, auf dem die anvisierte Offenbarung vorgeführt wird. Dies geschieht in vier Schritten (3.1-3.4). Der Begriff der Offenbarungsgeschichte spielt dabei eine wesentliche Rolle. Meine Ausführungen in diesem Bereich werden oft im Gegensatz zu den Ergebnissen – meistens sind es nur Vermutungen und Hypothesen – der historisch-kritischen Bibelwissenschaft stehen. Leider kann ich im Rahmen einer Fundamentaltheologie deren Behauptungen nicht an jeder einzelnen

Stelle diskutieren. Ich gehe aber davon aus, daß das, was ich sage, durch
Schriftaussagen gedeckt ist. Danach werde ich das Verhältnis der Offenbarung
zu dem, was der Mensch als alltägliche Welterfahrung macht, diskutieren (3.5).

3.1 Grundsätzliches zur Gestalt der Offenbarung

3.1.1 Der Modus der Offenbarung

Eine wichtige Auskunft zum Modus der Offenbarung gibt Hebr 1,1-2:
*„Nachdem Gott vorzeiten vielfach und auf vielerlei Weise geredet hat zu den
Vätern durch die Propheten, hat er in diesen letzten Tagen zu uns geredet
durch den Sohn ... "*

Diese Aussage bezieht sich ausdrücklich auf die prophetische Rede „an die
Väter", also die früheren Generationen des jüdischen Volkes in alttestament-
licher Zeit, die in unterschiedlichen Situationen und auf unterschiedliche
Weisen stattfand. Es besteht kein Zweifel, daß es sich hier um die im Alten
Testament dokumentierte Offenbarung handelt. Die zitierte Hebräerstelle hat
nicht ausdrücklich den unmittelbaren Offenbarungsvorgang, also die Art und
Weise, wie Gott zu den Propheten selbst geredet hat, zum Gegenstand.
Allerdings schließt die prophetische Rede diesen Vorgang ein, denn es muß
ja gesichert werden, daß das zu den Vätern geredete Wort wirklich Gottes
Wort ist. So gesehen schließt die prophetische Rede den Offenbarungsvorgang ein. Unter dieser Perspektive weist das πολυμερῶς καὶ πολυτρόπως
(*polymeros kai polytropos* = vielfach und auf vielerlei Weise) auf eine Viel-
gestalt der Gottesrede im Alten Testament. Ein Blick dorthin soll zeigen,
welche Weisen der Offenbarung sich im AT finden und dies jeweils anhand
von Beispielen untermauern.

- *Geschichtliche Ereignisse:* Alle Geschichte, die die Bibel bezeugt,
  betrachte ich als Offenbarungsgeschichte, weil sie mit ihrem Berichtet-
  werden in der Bibel in den Raum der Offenbarung tritt. Allerdings sind
  die von Bibel berichteten geschichtlichen Ereignisse noch keine verbale
  Rede. Sie läßt aber erkennen, daß es sich bei ihnen um Geschichte handelt, anhand deren oder in Bezug auf die hin Gott bestimmte Dinge offenbart hat. Aus der Fülle der berichteten Ereignisse seien hier genannt:
  Die Sintflut und die Rettung Noahs und seiner Söhne und der noachiti-
  sche Bund, Abrahams Auszug aus Ur in Chaldäa bzw. Haran, die Zeugung Isaaks und seine Empfängnis durch Sara, das Ergehen der Zwillin-

ge Jakob und Esau[144], der Exodus, die Führung Israels durch die Wolke und die Feuersäule, die Speisung der Israeliten mit Wachteln und Manna ihre die Versorgung mit Wasser in der Wüste, die Eroberung Kanaans, Naturereignisse (Trockenheit), Krieg und Frieden, das Exil und die Rückkehr aus diesem. Die Ereignisse sind allesamt Instrumente der Offenbarung. Hier ist Gottes Handeln in der Geschichte, sein Einwirken auf Menschen oder Sachen der Modus der Offenbarung. Dieses Einwirken kann durch unmittelbares Reden (s.u.) geschehen, durch das Gott das Tun von Menschen lenkt, aber es kann auch ein direktes Bewirken eines Ereignisses sein. Viele Ereignisse entsprechen der alltäglichen Erfahrung und weisen für sich betrachtet keine Offenbarungsdimension auf, wie etwa der Bruderzwist zwischen Jakob und Esau und die ständigen kriegerischen Auseinandersetzungen Israels mit seinen Nachbarvölkern. Sie gehören aber zur Offenbarungsgeschichte, weil Gott sich auch der alltäglich-menschlichen Dimension bedient, um sich bekannt zu machen. Andere Ereignisse entsprechen nicht der alltäglichen Erfahrung und sind als Wunder zu bezeichnen oder mit Wundern verbunden, so daß die Manifestation Gottes augenfälliger ist.

- *Die institutionelle Prophetie:* Das Alte Testament läßt erkennen, daß es in Israel Prophetie in der Art eines Amtes gab.[145] Zunächst ist Mose der maßgebliche Prophet des Alten Testaments. Was Gott durch ihn geredet hat, die Thora, ist maßgeblich für alle folgende Prophetie, die von Propheten oder Sehern vermittelt wurde.[146] Sie bildet den Rahmen, insbesondere den rechtlichen Rahmen, innerhalb dessen sich die prophetischen Offenbarungen für die Folgezeit einschließlich des Neuen Testaments bewegen. Die alttestamentlichen Propheten hatten über die Kenntnis der Thora hinaus Visionen, Auditionen und Träume oder Traumdeutungen, bei denen Gottes Wort „herüberkam". Im Zusammenhang der institutionellen Prophetie müssen auch die Verzückungserscheinungen gesehen werden, die mehrfach berichtet werden.[147] Weil Bileam ein „Prophet" war, nenne ich hier auch Bileams Eselin als Beispiel für eine zwei-

---

[144] Besonders im Licht von Röm 9,6 ff wird deutlich, daß Gott durch diese Ereignisse bestimmte Dinge offenbart hat.

[145] Harris, J. Laird. *Inspiration and Canonicity of the Bible. An Historical and Exegetical Study.* Grand Rapids: Zondervan, 1976, S. 154-179.

[146] Vgl. Dt 4,2; 13.

[147] Num 11,25-27; 1Sam 10,5-10; 19,20-24.

fellos besondere Gestalt der Gottesrede.[148] Spezifische Menschen als Einzelne oder in Gruppen waren Empfänger dieses Redens Gottes.

- *Institutionen, deren Einrichtung Gott verfügt und die er in den Dienst der Offenbarung stellt:* das Priestertum und der Kultus, das Amt der Richter sowie das Königtum, besonders das davidische. Man mag in diesem Zusammenhang auch das Volk Israel nennen, und zwar als *Volk*, als staatlich verfaßte Größe, die durch das Rechtsinstitut des Königtums regiert wird. Institutionalität und Geschichtlichkeit gehen hier Hand in Hand. Die Institutionen als solche finden teilweise außerhalb der Offenbarung Analogien in nichtjüdischen Völkern. Doch verbindet sich Gott im Rahmen der Offenbarung so mit diesen Institutionen, daß sie Instrumente seiner Offenbarung werden und Aspekte des in der Offenbarung stehenden Heilshandelns Gottes verdeutlichen. Ferner ist hier das Los (Urim und Tummim) zu nennen, dessen Befragung dem Israeliten offenstand und durch das hindurch Gott seinen Willen kundtun wollte.[149]

- *Unmittelbares Reden Gottes zu Menschen:* Phänomenologisch haben wir es hier mit Auditionen zu tun, die besonders im Rahmen der institutionellen Prophetie (s.o.) häufig und regelmäßig vorkommen. Doch auch außerhalb der mosaischen Ordnung, wie in der Erzväterzeit, findet sich solches Reden Gottes: der Befehl Gottes an Noah, die Arche zu bauen, an Abraham, seine Verwandtschaft zu verlassen, und zahlreiche weitere Gelegenheiten, bei denen Gott zu den Menschen sprach.

- *Sichtbares (wenn auch verhülltes) Erscheinen Gottes beziehungsweise des „Engels des Herrn":* bei Abraham, Hagar, Mose, Bileam und weiteren Gelegenheiten[150]. Der Engel des Herrn ist dabei nicht immer als der präexistente Christus zu identifizieren; in Mt 1,20 ist er es offensichtlich nicht.

- *Engelserscheinungen allgemein:* Hier geht es um Engel, die offensichtlich Geschöpfe Gottes sind und nicht um den *Engel des Herrn*, sofern dieser mit dem präexistenten Christus identisch ist. Erscheinungen solcher Engel finden sich eindeutig u.a. bei Lot, Jakob, Elia, Daniel[151], Sacharja (hier ist es der Engel, der mit Sacharja redete, der häufig bei Sa-

---

[148] Num 22,28-30.

[149] Ex 28,30; Lev 8,8; Num 27,21; Deut 33,8; 1Sam 14,41.

[150] Gen 18,1ff.; 16,7-11; Ex 3,2; Num 22,23-35; Ri 2,1-4; 6,11-22; 13,3-22; 1Chron 21,12-27

[151] Gen 19,1.15; 32,2; 1Kön 19,5.7; Dan 3,28; 6,23.

charja erwähnt wird), Zacharias und Maria, wo der Engel Gabriel genannt ist[152], bei der Geburt Jesu, bei Jesus in Gethsemane, der Auferstehung Jesu[153], den Aposteln und Petrus im Gefängnis[154], Cornelius[155]. Engel erscheinen häufig in den Visionen des Johannes in der Offenbarung. Die biblischen Berichte lassen erkennen, daß die Engel in quasi-gegenständlicher Gestalt erschienen und analog zu anderen Menschen mit den jeweiligen Menschen redeten oder handelten.

- *Die Gabe des Gesetzes* ist der Höhepunkt der alttestamentlichen Offenbarung. Sie steht zwar in Verbindung mit dem Prophetenamt des Mose, aber ist doch insofern ein Vorgang besonderer Art, als Gott selbst durch einen oder mehrere Engel Mose die Gesetzestafeln übergab.[156]

Im Neuen Testament offenbart sich Gott durch den fleischgewordenen Sohn, den Logos, der eine menschliche Natur annahm. Christus kennt Gott, den Vater, von seiner Präexistenz her. Er wird Fleisch, indem er von der Jungfrau Maria geboren wird, und er ist als solcher Gottes Ebenbild und Abglanz seiner Herrlichkeit.[157] Dieser Modus ist einzigartig und findet weder im Alten Testament noch in der Religionsgeschichte eine Parallele. Dieser Sachverhalt ist an anderer Stelle im einzelnen zu würdigen. Hier soll nur der besondere Modus herausgestellt werden. Durch diesen Modus wird die unmittelbare und persönliche Anwesenheit Gottes in der Welt gesichert. Diese Form der Anwesenheit ist offensichtlich anders als jene im Rahmen der Allgegenwart Gottes. Hier geht es um das sichtbare, leibhaftige Eintreten Gottes in die Welt, das eine ganz neue Dimension der Wahrnehmung Gottes erschließt. Dabei ist natürlich nicht nur die Fleischwerdung als solche von Bedeutung, sondern auch das, was der Fleischgewordene sagt, tut und erleidet.

Darüber hinaus finden sich auch im Neuen Testament auch die vom Alten her bekannten Modi der Offenbarung. Die geschichtliche Dimension ist die gleiche wie im AT. Die institutionelle Prophetie wird fortgesetzt im Amt der „Apostel und Propheten". Die oben genannten Institutionen finden im Neuen Testament ebenfalls Erwähnung, jedoch werden sie in Christus zu ihrem Ende gebracht. Engelerscheinungen finden statt. Aus sachlichen Gründen

---

[152] Lk 1 passim.
[153] Lk 2,9-15; 22,43; Joh 20,12.
[154] Apg 5,19; 12,7-11.
[155] Apg 10,3 ff.
[156] Ex 19; 20; 24-31.
[157] Joh 1,14.18; 6,46; Hbr 1,3.

findet die Mitteilung des Gesetzes nicht mehr statt. Das Analogon ist hier Christus selbst.

Zum Modus der Offenbarung gehören sowohl im Alten wie im Neuen Testament die *Zeichen und Wunder*. In Hbr 2,3-4 werden die Zeichen und Wunder ausdrücklich als Zeugnis für die Botschaft Jesu und der Apostel dargestellt, und Gleiches wird auch in Mk 16,20 gesagt. Apostel wiesen sich nach 2Kor 12,12 durch „Zeichen eines Apostels" aus. Daß Jesus den Gelähmten vor den Augen seiner Kritiker heilte, schuf die spezifische Evidenz, daß Jesus die Vollmacht hatte, Sünden zu vergeben.[158] Daran wird exemplarisch deutlich, daß Zeichen und Wunder nicht um ihrer selbst willen geschehen, sondern sie in der Regel den Boten Gottes ausweisen, sei dieser ein alttestamentlicher Prophet, ein neutestamentlicher Apostel oder Christus selbst. Mithin haben Zeichen und Wunder auch eine Funktion für die Nachwelt, denn auch diese kann anhand der berichteten Zeichen die Autorität der Boten Gottes erkennen. Generell kann gesagt werden, daß Zeichen und Wunder zwar Aufmerksamkeit erregen, aber von sich wegweisen auf die Botschaft oder deren Träger, in deren Zusammenhang sie geschehen. Von dieser *formula generalis* muß jedoch im Blick auf die Auferstehung Jesu abgesehen werden. Betrachtet man sie unter der Perspektive des Wunders, dann weist dieses Wunder nicht von sich weg, sondern dann bietet es die Wirklichkeit selbst, die offenbar werden soll: den neuen Menschen und den Anbruch der neuen Schöpfung.

Schließlich ist als Modus in besonderer Weise der *Wortcharakter* der Offenbarung hervorzuheben. Die eingangs zitierte Hebräerstelle kehrt hervor, daß Gott auf verschiedene Weise „geredet" hat. Das verbale Element ist nicht bei allen der genannten Modi direkt erkennbar. Die nonverbale Offenbarung in Gestalt des geschichtlichen Ereignisses, der Vision oder des Wunders ist indes nie Zweck in sich oder gar eine intensivere Form der Kommunikation, sondern sie dient der verbalen und gibt ihr den gegenständlichen Bezug, doch erst durch die verbale Dimension wird die Offenbarung klar und verständlich, so daß die rettende Erkenntnis zustandekommen kann. Darum hat Gott neben den Ereignissen der Offenbarung durch berufene Zeugen gesagt, was es zu sagen gab. So erging Gottes Wort durch den Mund der Propheten und Apostel in die unterschiedlichsten Situationen. Dieses Wort kristallisierte sich freilich in Schriften, die sie verfaßten und die als Gottes Wort maßgebliche, d.h. kanonische Bedeutung hatten. Deshalb ist hier der Verweis auf die heilige Schrift angebracht, denn sie insbesondere ist nach ihrem Selbstzeug-

---

[158] Mk 2,1-12, bes. V. 10.

nis das Wort Gottes. Ich werde darauf unten noch einmal kurz zu sprechen kommen, verweise aber auf den Teil der Fundamentaltheologie, der die Lehre von der heiligen Schrift im Detail behandeln soll.

3.1.2 Geschichte und Wort

3.1.2.1 Interpretation

Damit komme ich zu einer weiteren, grundsätzlichen Beobachtung: Die geschichtliche Dimension allein ist noch nicht die vollständige Offenbarung. Geschichtliche Ereignisse können zwei- oder gar mehrdeutig sein. Sie bedürfen der Interpretation. Daraus ergibt sich die grundsätzliche Notwendigkeit, geschichtliche Offenbarung durch das sie begleitende prophetische bzw. apostolische Zeugnis zu identifizieren. Einige Beispiele zeigen dies: Die zehn Plagen vor dem Auszug Israels aus Ägypten hätten als außergewöhnliche Anhäufung von Naturkatastrophen interpretiert werden können, stünde nicht die verbale Diskussion zwischen Mose und dem Pharao in deren unmittelbarem Zusammenhang. Die Trockenheit unter Ahab wäre ebenfalls als bloße Naturkatastrophe in die Geschichte eingegangen, wäre sie nicht durch das Zeugnis Elias als Gericht Gottes identifiziert und im Zusammenhang der Manifestation Jahwes am Karmel beendet worden, bei der Jahwe den Baalsglauben als Irrglauben demaskierte.[159] Noch deutlicher wird dieses Problem bei der Kreuzigung Jesu. Woran war erkennbar, daß das Kreuz Jesu von Nazareth der Ort der Versöhnung war? Es hätte als ganz normale und in der damaligen Zeit übliche Hinrichtung eines allenfalls zu Unrecht verurteilten Menschen interpretiert werden können. Selbst die Jünger Jesu standen trotz der dreimaligen Leidensankündigung dem Kreuz zutiefst verwirrt gegenüber. Man hätte bei ihnen größtes Interesse und rechtes Verstehen erwartet, doch es fanden sich nur angstvolle Flucht, Unglaube und Depression, so daß Christus ihnen nach seiner Auferstehung das rechte Verstehen des Geschehenen erst geben mußte.[160] Nehmen wir noch als letztes Beispiel die Wunder,

---

[159] 1Kön 17-18.

[160] Lk 24,45: „Da öffnete er ihnen das Verständnis der Schrift, daß sie die Schrift verstanden." Ein Problem ist hier allerdings, daß die atl Offenbarung bereits vorlag. Theoretisch hätten sie die Jünger verstehen können, aber dies war aufgrund der fehlenden *claritas interna scripturae* nicht der Fall. Erst im Rahmen dieser dem Erwählungsratschluß folgenden Gabe des Verstehens wird das apostolische und prophetische Zeugnis als Offenbarung erkannt. Doch dieses Thema gehört in die Erkenntnisproblematik. Es soll hier nur gezeigt werden, daß das Geschehen der Interpretation bedarf. Und diese geschieht durch Christus selbst bzw. durch das theopneustische Wirken des Heiligen Geistes, auf das ich unter dem entsprechenden Paragraphen zurückkommen werde.

seien es jene aus der Zeit Moses, Elias oder Elisas, oder seien es die Wunder Jesu oder der Apostel. Interpretiert man sie als Durchbrechung der innerweltlichen Kausalität und schließt auf die Wirkung einer übernatürlichen Macht, so hätte man trotzdem noch keine Garantie, daß Gott sich darin manifestiert hätte, zumal auch die dämonische Welt mit Zeichen und Wundern aufwarten kann.[161] Interpretiert man sie als Anomalie, als zufälliges Ereignis von geringer Wahrscheinlichkeit, dann braucht man nicht den Rückschluß auf übernatürliche Ursachen, um sie zu verstehen. Es liegt also auf der Hand, daß die geschichtliche Dimension der Offenbarung der Erklärung durch das Wort bedarf.

3.1.2.2 Kommunikation

Noch eine weitere Dimension wird erkennbar. Ein geschichtliches Ereignis ist zeitlich und räumlich begrenzt. Wenn es Offenbarungsqualität hat und anderen Menschen, die in zeitlicher und räumlicher Entfernung leben, zugute kommen soll, muß es mitgeteilt werden. Dies geschieht üblicherweise durch das Wort und ist im Grunde nur durch das Wort möglich. Wollte man das bloße Geschehen mit einer Videokamera aufnehmen und wiedergeben, dann wäre – wie bei einer Reportage – auf alle Fälle ein begleitender Kommentar erforderlich, der angibt, um was es sich handelt, und der die Bedeutung dessen, was im Film zu sehen ist, erklärt. Erst das Wort sichert das rechte Verstehen. Um nun ein authentisches Zeugnis von der geschehenen Offenbarung zu bekommen, ist es folgerichtig, daß Gott auch die Mitteilung des Geschehens und deren Bedeutung beschafft. Dies geschieht durch Augen- und Zeitzeugen, die jeweils unter der Leitung des Heiligen Geistes die Geschehnisse, die zur geschichtlichen Offenbarung gehören, berichten und ihre Bedeutung klarstellen. Das Resultat dieser Operation ist die Bibel, die heilige Schrift, die uns mit dem Anspruch begegnet, Gottes wahrhaftiges Wort zu sein. Den Vorgang, der zum Zustandekommen der heiligen Schrift führt, nennt man gemeinhin Inspiration; ich nenne ihn zusammen mit einigen Autoren und in Anlehnung an 2Tim 3,16 *Theopneustie*. Er ist in dem geplanten Band über die heilige Schrift ausführlich zu beschreiben. Aufgrund der Theopneustie ist das Schriftzeugnis das durch den Geist Gottes gegebene und von Gott autorisierte Zeugnis vom jeweiligen Geschehen. Es faßt das Heilshandeln Gottes in Worte, kommentiert und kommuniziert es.

---

[161] Diese Problematik steht etwa im Hintergrund der Frage Jesu in Lk 11,19: Durch wen treiben die Söhne der Juden die Dämonen aus, wenn Jesus sie durch Gottes Finger austreibt? Sie steht auch im Hintergrund der Auseinandersetzung Moses mit den Zauberern Ägyptens, die ähnliche Wunder wie er taten (Ex 7,8-13).

Tritt nun die Bibel zur Offenbarung hinzu oder ist sie Teil der Offenbarung? Pannenberg sagt dazu:

> „Das Wort der apostolischen Verkündigung, von dem dort die Rede ist, tritt nicht ergänzend zu einem von sich aus stummen und glanzlosen Geschehen hinzu, verleiht nicht erst dem Heilsgeschehen seinen Glanz, sondern verbreitet den Glanz, der von der Herrlichkeit Christi selber ausgeht, und vermittelt darum auch den lebenschaffenden Geist Gottes, von dem das Geschehen der Auferweckung des Gekreuzigten erfüllt ist, das den Inhalt des apostolischen Kerygmas bildet."[162]

Pannenberg vertritt das berechtigte Interesse, die geschichtlichen Fakten sprechen zu lassen. Doch die Fakten sind, wie ich oben angedeutet habe, noch mehrdeutig. Wenn Pannenberg davon ausgeht, daß sie nicht stumm und glanzlos seien, dann gilt das nur teilweise, nämlich dort, wo die Herrlichkeit Gottes in Gestalt von Machttaten erkennbar wird. Es darf nicht vergessen werden, daß der gekreuzigte Christus „keine Gestalt und Hoheit"[163] hatte; er war so unansehnlich, daß man lieber weggeschaut hätte. Dieses für die Schrift ganz zentrale Geschehen hätte also leicht verkehrt interpretiert werden können.[164] Und auch sonst begegnet einem – in aller Regel bedingt durch menschlich-sündhaftes Verhalten – viel Zwiespältiges und Unansehnliches bei den Protagonisten der Bibel, das nicht auf den ersten Blick als Offenbarung Gottes zu erkennen ist. So ist zunächst eine sachliche Notwendigkeit zu erkennen, das Wort – die Bibel – als Teil der Offenbarung zu sehen. Gott ist hierbei durch den Heiligen Geist noch einmal offenbarend wirksam, indem er die Propheten und Apostel in ihrem Amt, von der geschichtlichen Offenbarung Zeugnis zu geben, leitet. Dies wird besonders deutlich in den Geistverheißungen, die Jesus im Zusammenhang seiner Abschiedsreden an die Jünger gibt.[165] In diesem Zusammenhang werden Einsichten transferiert, die als solche nicht am Geschehen selbst ablesbar sind, sondern als Zusatzinformation für das rechte Verstehen notwendig sind. Es wird also erkennbar, daß der

---

[162] Pannenberg, *Systematische Theologie I*, S. 273.

[163] Jes 53,2.

[164] Bei aller Problematik, die Luthers *theologia crucis* in sich birgt, hat Luther zu Recht darauf aufmerksam gemacht, daß die *species contraria*, das gegenteilige Aussehen, in der Offenbarung Gottes mindestens eine zu berücksichtigende Kategorie ist. Nur zu schnell verläßt die Theologie die *theologia crucis* und wendet sich einer *theologia gloriae* zu. Vgl. Luther, M. „Disputatio Heidelbergae habita" (Die Heidelberger Disputation, 1518) *WA* 1,353-374. Zur Bewertung der *theologia crucis* bei Luther s. Kaiser B. *Luther und die Auslegung des Römerbriefes. Eine theogisch-geschichtliche Beurteilung*. Bonn: VKW, 1995, S. 165-179.

[165] Joh 14,15-26; 16,13-15.

Vorgang der Theopneustie – wenn er denn statthat – sachlich zur Offenbarung hinzugehört.

Die Schrift ist also sowohl zur Identifikation des Offenbarungsgeschehens notwendig, als auch das Mittel, zeitlich und räumlich vom Offenbarungsgeschehen entfernte Menschen mit dieser Offenbarung Gottes in Verbindung zu bringen. Sie wird geschrieben im Kontext des Offenbarungshandelns Gottes in der Geschichte. Die einzelnen Bücher werden im Laufe der Jahrhunderte und Jahrtausende gesammelt. So wird die geschichtliche Offenbarung der Nachwelt zugänglich. Die Schrift entsteht also nicht im leeren Raum, gleichsam zeitlos, sondern in der Geschichte. Die Bezüge zur Umwelt und zu zeitgeschichtlichen Gegebenheiten sind deshalb praktisch überall in der Schrift erkennbar. Sie hat auch eine klar erkennbare geschichtliche Dimension in ihrer Entstehung und ihr Text infolgedessen auch eine Tradition. Sie ist nicht vom Himmel gefallen, sondern – aus menschlicher Sicht – auf eine ganz normale Weise geschrieben worden. Die geschichtliche Manifestation Gottes und die Theopneustie dürfen und müssen nicht als Gegensätze begriffen werden.

Es liegt überdies im Wesen der Offenbarung, daß sie, nachdem Gott durch sein Handeln in der Geschichte und durch die Fleischwerdung in Jesus Christus in die Dimension der Aussagbarkeit eingetreten ist, der Nachwelt kommuniziert wird.[166] Mithin ist die Schrift Heils- oder Gnadenmittel. (Damit ist zugleich eine für die Erkenntnisproblematik wesentliche Aussage gemacht: die Offenbarung kommt in Gestalt der heiligen Schrift, als von Gott selbst geredetes Wort, zum Menschen. Dieser Sachverhalt ist im Zusammenhang der Erkenntnisproblematik ausführlich zu diskutieren.) Auf jeden Fall muß hier festgehalten werden, daß das Wort sowohl das wesentliche Kommunikationsmedium als auch zugleich eine Gestalt der Offenbarung ist.

3.2 Die Progressive Enthüllung des Heilsratschlusses Gottes

3.2.1 Eine Übersicht der biblischen Offenbarungsinhalte

3.2.1.1 Vorbemerkungen

Ich wende mich nun den inhaltlichen Aspekten der biblischen Offenbarung zu und frage, *was* denn in der Bibel offenbart wird. Dies im einzelnen darzustellen, ist freilich die Aufgabe einer biblischen Theologie, die hier natürlich

---

[166] Vgl. 2Kor 5,19: „... und hat unter uns aufgerichtet das Wort von der Versöhnung."

nicht Platz finden kann. Ich betrachte die biblische Offenbarung vielmehr aus der Vogelschau. Ich folge dabei den biblischen Aussagen generell und den in der Schrift angegebenen Geschichtsdaten im besonderen, wohl wissend, daß die historisch-kritische Schriftauslegung zu ganz anderen Datierungsergebnissen gekommen ist. Ich verweise hier auf die einschlägige Einleitungsliteratur zum Alten und Neuen Testament.[167] Bekanntlich hat die historisch-kritische Arbeit besonders im Alten Testament zu Ergebnissen geführt, die sich in großem Ausmaß von dem, was das AT selbst an geschichtlichen Daten angibt, unterscheiden und zum Teil offen widersprechen. Sie sind in hohem Maße hypothetisch und beruhen häufig nur auf Vermutungen, wie die einschlägige Literatur bis in den Wortlaut hinein erkennen läßt. Wenn also im Zuge der kritischen Arbeit seit dem 19. Jahrhundert das mosaische Gesetz nicht als Anfangs- sondern als „Endpunkt einer langen religionsgeschichtlichen Entwicklung" im antiken Israel angesehen wird und die Moseerzählung eine „kollektive Erinnerung" konstruiert[168], wenn Wellhausens These, „Die israelitische Religion hat sich aus dem Heidentum erst allmählich emporgearbeitet"[169] nach wie vor unbestritten gelten soll, dann heißt das praktisch, daß hier die biblische Geschichte auf den Kopf gestellt wird. Wenn überhaupt ein Großteil der Überlieferungen über die Frühgeschichte ätiologischer Art ist, also rückblickende, sagen- oder legendenhafte Erklärung von örtlichen, rechtlichen oder kultischen Gegebenheiten[170] sein soll, dann verkürzt sich die von der Bibel berichtete Geschichte auf ganz wenige, unsichere Daten.

Doch die Quellen, also etwa die Erzvätergeschichten oder der Bericht vom Auszug aus Ägypten, erheben nicht den Anspruch, Deutung oder Reflexion etwa des sich im Exil befindenden Israel über seine Ursprünge zu sein, sondern sie berichten, was gewesen ist. Abraham, Isaak und Jakob sowie Mose sind keine sagenhaften Gestalten der Urzeit, wie die gängige Schultheologie behauptet und deren geschichtliche Existenz sie wenigstens für unsicher hält, sondern sie werden als historische Persönlichkeiten ausgewie-

---

[167] Folgende Titel seien stellvertretend für eine große Zahl weiterer Arbeiten genannt: Fohrer, G. *Einleitung ins Alte Testament.* 11. Aufl., Heidelberg: Quelle & Meyer, 1969; Kümmel, W.G. *Einleitung in das Neue Testament.* 18. Aufl., Heidelberg: Quelle & Meyer, 1973; Lohse, E. *Entstehung des Neuen Testaments.* Stuttgart: Kohlhammer, 1972.

[168] Vgl. Gertz, J.Chr. „Mose und die Anfänge der jüdischen Religion", in: *ZThK* 99 (2002), S. 4 und 11.

[169] Wellhausen, J. *Israelitische und jüdische Geschichte* (1854), 9. Aufl., 1958, S. 32; vgl. Gertz, J.Chr. „Mose und die Anfänge der jüdischen Religion", in. *ZThK* 99 (2002), S. 6.

[170] Vgl. Fohrer, G. *Einleitung in das Alte Testament,* S. 98-104.

sen. Sie werden nach Namen, Alter, Herkunft, Wohnort und ihren familiären und soziologischen Bezügen beschrieben. – Die Äußerungen der Bibelkritik zu widerlegen ist einerseits die Aufgabe der Einleitungswissenschaft. Andererseits wird es bei der Methodendiskussion im Rahmen der Fundamentaltheologie notwendig sein, grundsätzliche kritische Überlegungen anzustellen hinsichtlich der Berechtigung eines historisch-kritischen Zugangs zur Bibel. Aus der Sicht des Historikers gebietet es die Fairneß gegenüber einer Quelle, daß der Forscher sie für sich selbst sprechen läßt und ihr nicht mit Kategorien, die ihr unangemessen sind, sein eigenes Bild von dem, was sie sagen könne oder dürfe, überstülpt.[171]

Andererseits ist freilich zuzugeben, daß eine *historische* Untersuchung, also eine Untersuchung nach den methodischen Vorgaben der historischen Wissenschaft, häufig in Aporien endet. Einerseits liegt das daran, daß die Quellenlage keine oder nur unzureichende Beweise für die Tatsächlichkeit der von der Bibel berichteten Geschichte hergibt, andererseits liegt es daran, daß wir es mit Offenbarungsgeschichte zu tun haben, also mit einem Wirken Gottes, das sich naturgemäß der Beobachtbarkeit entzieht. Demgegenüber bleibt dem Theologen nur die Alternative, entweder der Schrift die Autorität zuzubilligen, die sie als Gotteswort hat, oder mit der Sache unangemessenen Methoden und deren weltanschaulichen Vorgaben die biblischen Aussagen zu zerreden. Ich halte die erstgenannte Alternative für eine solche, die dem Anspruch der Bibel gemäß ist.

Ich folge in der Datierung konservativen Positionen[172] und stelle die Offenbarungsgeschichte anhand dessen dar, was die Quellen selbst – die heiligen Schriften Alten und Neuen Testaments – sagen.

Im Blick auf die von der Bibel berichtete Geschichte ergibt sich als generelle Beobachtung, daß in ihr die progressive Enthüllung des Heilsratschlusses Gottes geschieht. Ich möchte dies im folgenden anhand der Beschreibung wesentlicher Stationen der biblischen Offenbarung zeigen, ohne damit die

---

[171] Vgl. Kitchen, K. *Alter Orient und Altes Testament. Probleme und ihre Lösungen. Aufklärung und Erläuterung.* Wuppertal: Brockhaus, 1965; bes. S. 14-16.

[172] Diese sind älteren Datums; jüngere Einleitungen liegen aus Mangel an bibeltreuen Forschern nicht vor. Genannt seien: Möller, W. *Grundriß für alttestamentliche Einleitung.* Berlin: EVA, 1958; ders. *Rückbeziehungen des 5. Buches Mosis auf die vier ersten Bücher. Ein Beitrag zur Einleitung in den Pentateuch im Sinne seiner Einheit und Echtheit.* Veröffentlichungen des Bibelbundes Nr. 11, Lütjenburg: Selbstverlag des Bibelbundes, 1925; Archer G.L., *A Survey of Old Testament Introduction.* Chicago: Moody Press, 1994; Young, E.J. *An Introduction to the Old Testament.* Grand Rapids, MI: Eerdmans, 1964.

nicht erwähnte Geschichte für weniger bedeutungsvoll zu erklären. Es lassen sich aber auf dem Weg durch die Geschichte bestimmte Weichenstellungen erkennen, die jeweils zu neuen Festlegungen der Richtung der Offenbarung führen. Man kann daher berechtigterweise von einer *historia revelationis*, einer Offenbarungsgeschichte, sprechen, die in sich ein geschlossenes, sinnvolles Ganzes ergibt.

3.2.1.2 Am Anfang (Gen 1 und 2)

Es gehört offenbar zum Heilsratschluß Gottes, den Menschen über den Ursprung aller Dinge zu informieren. Die Bibel spricht zu Beginn von der Schöpfung der Welt durch Gott als dem Anfang aller Dinge.[173] Indem sie dieses tut, vollzieht sie eine Wesensbestimmung der Wirklichkeit: sie prädiziert sie als Schöpfung Gottes. Die Wirklichkeit, in der sich der Mensch vorfindet, einschließlich der Wirklichkeit seiner selbst, wird damit im höchsten Maße positiv bewertet. Sie wird allen naturalistischen, heidnisch-magischen, gnostisch-abwertenden oder nihilistischen Deutungen enthoben und als von Gott geplant und verwirklicht ausgewiesen. Die Schöpfung als die Dimension, von der im folgenden geredet wird und die zugleich die Lebenswirklichkeit des Menschen – auch des heutigen Menschen – ist, wird damit bestimmt als eine Wirklichkeit, die ihrem Schöpfer gegenübersteht. Daß der Schöpfer mit der Schöpfung umgeht, daß er sie erhält, daß er mit Interesse wahrnimmt, was der Mensch, den er in seinem Bilde geschaffen hat, mit der Schöpfung macht, daß er in die Schöpfung eingreifen kann, ja

---

[173] Die biblische Schöpfungsaussage wird seit weit über hundert Jahren massiv durch die u.a. auf Charles Darwin zurückgehende Evolutionstheorie bestritten. Ich kann hier auf diesen Streit nicht eingehen, denn dies wäre die Aufgabe einer eigenen apologetischen Arbeit. Es ist aber einleuchtend, daß es bei diesem Streit um grundlegende und die Existenz des Menschen in höchstem Maße bestimmende Fragen geht. Die Evolutionstheorie kann durchaus für sich verbuchen, im Rahmen der von Kant definierten Wissenschaft zu stehen: Der Mensch fragt von sich und seinem Erkenntnishorizont aus. In diesem aber ist für Gott generell und speziell für einen Schöpfer oder Schöpfung keinen Platz; diese Begriffe und die mit ihnen verbundenen Vorstellungen kann er nicht bestimmen. Ihm bleibt nichts anderes, als die Welt aus sich selbst heraus zu erklären. So gelangt er zum Naturalismus, zur sich selbst erzeugenden Natur, zur *natura naturans*. Das gegenwärtig von der *scientific community* akzeptierte Weltbild erlaubt nicht die wissenschaftliche Rede von einem Gott oder einem Schöpfer. Es kennt nur ein atheistisches Wirklichkeitsverständnis. Allenfalls gestattet es die Rede von experimentell noch nicht festgestellten Kräften, die aber der immanenten Dimension zugeordnet und trotz fehlender Beweise prinzipiell als empirisch erforschbar angesehen werden. – Zur Auseinandersetzung mit der Evolutionstheorie verweise ich auf die mittlerweile zahlreiche Literatur aus den Reihen der Studiengemeinschaft Wort und Wissen e.V.; darunter besonders Junker, R./Scherer, S. *Evolution – Ein kritisches Lehrbuch*. 5. Aufl. Gießen: Weyel, 2001. Ebd. weitere Literatur.

daß er als der Schöpfer alle Dinge in der Schöpfung souverän verfügt, gehört zu seinem Schöpfersein und zum Geschöpfsein der Schöpfung. Mit der Schöpfung wird zugleich deutlich, daß der Mensch in seinem Schöpfer ein Gegenüber hat, dem er sich verdankt, der ihn in seiner Existenz trägt und Sinn vermittelt und dem er verantwortlich ist. Hierhin gehört auch die Beobachtung, daß mit der Schöpfungsaussage und dem Mandat des Schöpfers an den Menschen, die geschaffenen Dinge[174] zu benennen, eine wesentliche hermeneutische Aussage gemacht ist: Die differenziert erschaffene, diesseitige Wirklichkeit ist vom Menschen erkennbar und bestimmt die Begriffe, mit denen der Mensch die verschiedenen Gegenstände und Sachverhalte bezeichnet.

Mit der Schöpfungsaussage wird zugleich der allgemeinen Offenbarung Sinn verliehen, indem die Lücke, die sich dem Menschen nach dem Sündenfall bezüglich der Erklärung der Herkunft der Welt und des Menschen auftat, gefüllt wird. Weist die Schöpfung auf einen aus ihr heraus nicht bestimmbaren Gott, so stellt sich Gott in der speziellen Offenbarung als der allmächtige Schöpfer vor. Zugleich werden damit die Parameter vermittelt zur Bewertung der dem Schöpfungsbericht folgenden Offenbarungsgeschichte. Es wird damit der Grund gelegt dafür, daß das, was als Offenbarungsgeschehen in der raumzeitlichen Dimension berichtet wird, nicht bloß ein Symbol ist für eine geistige Wahrheit, so daß man vom Diesseitigen auf eine jenseitige, geistige Wahrheit schließen müßte. Vielmehr wird damit die diesseitige Dimension als die Wirklichkeit bestimmt, auf die sich eine biblische Aussage bezieht, wenn sie nicht ausdrücklich oder erkennbar von der unsichtbaren Welt Gottes oder einem anderen Gegenstand redet. Die Schöpfungsaussage steht der Vergeistigung der biblischen Aussagen und der Vergnostizierung des christlichen Glaubens entgegen.[175]

Die Bibel weist im Rahmen des Schöpfungsberichts einen speziellen Urstand aus, der mit dem Prädikat „sehr gut"[176] beschrieben wird. Im Gegensatz dazu steht der unten noch zu besprechende Sündenfall. Die biblischen Aussagen erlauben die Schlußfolgerung, daß der Urstand ein Zustand der Vollkommenheit war, jedenfalls insofern Sünde und Tod abwesend waren und Formen des Miteinanders von Gott und Mensch sowie von Mensch und Schöp-

---

[174] Nach Gen 2,19 soll Adam nur die Tiere benennen; was jedoch für die Tiere recht ist, ist für die übrige Wirklichkeit billig.

[175] Vgl. Kaiser, B. *Schöpfung - eine Grundkategorie in der Theologie Martin Luthers* (1995). 2. Aufl., Walsrode: Gemeindehilfsbund 1997.

[176] Gen 1,31.

fung gegeben waren, wie sie für den Menschen nach dem Fall nicht mehr möglich sind. Damit ist zugleich gesagt, daß die gegenwärtige Beschaffenheit der Welt nicht die ursprüngliche ist.

Der biblische Schöpfungsbericht weist damit auf die geschöpfliche Dimension als Ort, an den Gott den Menschen stellt und an dem er handeln soll. Das was der Mensch in der geschöpflichen Dimension tut, betrifft sein Verhältnis zu Gott.[177] Das wird besonders bei dem in Gen 3 berichteten Sündenfall deutlich, dessen letzte Konsequenz die Vertreibung aus dem Garten Eden war, dem Ort, an dem Gott und Mensch im Urstand einander begegneten. Doch damit ist die Zuordnung des Menschen zu Gott und sein Geschöpfsein nicht aufgehoben. Vielmehr legitimiert die Schöpfungsaussage auch die künftige Dimension der Offenbarung Gottes, das Reden Gottes durch Menschen, in menschlichen Worten, sein Handeln in der Geschichte und seine Erscheinung im Fleisch. „Schöpfung" erweist sich so als Grundkategorie in der Offenbarung, denn sie bestimmt das Zueinander von Gott und Welt sowie Gott und Mensch in grundlegender Weise. Die Schöpfung ist von Gott, aber sie ist nicht eine Ausdehnung seines Wesens oder gar mit ihm identisch, sondern ist vom Schöpfer unterschieden. Zugleich ist sie nicht so selbständig, daß nicht alle Dinge in der Schöpfung unter Gottes Regierung und in einer direkten Beziehung zu ihm stünden.

3.2.1.3 Der Sündenfall (Gen 3)

Die Situation des Urstandes war von einem ungebrochenen Verhältnis zwischen Gott und Mensch gekennzeichnet. Hier ist Gott dem Menschen nicht verborgen, sondern offenbar, wie aus den wenigen geschilderten Begegnungen zwischen Gott und Mensch erkennbar wird.[178] Erst durch den eingetretenen Sündenfall kommt es zur Scheidung zwischen Gott und Mensch, die dahin führt, daß Gott den Menschen aus seiner Gegenwart verstößt, die übrigens ganz „geschöpflich" lokalisiert wird, nämlich im Garten Eden. Gott ist dem Menschen seitdem verborgen, und der Mensch ist seitdem verloren, zum Tode verurteilt und lebt in einer fluchbeladenen Welt. Erst damit wird Offenbarung im eigentlichen Sinne sowie diese als Heilsoffenbarung notwendig. Die noch vor der Vertreibung aus dem Garten Eden geredeten Worte Gottes machen bereits die Stoßrichtung klar, die Gott verfolgt: Der Nachkomme der Frau soll der Schlange den Kopf zertreten und diese ihm in die

---

[177] Gen 1,28-29; 2,15-17.

[178] Vgl. Gen 3, besonders 3,8.

Ferse stechen.[179] Mit dieser bildhaften Aussage wird bereits angedeutet, daß die Macht des Widersachers Gottes, dessen Herkunft die Bibel nicht ausdrücklich beschreibt, zerbrochen wird, Der Widersacher selbst soll vernichtet werden, wobei allerdings auch eine offenbar tödliche Wirkung des Widersachers auf den Nachkommen der Frau ausgehen soll. Mithin wird aufgrund der neutestamentlichen Geschehnisse erkennbar, daß es sich bei dieser Aussage um die in der Urgeschichte noch nicht näher bestimmte Form der Rettung von den Folgen des Sündenfalls handelt.

Weil das Neue Testament bis hin zum Buch der Offenbarung[180] Motive der Genesis aufnimmt und zeigt, daß der Zustand der Vollendung die Wiederherstellung dessen, was im Fall verlorengegangen ist, einschließt, weil die alttestamentliche Geschichte formal zu Christus hinführt, weil Adam und Christus in ihrer Gegensätzlichkeit miteinander verglichen werden[181] und weil auch der Glaube der alttestamentlichen Protagonisten in eine Linie mit dem neutestamentlichen Glauben an Christus gestellt wird[182], liegt die Annahme nahe, daß sich eine kontinuierliche Linie durch das Ganze der Schrift zieht, die erkennbar werden läßt, daß die Bibel die Offenbarung des einen Gottes ist und daß diese Offenbarung mit allem, was sie umfaßt, in Verfolg dieser Linie Heilsoffenbarung ist. Dies wird bei der weiteren Betrachtung der biblischen Aussagen deutlich werden. Erwähnt sei in diesem Zusammenhang auch, daß die Schrift durchgängig die Gabe des Heils durch Gottes Gnade motiviert sieht. Bereits bei dem ersten Opfer, das die Genesis berichtet, dem Opfer Abels, heißt es: „Und der HERR sah gnädig an Abel und sein Opfer."[183] Die Gnade Gottes ist durch die ganze Bibel hindurch als Motiv der Errettung erkennbar.

3.2.1.4 Die Sintflut und der noachitische Bund (Gen 6-9)

Der Sintflutbericht scheint der Heilsoffenbarung zu widersprechen, denn er berichtet von dem universalen Gericht über eine dekadente Menschheit. Ihm zufolge überlebte nur die Familie Noahs durch ein Wunder – in der auf Gottes Anweisung gebauten Arche. Dies geschah im Rahmen eines ersten Bundes mit Noah, mit dem Gott das Überleben der Menschheit sicherte.[184]

---

[179] Gen 3,15.

[180] Die Schlange: Ofb 12,9-15; 20,2; Paradies, Baum des Lebens: Ofb 2,7; 22,14.19; die wiederhergestellte Wohnung Gottes bei den Menschen: Ofb 21,3-4.

[181] Röm 5,12-21; 1Kor 15,22.45.

[182] Hebr 11.

[183] Gen 4,4.

[184] Gen 6,18.

Noah selbst „fand Gnade"[185] vor Gott. Seine Rettung vor der Sintflut war also nicht in ihm selbst begründet, sondern in der gnädigen Ansehung Gottes.

In dem nach der Sintflut folgenden noachitischen Bund[186] sicherte Gott den regelmäßigen Ablauf der Geschichte, indem er zusagte, daß keine Sintflut dieser Art je wieder das Menschengeschlecht vernichten würde. Außerdem sicherte er durch die Einrichtung obrigkeitlicher Macht und ihrer Schwertgewalt das menschliche Leben, indem der Mörder mit der Todesstrafe bedroht wird. Damit wird der Weg der Menschheit mit einem Zaun umgeben, so daß sie sich nicht nach dem Gesetz des Dschungels dezimiert oder ausrottet.

Diese Maßnahme betrifft die gesamte Menschheit und könnte aus diesem Grund der allgemeinen Offenbarung zugerechnet werden. Sie bietet jedenfalls eine Erklärung für die Tatsache, daß alle Völker Obrigkeiten haben, die mit Strafgewalt ausgestattet sind. So wird trotz allen Unrechts, das gegebenenfalls von obrigkeitlicher Seite verübt wird, ein Lebensraum für die Menschheit gesichert. Unter dieser Vorgabe konnte später auch das alttestamentliche Bundesvolk existieren, aus dem der Messias kam. Ebenso ist die weltliche Obrigkeit ein Schutz für christliche Kirche.

3.2.1.5 Die Berufung Abrahams

Die nächste wesentliche Weichenstellung in der Geschichte der Offenbarung geschah bei Abraham.[187] Zunächst berief Gott Abraham, versprach ihm Land und Nachkommen und gab ihm Verheißungen im Blick auf seine Nachkommenschaft. Bei seiner Berufung empfing Abraham die Zusage, daß in ihm alle Geschlechter auf Erden gesegnet werden würden. Im späteren Bund sagte er unter anderem zu, daß er Abrahams und seiner Nachkommen Gott sein wollte, daß es ein ewiger Bund sein würde, daß Abraham ein Vater vieler Völker werden würde. Der Bund mit Abraham wies, wie aus den in ihm enthaltenen Zusagen erkennbar ist, weit über die individuelle Existenz Abrahams hinaus. Überdies „gab" Gott selbst den Nachkommen (Isaak) und schuf mit ihm den Stammvater des Volkes, durch das später der Messias in die Welt kam. Der messianische Bezug ist bei Abraham nicht explizit, aber aufgrund der Segensverheißung implizit erkennbar. Die Segensverheißung findet nach etwa zweitausend Jahren in Christus ihre Erfüllung.[188]

---

[185] Gen 6,8.
[186] Gen 8,20-9,17.
[187] Gen 12,1ff; 17,1ff.
[188] Gal 3,6-9.14.

Mit der Berufung Abrahams wird eine Weiche in der Offenbarungsgeschichte so gestellt, daß nun die Nachkommenschaft Abrahams in Isaak als geschichtlicher Raum der Offenbarung definiert wird. Gott stellte den natürlichen Vorgang, daß eine Familie zur Keimzelle eines Volkes wird, in seinen Dienst. Er bediente sich der normalen geschichtlichen Bewegung der „Familientradition" und verband sich mit dieser, um sich weiter zu offenbaren. Sukzessive erschloß er sich den Generationen nach Abraham. An einer besonderen Stelle jedoch hat die Offenbarung an Abraham schlechthin paradigmatischen Charakter, indem hier erstmals der Grundsatz ausgesprochen wird, daß der Glaube zur Gerechtigkeit gerechnet wird.[189] Dieser Grundsatz ist durch alle künftigen Bündnisse hindurch gültig und entspricht der Rettung aus Gnaden bei Abel und Noah.

3.2.1.6 Der sinaitische Bund[190]

Dem Bundesschluß am Sinai geht die Berufung Moses voraus. Bei ihr stellt sich Gott mit den Worten vor: „Ich bin der Gott deines Vaters, der Gott Abrahams, der Gott Isaaks und der Gott Jakobs."[191] Er gibt Mose seinen Namen bekannt, und erklärt damit, daß er, der Bundesgott, für sein Volk da ist, so wie er es bereits im Abrahamsbund angedeutet hatte mit der Verheißung, Abrahams und seiner Nachkommen Gott sein zu wollen. Derselbe, der Jahrhunderte vorher zu Abraham geredet hat, ist auch der Gott des Volkes Israel. Er gibt sich mit seinem Namen zu erkennen, damit Israel das Exodusgeschehen mit ihm und keinem anderen in Verbindung bringt. Daran erinnert das erste Gebot.

Im Zusammenhang des Exodus ist von den Landverheißungen an die Erzväter die Rede, die Gott nun zu erfüllen im Begriff ist.[192] Auf diese Landverheißungen wird noch häufig bezug genommen. Die Rückbeziehungen auf die nach konservativer Datierung mehr als fünfhundert Jahre zurückliegende Erzväterzeit sind damit offensichtlich.

Bald nach dem Exodus schließt Gott am Sinai einen Bund mit dem Volk Israel, das aus Abrahams Nachkommenschaft erwachsen ist. Die Beziehung zur vorlaufenden Geschichte der Erzväter, zur Versklavung in Ägypten und zum Exodus ist auch hier offensichtlich und ergibt ein in sachlicher, zeitlicher und räumlicher Hinsicht stimmiges Bild. Die Schrift nimmt mehrfach

---

[189] Gen 15,6.
[190] Ex 19-24.
[191] Ex 3, 6.
[192] Ex 13, 5.

auf diese Ereignisse Bezug.[193] Gott offenbart am Sinai sein Gesetz, das als
Rechtsnorm die folgende Offenbarungsgeschichte kennzeichnet und die
Grundlage für das Verhältnis zwischen Gott und seinem Volk darstellt. Es ist
insbesondere auch die rechtliche Grundlage für das Werk Christi, das vom
Neuen Testament im Raster des sinaitischen Gesetzes gedeutet wird und ganz
den am Sinai offenbarten Grundsätzen entspricht.[194] Das Neue Testament
macht darüber hinaus deutlich, daß das Gesetz die spezifische Funktion hat,
Sünde aufzudecken.[195] Es deckt damit zugleich die Hinfälligkeit des Menschen auf und weist auf die Notwendigkeit der Sühne durch ein stellvertretendes Opfer. Letzteres geschieht durch die im Rahmen des sinaitischen
Gesetzes vorgeschriebenen Opfer, die im Neuen Testament ausdrücklich als
Schatten des Opfers Christi angesehen werden.[196]

Die Moseoffenbarung findet neben den zahlreichen geschichtlichen Ereignissen
ihre konkrete Gestalt in der Thora, den fünf Mosebüchern. Mit Mose redete
Gott „von Angesicht zu Angesicht"[197] Es ist dies eine der Formen propheti-
scher Offenbarung. Ich gehe davon aus, daß Mose Gott zwar nicht sah, aber
daß der Dialog mit dem unsichtbaren Gott wie bei einem Dialog von Angesicht
zu Angesicht auf akustischem Wege vonstatten ging. Daneben empfing Mose
die Gesetzestafeln. Ihm wurde gezeigt, wie die Stiftshütte und der Kultus
beschaffen sein sollten, durch ihn machte Gott die umfangreichen Gesetze
bekannt und durch ihn erhielt Israel die rechte Deutung der geschichtlichen
Ereignisse bis zum Einzug in das Ostjordanland. Unter Einschluß der Ur- und
der Erzvätergeschichte wurde diese Offenbarung in der Thora des Mose zusammengefaßt. Die Thora hat im Rahmen der alttestamentlichen Offenbarung
eine herausragende und normative Stellung, die der Rolle Moses als Prophet
entspricht. In ihrem Licht wird die folgende Geschichte Israels durch die Propheten gedeutet. Es finden sich daher zahllose formale und inhaltliche Bezug-

---

[193] Vgl. Ps 105, Apg 7,1-38. Es sei nicht verschwiegen, daß die Stephanusrede eine Reihe
von Schwierigkeiten in Datierungsfragen in sich birgt. Überlegungen zu deren Lösung
möchte ich an anderer Stelle anstellen.

[194] Christus ist Sühnopfer (Röm 3,25-26), Lamm Gottes, das die Sünden der Welt trägt
(Joh 1,20), er trägt den Fluch des Gesetzes (Gal 3,17), er ist der Hohepriester, der in einer
besseren Stiftshütte wirksam Sühne für sein Volk bewirkt (Hebr), er ist „der Prophet", von dem Mose in Dt 18,15 weissagte (Joh 1,45; 6,14; 7,40; Apg 3,22; 7,37). Die
Bezüge zum Alten Testament im neutestamentlichen Verständnis des Werkes Christi sind
allesamt offensichtlich.

[195] Röm 3,20; 5,20, 7,7-8; Gal 3,19.

[196] Hbr 10,1-10.

[197] Ex 33,11; Dt 34,10.

nahmen späterer Propheten auf das mosaische Gesetz, und zwar auch im Neuen Testament.[198]

Im Rahmen der sinaitischen Ordnung steht die Erfüllung der im Bund mit Abraham gegebenen Landverheißungen. Nach erfolgter Eroberung des Landes konstatiert das Buch Josua, daß alle Zusagen Gottes betreffs des Landes eingelöst worden seien.[199] Indem Gott seinem Volk ein bestimmtes Land zuweist, schafft er auch den geographischen Raum, in dem die weitere Offenbarungsgeschichte stattfinden kann. Dieser Raum ist gefüllt mit der selbständigen Existenz seines Volkes, das sowohl inmitten seiner Umwelt steht, also inmitten der vorderorientalischen Reiche und Gesellschaften, als auch im Bund mit Gott. Das Land ist schließlich der Raum für jene Offenbarung, die darin gipfelt, daß aus Jerusalem und nicht aus irgendeinem anderen Ort der Welt der Erlöser kommt.[200]

Das alttestamentliche Israel hat teil an der Gnade und der Vergebung der Sünden „durch den Glauben". Der Glaube aber besteht im Vertrauen auf die gegebenen Bundesverheißungen und äußert sich im Tun des im Gesetz offenbaren Willens Gottes. Dieser schließt ein, daß angesichts begangener Sünde die vom Gesetz vorgeschriebenen Opfer gebracht werden, obwohl der formale Vollzug der Opfer nicht als eine von der Sache her notwendige Bedingung zu sehen ist.[201]

Bezogen auf das Leben im Land Kanaan stehen die Verheißungen von Fluch und Segen (Dt 28). Letzterer ist wesentlich materieller Natur. Persönliche, wirtschaftliche und politische Prosperität sowie militärische Siege sollen Israel kennzeichnen, wenn es in den Geboten Gottes lebt, hingegen Verlust, Niedergang und Vertreibung, wenn es von Gott abfällt. Diese Verheißungen finden ihren Sinn darin, daß sie Israel anhalten, auf Gottes Gesetz zu achten, es zu hören, aber auch um am Gesetz seine Sünden zu erkennen und auf den verheißenen Erlöser zu warten. Die Verheißungen sind nicht Selbstzweck, denn sonst hätte Gott Israel wirklich nur materiellen Wohlstand und die Befriedigung der diesseitigen Bedürfnisse in Aussicht gestellt. Die sinaitische Ordnung ist damit keine geschlossene Ordnung. Sie stellt moralische Forderungen, die der Israelit nicht einlösen kann. Sie weist prophetisch und typo-

---

[198] Unter formalen Bezugnahmen verstehe ich die Erwähnung der Thora wie etwa in Ps. 1,2, unter inhaltlichen Bezugnahmen die Erwähnung von Details, die in der Thora geboten sind oder die durch Mose verheißen wurden. Die Fülle dieser Bezugnahmen ist erdrückend.

[199] Jos 21,43-45.

[200] Röm 9,33; 11,26; vgl. Jes 28,16; 59,20.

[201] Vgl. 1Sam 15,22; Ps 40,7; 50,8-15; 51,18-19; Jes 1,11-17; Amos 5,21-25; Hbr 10,1-10.

logisch auf eine künftige, neue Ordnung und spricht ausdrücklich von dem kommenden Propheten, auf den Israel hören soll.

3.2.1.7 Das Königtum Davids[202]

Schon im Abrahambund hatte Gott zugesagt, daß auch Könige zu den Nachkommen Abrahams gehören würden.[203] Doch nachdem Israel in Kanaan seßhaft geworden war, dauerte es noch mehrere hundert Jahre, bis Gott die Einrichtung des Königtums zuließ. Damit wird die Offenbarung erneut spezifiziert in der Form, daß Gott sich mit dem Hause Davids verbindet und diesem einen ewigen Bestand zusichert. Mit den das Haus Davids umgebenden Verheißungen offenbart Gott ferner, daß das Heil in der gerechten königlichen Herrschaft des Davidssohnes steht.[204] Doch Salomo, der Sohn und unmittelbare Nachfolger Davids, der im Vergleich mit den vielen judäischen Königen am ehesten als Erfüller der an David ergangenen Verheißungen angesehen werden könnte, wich zum Ende seiner Amtszeit von den Wegen Gottes ab und sündigte gegen das erste und zweite Gebot. Seine Nachfolger waren teils gottesfürchtig, teils auch im Götzendienst verhaftet, so daß die Geschichte des judäischen Königshauses zwiespältig und bei aller Kontinuität doch wechselhaft ist. Die alttestamentliche Geschichte macht deutlich, daß der Davidssohn, der das Recht Gottes tatsächlich aufrichtet, noch nicht gekommen ist. Angesichts der Entmachtung des judäischen Königshauses durch Nebukadnezar und die jahrhundertelange Fremdbeherrschung des jüdischen Volkes durch heidnische Besatzer scheint die Prophetie über dem Hause David hinfällig geworden zu sein. Jedenfalls bleibt die Erfüllung der Prophetie im Horizont des Alten Testamentes eine offene Frage, die erst mit der Einsetzung des Davidssohnes Christus beantwortet wird.

3.2.1.8 Die prophetische Offenbarung

Die prophetische Offenbarung in alttestamentlicher Zeit ist nicht eigentlich eine bestimmte Station oder Weichenstellung in der geschichtlichen Offenbarung, sondern deren Begleiterscheinung und integraler Bestandteil derselben. Sie ist an das Amt des Propheten gebunden.[205] Offenbar lebte Israel in dem Bewußtsein, daß sein Weg durch die Jahrhunderte von Propheten begleitet

---

[202] 2Sam 23,5.

[203] Gen 17,6.16; vgl. Gen 35,11.

[204] Vgl. Ps 2; 89; 110; 132.

[205] Vgl. dazu ausführlich: Harris, R. Laird, *Inspiration and Canonicity of the Scriptures*, S. 154-179.

war. Es gab wenigstens zeitweise Prophetenschulen[206], aus denen die im Volk tätigen Gottesmänner kamen. Bekannt war in Israel ebenfalls, daß die Zeit der Prophetie mit Maleachi endete und Israel in den folgenden Jahrhunderten bis zum Kommen Christi ohne Prophetie lebte. Die Propheten übten ihre Arbeit aus in der Kenntnis und der Anwendung der Thora. Diese war Maßgabe für ihre Predigt.[207] Darüber hinaus hatten sie spezielle Offenbarungen, die auf eine konkrete Situation bezogen waren. Sie wurden als Stimme Gottes für die großen und kleinen Entscheidungen des Lebens konsultiert.[208] Unter den Propheten gab es die Schriftpropheten, deren Wort niedergeschrieben und als heilige Schrift dem Kanon hinzugefügt wurde. Damit wurden sie Teil der Offenbarung, die für die Kirche aller Zeiten maßgeblich ist. Über die Schriftpropheten und die prophetische Geschichtsschreibung ist in jenem Teil der Fundamentaltheologie, der sich mit der heiligen Schrift beschäftigt, ausführlich zu reden.

Die alttestamentlichen Schriftpropheten nehmen eine doppelte Aufgabe wahr:

(1) Sie kommentieren die Geschichte im Licht der Thora. Wie ich oben schon sagte, sind die geschichtlichen Ereignisse noch keine verbale Rede. Sie werden erst durch das sie begleitende prophetische Wort verständlich. Die prophetische Geschichtsschreibung ist die Frucht ihrer Tätigkeit. So haben die Schriftpropheten schon aus sachlichen Gründen an der fortschreitenden Offenbarung teil.

(2) Sie sprechen von Zukünftigem. Sie weissagen Gottes Gericht über Israel und Juda ebenso wie über die sie umgebenden Völker. Sie sprechen aber auch von dem neuen Bund, den Gott mit Israel schließen wird, und dem künftigen Heil, das Gott geben wird. Damit weisen sie auf Jesus Christus und die in ihm zu etablierende Heilsordnung. Auch diese ist Gegenstand der alttestamentlichen Prophetie, wenn von der Ausgießung des Heiligen Geistes geredet wird und auch die nichtjüdischen Völker in die gnädige Zuwendung Gottes einbezogen werden. Die Botschaft der Propheten steht im Dienst der progressiven Enthüllung des Heilsratschlusses Gottes. Israel soll nicht bei dem Bisherigen stehenbleiben, sondern auf den Kommenden warten. Die prophetische Offenbarung findet theologisch-inhaltlich gesehen in den Abschnitten vom Gottesknecht bei Jesaja ihren alttestamentlichen Gipfel.

---

[206] 1Sam 9,6ff.; 28,16; 1Kg 14,5; 22,7.8; 2Kg 2,3.5; 8,8; 22,14ff.

[207] Dt 13,1-6.

[208] 2Kg 3,11ff; 6,1ff.

Mit der alttestamentlichen Offenbarungsgeschichte wird das Kommen Christi vorbereitet. Darin liegt ihr Sinn. Sie berichtet, wie der geschichtliche Rahmen und die geschichtlichen Vorgaben für das Kommen Christi eingerichtet wurden. Gott setzt also sein Heil nicht spontan und fertig in die Welt, sondern er bereitet das Kommen des Erlösers vor und liefert darüber hinaus die sachlichen und rechtlichen Kategorien, um das Kommen Christi zu erkennen und zu verstehen.

3.2.1.9 Das Kommen Jesu Christi

Die höchste Selbstenthüllung Gottes geschieht in der Person Jesu. Sein Kommen, seine Passion und seine Auferstehung sind der Kulminationspunkt der Gottesoffenbarung. Eine Offenbarung, die unmittelbarer geschähe oder inhaltlich mehr von Gott erschließen würde, gibt es nicht. Die folgenden Schriftaussagen zeigen die einzigartige Bedeutung Jesu:

> Joh 1,18 Niemand hat Gott je gesehen; der Eingeborene, der Gott ist und in des Vaters Schoß ist, der hat ihn uns verkündigt.

> Joh 3,16 Denn also hat Gott die Welt geliebt, daß er seinen eingeborenen Sohn gab, damit alle, die an ihn glauben, nicht verloren werden, sondern das ewige Leben haben. 17 Denn Gott hat seinen Sohn nicht in die Welt gesandt, daß er die Welt richte, sondern daß die Welt durch ihn gerettet werde.

> Joh 10,30 Ich und der Vater sind eins.

> Joh 14,9 Wer mich sieht, der sieht den Vater!

> Kol 1,15 Er ist das Ebenbild des unsichtbaren Gottes, der Erstgeborene vor aller Schöpfung. ... 19 Denn es hat Gott wohlgefallen, daß in ihm alle Fülle wohnen sollte 20 und er durch ihn alles mit sich versöhnte, es sei auf Erden oder im Himmel, indem er Frieden machte durch sein Blut am Kreuz.

> Kol 2,9 Denn in ihm wohnt die ganze Fülle der Gottheit leibhaftig.

> Hbr 1,3 Er ist der Abglanz seiner Herrlichkeit und das Ebenbild seines Wesens und trägt alle Dinge mit seinem kräftigen Wort und hat vollbracht die Reinigung von den Sünden und hat sich gesetzt zur Rechten der Majestät in der Höhe 4 und ist so viel höher geworden als die Engel, wie der Name, den er ererbt hat, höher ist als ihr Name.

Diese Aussagen gelten ausschließlich von Jesus von Nazareth. Von keinem anderen Menschen wird je vergleichbares ausgesagt. Zwar hat die Welt der Religionen wiederholt Vorstellungen entwickelt, denen zufolge Menschen Göttersöhne sein sollen, doch begründet werden können solche Ansprüche nicht. Hier aber läßt sich der Anspruch der Gottessohnschaft Jesu soweit es eben geht einsichtig machen. Sowohl die ausführliche Vorbereitung des

Kommens Jesu im Alten Testament als auch die berichteten Umstände des Kommens Jesu, die Jungfrauengeburt, die Engelserscheinungen und die Erfüllung alttestamentlicher Prophetie, machen dies deutlich.[209] Die Offenbarung in Christus hat einen formalen und einen inhaltlichen Aspekt. Jesus als Person ist nach diesen Aussagen Sohn Gottes und Ebenbild Gottes. In seiner Person wird Gott *unmittelbar* erkennbar. In ihm erscheint Gott von Ewigkeit im Fleisch. Das ist ein absolutes Novum in der Offenbarungsgeschichte. Was das Eingehen Gottes in die leibliche Sphäre bedeutet, kann hier nicht weiter bedacht werden, denn es ist die Aufgabe der Christologie.

Formal gelangt die Offenbarung Gottes in Christus zu ihrem Abschluß und findet hier ihren vorläufigen Kulminationspunkt, der zugleich der Höhepunkt der Offenbarungsgeschichte ist. Im Zusammenhang des Kommens Jesu geschehen einmalige und unwiederholbare Ereignisse, insbesondere die Kreuzigung und Auferstehung Jesu.[210] Sachlich geht es in Christus nicht nur formal um Gottesoffenbarung, sondern auch um die Erstellung der Heilswirklichkeit. Christus redet nicht nur von der Gerechtigkeit Gottes, sondern er ist sie selbst in Person. Er ist in seinem Tod Priester und Opfer, und mit seiner leibhaftigen Auferstehung der neue Mensch, die neue Kreatur, der Anbruch der eschatologischen Welt Gottes. In allen diesen Eigenschaften steht Christus stellvertretend für sein Volk hier auf Erden. In ihm offenbart Gott seine Liebe und seine gnädige Gesinnung gegenüber den Menschen.

Das geschichtliche Kommen Jesu impliziert die Kondeszendenz (= Herablassung) Gottes. Gott verzichtet in Jesus Christus auf ein Erscheinen in blanker Herrlichkeit. In der Begegnung mit der unverhüllten Herrlichkeit Gottes bliebe für den Sünder nur das Gericht übrig. Gott aber verhüllt seine Majestät, um in dieser Selbstentäußerung das Heil leidend zu schaffen. Man erkennt an dieser Stelle eine gegenläufige Gestalt der Offenbarung zur allgemeinen Offenbarung: dort wurde Gottes Ehre, Herrlichkeit und Gottheit erkennbar, hier erscheint Gott in Niedrigkeit, doch so, daß in derselben auch seine Herrlichkeit sichtbar wurde, wenn auch auf andere Weise als in der Erwartung des Menschen. Hierin findet sich auch das eigentliche Paradoxon: Die entscheidende Offenbarung ist Verhüllung der Majestät im Leiden und im Tod. Doch Gott identifiziert sich mit der geschöpflichen Gestalt und will gerade darin erkannt werden. Er will nicht, daß wir von der Niedrigkeit

---

[209] Vgl. Lk 1-2; Mt 1-2.

[210] Die Einmaligkeit des Werkes Christi wird durch die Begriffe ἅπαξ/ἐφάπαξ (*hapax/ephapax* = einmal/ein für allemal) in Röm 6,10, Hbr 7,27; 9,12 und 10,10 unterstrichen.

abstrahieren, um *hinter* ihr den wahren Gott zu erkennen. Gerade dieses Element der Kondeszendenz bewahrt vor einem gnostischen Gottesbegriff, demzufolge Gott so von der Schöpfung und aller Niedrigkeit unterschieden ist, daß die genannte Abstrahierung notwendig wäre.

Das Kreuz Christi ist einerseits die größte und herrlichste Selbsterschließung Gottes, als hier Gottes Heil sichtbare Wirklichkeit wird. Es ist aufgrund seiner Unansehnlichkeit zugleich ein wichtiger Faktor im Verständnis von Offenbarung. Es zeigt unübersehbar, daß Gott bei seinem größten und wichtigsten Offenbarungswerk gerade nicht in öffentlich sichtbarer Herrlichkeit erscheint, sondern eben in Niedrigkeit, in der größten Entäußerung, der sogenannten Kenosis. Was diese für den Sohn bedeutete, kann hier nicht bedacht werden. Aber sie widerspricht allen menschlichen Erwartungen an eine Gottesoffenbarung. Sie macht zugleich in großer Klarheit deutlich, wie Gott über alles das, was nach menschlicher Erwartung herrlich und göttlich sein müßte, denkt. Er läßt alle menschliche Hoheit, Macht und Schönheit in Christus hinrichten. Er hat für den gefallenen Menschen nur das Todesgericht übrig. Doch dieses Gericht, das er in seinem Gesetz fordert, wird nun an Jesus vollstreckt. Gerade darin steht die Gerechtigkeit Gottes, die er dem Sünder zurechnet. Deshalb darf aus dem – formal betrachteten – Kreuz nicht eine Theologie des Kreuzes konstruiert werden, die Leiden und Tod grundsätzlich für die Gestalt der Offenbarung oder der Anwesenheit Gottes macht. Auch ist es nicht sinnvoll, angesichts des Kreuzes Spekulationen über die Verborgenheit Gottes anzustellen, wenn sie dahin führen, das Kreuz und die Niedrigkeit als Verkleidung Gottes anzusehen, so daß sie nicht mehr eigentlich Offenbarung sind und als wäre Gott in Wirklichkeit ganz anders. Gott war nun einmal so in der Welt, und zwar mit der ganzen Fülle der Gottheit, und wir haben kein Recht, ihn unter Absehung von seiner Niedrigkeit zu suchen. Daß er im Himmel in Herrlichkeit ist, erlaubt uns nicht, auf dem Wege der Spekulation oder der Mystik oder auch im Sinne eines Wohlstandsevangeliums mit ihm umzugehen. Wir werden von Gottes Offenbarung an den Gekreuzigten gewiesen, um Gott zu erkennen.[211]

Überdies ist Jesus der, in dem die Gottesherrschaft anbricht. Die Evangelien sind voll von Aussagen zu diesem Thema. Johannes der Täufer predigt die Buße, weil das Gottesreich nahe herbeigekommen ist[212], und die Botschaft Jesu und seiner Jünger lautete gleich[213]. Jesus macht deutlich, daß in ihm das

---

[211] 1Kor 2,2.

[212] Mt 3,2 u. par.

[213] Mt 4,17; 10,7.

Reich der Himmel, die Gottesherrschaft, gekommen sei, wenn auch nicht in sichtbarer, diesseitiger Form[214]. Der Auferstandene sagt von sich, daß ihm alle Gewalt im Himmel und auf Erden gegeben sei[215], und die Apostel verkünden sein Reich[216]. So findet sich in ihm auch das offenbarungsgeschichtliche Novum der Gottesherrschaft, die vorher, also in alttestamentlicher Zeit, so noch nicht gegeben war. Damals regierte Gott sein Volk durch die unvollkommenen Herrscher aus dem Hause Davids, nun aber ist der Davidide gekommen, der das Recht Gottes in einer weltweiten Herrschaft ausbreiten soll. Aus der beschränkten vorderorientalischen Dynastie wird eine universale Institution, die ihre volle Verwirklichung freilich erst im Eschaton finden wird.

Die besondere Offenbarungsqualität Jesu Christi wird gestützt durch die Ich-bin-Worte Jesu und den Anspruch, den er damit erhebt. Die Ich-bin-Worte lassen die Selbstoffenbarung Gottes an Mose und die Mitteilung des Jahwe-Namens anklingen. Jesus nimmt dieses Ich-bin auf und zeigt, daß er der Weg ist, die Wahrheit und das Leben, und daß ohne ihn niemand zu Gott kommt. Damit ist klar, daß die Selbstoffenbarung Gottes in Jesus Christus in den Exklusivitätsanspruch einmündet, der neben Christus keine anderen Wege zu Gott zuläßt.

3.2.1.10 Die Geschichte der Apostel

Das Neue Testament endet bekanntlich nicht mit der Himmelfahrt Christi. Die in Christus etablierte neutestamentliche Heilsordnung hat eine Dimension, die der gesonderten geschichtlichen Offenbarung bedarf: die Ausdehnung des Bundesvolkes Gottes auf die nichtjüdische Welt. Der Heilswille Gottes gegenüber den Heiden war im Alten Testament zwar ausgesprochen, aber noch nicht in die Tat umgesetzt worden und noch nicht geschichtliche Wirklichkeit. Er wurde der Struktur nach erkennbar in entsprechenden Verheißungen[217], die das von Israel ausgehende Heil auch den Heiden zusprachen, und auch darin, daß vereinzelt Nichtjuden in den Genuß der Zuwendung Gottes kamen[218]. Das änderte sich mit dem Kommen Christi und dem nach dem vollbrachten Heilswerk von ihm ausgesprochenen und weltweit geltenden

---

[214] Lk 11,20; 16,16.

[215] Mt 28,18.

[216] Apg 8,12; 19,8; 20,25; 28,23.31; Röm 14,7.

[217] Gen 12,3; vgl. Jes 49,6; Am 9,11-12; Ps 117 u.a.

[218] Als Beispiele seien u.a. genannt: Lot, Melchisedek, Ruth, die Witwe von Zarpath, Naeman und die Menschen von Ninive.

Missionsbefehl. Deshalb gehört auch das Werk der Apostel, die von Christus bestimmt waren, seine Zeugen zu sein, die Apostelgeschichte, zur Offenbarungsgeschichte. Die Apostel waren nicht nur seine Zeugen im Blick auf ihn selbst, sondern auch im Blick darauf, daß mit der neutestamentlichen Heilsordnung das Bundesvolk Gottes die Grenzen des alttestamentlichen Israel sprengt und die angekündigte weltweite Dimensionen gewinnt, indem auch Nichtjuden zum Gottesvolk hinzukommen. Paulus reflektiert diesen Sachverhalt in Eph 3,3-12. Er führt dort aus, daß das Geheimnis, nämlich daß in Christus Juden und Heiden zu einer Gemeinde berufen sind, bislang verborgen gewesen, aber daß es den Aposteln und ihm nun durch Offenbarung bekanntgemacht worden sei. Dieser Sachverhalt ist ein Implikat des Werkes Christi. Insofern bietet er in puncto Gotteserkenntnis nichts Neues und überholt die Gottesoffenbarung in Christus nicht. Aber er ist doch insofern etwas Neues, als die alttestamentlichen Grenzen des Gottesvolkes aufgebrochen werden. Wie dies die aus dem Judentum kommenden Apostel selbst erst lernen mußten, wird in der Apostelgeschichte berichtet. Mehrfach und anhand markanter Ereignisse verdeutlicht sie, daß nun auch Nichtjuden Glieder des Haushaltes Gottes werden.[219] Sowohl dieser Sachverhalt als auch zahlreiche andere Fragen zur Existenz der Kirche Christi inmitten der Welt werden in den Briefen des NT behandelt und bilden einen Teil der Offenbarung Gottes in der Geschichte.

Die biblische Offenbarung weist in ihrer Progressivität zugleich auf die endliche Vollendung der Geschichte im Eschaton, in der Verherrlichung, der Offenbarung der neuen Schöpfung, die in dem gegenwärtigen Äon noch nicht gegeben ist. Deshalb ist die Offenbarung Gottes in Christus vorläufig. Das heißt aber nicht, daß sie einen geringeren Grad an Richtigkeit, Gewißheit oder Verbindlichkeit hätte, sondern daß sie durch die sichtbare Manifestation Christi in Herrlichkeit ihre letzte und eigentliche Frucht findet.

3.2.2 Progressivität und inhaltliche Kontinuität

Ich habe unter dem vorangehenden Gliederungspunkt die wesentlichen Stationen und grundlegenden Weichenstellungen der *historia revelationis* nachgezeichnet. Dazwischen liegen oft Jahrhunderte der Geschichte mit ihrer Alltäglichkeit, ihrem Auf und Ab, ihrer Menschlichkeit und Sündhaftigkeit. Von dieser Geschichte werden häufig keine mit Zeichen und Wundern verbundenen Manifestationen Gottes berichtet. Andererseits beinhaltet diese Geschichte Phasen, in denen Gott sich mit einer beachtlichen Konzentration

---

[219] Apg 8,5-17.26-40; 10,1-11,18.

von Zeichen und Wundern kundgegeben hat, wie im Zusammenhang des Auszuges aus Ägypten, in der Zeit Elias und Elisas und bei Christus und den Aposteln. Auch davon ist in der Bibel die Rede und die biblischen Autoren haben es für nötig gehalten, uns dies zu berichten. Manche Zeiträume werden, falls überhaupt, nur genealogisch abgedeckt, andere werden ausführlicher beschrieben. Es ist uns, wie Paulus sagt, alles zum Vorbild oder zur Lehre geschrieben[220] und ist der Stoff, anhand dessen Gott sich, sein Wesen, sein Handeln, seinen Zorn und vor allem sein Heil und seine Gnade offenbart.

Der Überblick über die biblische Offenbarungsgeschichte zeigt, daß sowohl Progressivität als auch Kontinuität Kennzeichen der Gottesoffenbarung sind. Die Progressivität besteht darin, daß Gott seinen Heilsplan nicht auf einmal, sondern schrittweise offenbart. Es werden stets neue Aspekte offenbar. Im Rahmen der Progressivität steht auch die zeitliche Folge von Gesetz und Evangelium. War jenes Inhalt der Sinaioffenbarung, so ist dieses an die spätere Christusoffenbarung gebunden. Doch ist das Evangelium von Christus nicht neu, denn es wird, wie Paulus ausdrücklich sagt, „bezeugt durch das Gesetz und die Propheten"[221]. Nicht zuletzt weist auch die Tatsache, daß Jesus Christus im Neuen Testament bestimmt wird als „geboren aus dem Geschlecht Davids nach dem Fleisch"[222], auf die grundlegende sachliche Einheit der Offenbarungsgeschichte zwischen Altem und Neuem Testament. Deswegen dürfen beide nicht als Gegensatz verstanden werden.

Im Rahmen dieser Progressivität steht auch die Aufhebung des Sinaibundes im Neuen Bund. Was jedoch vordergründig wie eine Diskontinuität aussieht, erweist sich bei genauerem Hinsehen als Kontinuität. Tatsächlich ist der Sinaibund zu seinem Ende gekommen: Sowohl die moralischen als auch die kultischen Forderungen des Gesetzes sind in Christus erfüllt. Damit wird das sinaitische Gesetz nicht entautorisiert, sondern in seiner Geltung erst wirklich bestätigt. Aber es hört mit dem Neuen Bund auf, der Rechtsraum zu sein, in dem das Volk Gottes lebt. Der neue Rechtsraum ist der der Freiheit vom Gesetz, die im Glauben an die Verheißungen des Evangeliums besteht. Das Gesetz begegnet dem Christen als Glied der Kirche nur als die in Christus erfüllte Ordnung. Indem der Christ im Glauben an Christus lebt, tut er, was dem im Gesetz offenbarten moralischen Willen Gottes entspricht. – Auf die

---

[220] Röm 15,4; 1Kor 10,11; 2Tim 3,16-17.
[221] Röm 1,21.
[222] Röm 1,3.

theologische Zuordnung von Gesetz und Evangelium ist in einem späteren Teil der Fundamentaltheologie detailliert einzugehen.

Bei aller Progressivität ist ein hohes Maß an inhaltlicher Kontinuität festzustellen. *Cantus firmus* der Offenbarungsgeschichte ist die Rechtfertigung des Sünders durch den Glauben. Diese gilt sowohl außerhalb als auch innerhalb des sinaitischen Bundes[223]. Dieser entspricht, daß die Versöhnung des Menschen nur durch ein stellvertretendes Opfer geschehen kann. Dieses aber kann nur das Opfer Christi sein. Indem die alttestamentlichen Opfer als ineffektiv und als Schatten der neutestamentlichen Wirklichkeit in Christus bezeichnet werden, wird deutlich, daß selbst der alttestamentliche Gläubige nur in Christus die Versöhnung hat. Bei aller Progressivität ist zu erkennen, daß kein sachlicher Bruch besteht zwischen der Offenbarung an Israel und in Jesus Christus. Das Neue Testament betont vielmehr ostinat die Kontinuität, aber eben im Sinne der Progressivität.[224] Damit ist eine wesentliche theologische und besonders hermeneutische Vorgabe zu erkennen, nämlich daß die Bibel im Sinne ihrer sachlichen Einheit zu interpretieren ist. Diese Vorgabe ist von eminenter konzeptioneller Bedeutung für die Erarbeitung einer biblischen Theologie sowie einer Dogmatik.[225]

Die Einrichtung des Neuen Bundes markiert also fraglos einen Einschnitt in der Offenbarungsgeschichte, aber doch nicht so, daß etwas ganz Neues, vorher nie ins Auge Gefaßtes eingerichtet worden wäre. Das, was Gott in Christus getan hat, war bereits im Bund mit Abraham beabsichtigt und angekündigt.

---

[223] Vgl. Hebr 11, wo von Abel an Männer und Frauen vorgestellt werden, die „durch den Glauben" lebten und Gottes Handeln erfuhren. Die Rechtfertigung aus Glauben ist erstmals ausdrücklich bei Abram (Gen 15,6) ausgesagt.

[224] Dies wird deutlich bei Jesus in seiner Aussage, daß er nicht gekommen sei, daß Gesetz aufzulösen, sondern es zu erfüllen (Mt 5,17-20). Daß Jesus in Bergpredigt breit auf das Gesetz bezug nimmt, indem er mit den Worten „ich aber sage euch" die rechte Interpretation des Gesetzes gibt, baut er keinen Kontrast zum Gesetz auf, sondern korrigiert allenfalls Vorstellungen seiner Zeit oder kehrt die eigentliche Intention des Gesetzes hervor. Kontinuität und Progressivität wird auch bei Paulus sichtbar, der Christus als das Telos des Gesetzes ausweist (Röm 10,4), der Juden und Heiden als zu einer Gemeinde berufen sieht (Eph 2,11-3,7) und das Gesetz als Schatten Christi sieht (Kol 2,11-23), der Gesetz und Evangelium in 2Kor 3,1-18 und Röm 7,1-25 bei aller funktionalen Gegensätzlichkeit in der offenbarungsgeschichtlichen Abfolge einander zuordnet und aufeinander bezieht. Auch die Evangelien beschreiben Jesus als den, der die alttestamentlichen Verheißungen erfüllt. Eine Fülle von Einzelbeobachtungen ließe sich hierzu anführen.

[225] Über die hermeneutischen Konsequenzen dieses Ansatzes ist im Detail in jenem Teil der Fundamentaltheologie zu sprechen, der sich mit den methodischen Fragen beschäftigt.

3.2.3 Verheißung und Erfüllung

Ein Sonderfall von Progressivität und inhaltlicher Kontinuität und zugleich ein weiteres, sowohl formal als auch inhaltlich hochbedeutsames Element der Offenbarung ist das Zueinander von Verheißung und Erfüllung. Formal bedeutsam ist dieses Element, als es eine Fülle von Bezügen zwischen zeitlich vorgängigen Verheißungen und einer späteren Erfüllung beinhaltet. Diese Bezüge müssen dann hinfällig werden, wenn man die einzelnen Texte isoliert und als spezifische „Mythologoumena" oder als kollektive Reflexion auf einzelne Aspekte der Geschichte Israels ansieht, wie es in der sog. alttestamentlichen Wissenschaft üblich ist. Dieser Sichtweise unterliegt die zumeist unausgesprochene Annahme, daß es echte Prophetie nicht gibt. Es widerspricht aller Erfahrung und aller Logik, daß ein Mensch wissen und vorhersagen kann, was einst geschehen wird. Eine in dieser positivistischen Weltanschauung verhaftete Theologie muß darum zwangsläufig das vorhersagende Element ausblenden und die biblischen Aussagen anders interpretieren. Doch daß dies dem offenbaren Sinn der Quellen, wenn ich die biblischen Texte hier einmal unter dem Blickwinkel des Historikers bezeichnen darf, widerspricht, liegt auf der Hand.

Terminologisch werden die Verheißungen Gottes in der Regel einfach als Reden Gottes eingeführt: „Und der HERR sprach ..." ist in vielen Fällen zu lesen. An mehreren Stellen ist von Bundesschlüssen zwischen Gott und Menschen die Rede: bei Noah, Abraham, Mose und David. Diese Bündnisse sind in allen Fällen von Verheißungen getragen und sind auf die Zukunft ausgerichtet. Von einem späteren Zeitpunkt aus wird berichtet, daß und gegebenenfalls auch wie Gott die Verheißung erfüllt hat. Die Rechtfertigung dieser Sichtweise ist theologischer Art: Gott ist der Allwissende und Allmächtige. Er kann seine Absichten durch Prophetenmund kundtun, so daß echte Prophetie möglich ist, und er ist in der Lage, seine Absichten in die Tat umzusetzen. Ich nenne die folgenden Beispiele, die zeigen, daß diese Beziehung von Verheißung und Erfüllung zum großen Teil zwischen mehreren, aus unterschiedlichen Zeiten stammenden biblischen Büchern bestehen.

(1) Die Landverheißungen an Abraham[226] wurden, legt man eine konservative Datierung[227] zugrunde, nach etwa siebenhundert Jahren erfüllt, indem die von Gott erwählte Nachkommenschaft Abrahams, Isaaks und Jakobs nach

---

[226] Gen 12,7; 13,15; 15,18-21; 17,8; Gen 26,3-4 (an Isaak); 35,12 (an Jakob).

[227] Nach den chronologischen Übersichten im Anhang von Wood, L. *Survey of Biblial History* Grand Rapids: Zondervan, 1979, und bei Archer G.L., *A Survey of Old Testament Introduction*, S. 545, hat Abraham von 2166-1991 v.C. gelebt.

Jahrhunderten der Fremdlingschaft und schließlicher Unterdrückung aus Ägypten herausgeführt wurde und das Land Kanaan eroberte. Ausdrücklich nahm Gott bei der Berufung des Mose auf die den Vätern gegebene Landverheißung Bezug.[228] Auf diese Verheißung bezieht sich auch die Auskunft, die Gott Israel vor der Überquerung des Jordan und dem Einzug in das Land gab, nämlich, daß es noch nicht im Lande angekommen sei, obwohl es die Völker des Ostjordanlandes bereits unterworfen hatte.[229] Am Ende des Josuabuches wird die vollständige Erfüllung der Landverheißung konstatiert.[230] Die über Genesis, Exodus Deuteronomium und das Josuabuch verstreuten Aussagen weisen eine hohe sachliche Kohärenz auf.

(2) In engem sachlichem Zusammenhang mit der Landverheißung steht die Verheißung von Nachkommenschaft an Abraham. Sie war zunächst darin begründet, daß Abraham und Sara keine gemeinsamen Kinder bekommen konnten. Diesen biologischen Umstand macht Gott zum Instrument seiner Offenbarung. Dabei verheißt Gott in Gen 12 ganz allgemein, Abraham zu einem großen Volk zu machen[231]. Die Verheißungen werden immer spezifischer, bis ausdrücklich verheißen wird, daß Sara einen Sohn haben würde.[232] Die erstmalige Verheißung und ihre Erfüllung in Isaak umfaßt einen Zeitraum von etwa fünfundzwanzig Jahren. Doch erst im Laufe von mehr als sechs Jahrhunderten wurde aus dem Nachkommen ein Volk.

(3) Die konditionalen Verheißungen in Dt 28 sind Teil des Sinaibundes. In ihnen verheißt Gott dem Volk materiellen Segen und Prosperität, wenn es in seinen Geboten wandelt, dagegen Mißgeschick, Niederlagen und schlußendlich die Vertreibung aus dem Land, wenn es von den Geboten abfällt. Die Erfüllung fand in der Geschichte statt: Die Richterzeit mit ihrem Auf und Ab, die Höhen und Tiefen der Königszeit bis hin zur babylonischen Gefangenschaft zeigen in bisweilen erschütternder Weise, daß Gott das, was er durch Mose angekündigt hatte, auch wahrgemacht hat. Daniel bekennt in seinem Bußgebet als Exulant in Babel:

> „Und Gott hat seine Worte gehalten, die er geredet hat gegen uns und unsere Richter, die uns richten sollten, daß er ein so großes Unglück über uns hat kommen lassen; denn unter dem ganzen Himmel ist Derartiges nicht gesche-

---

[228] Ex 6,2-8.

[229] Dt 12,9-10.

[230] Jos 21,43-45.

[231] Gen 12,2.

[232] Gen 15,4; 17,16.19; 18,10.

hen wie in Jerusalem. Wie es geschrieben steht im Gesetz des Mose, so ist all
dies große Unglück über uns gekommen." [233]

(4) Das davidische Königshaus ist als solches bereits die Erfüllung der im
Abrahambund gegebenen Verheißung, daß auch Könige von Abraham
kommen würden[234]. Die eigentliche Verheißung an David[235] beinhaltet, daß
Gott den Thron Davids ewig bestehen lassen will. An sie erinnert Jer 33,14-
26, und zwar zu einer Zeit, in der die davidische Dynastie an das Ende ihrer
Herrschaft gelangte (vgl. Jer 34,1-7). Von dem Davidssohn soll gelten, daß er
Gottes Sohn sein werde. Dieser solle dem Namen Gottes ein Haus bauen. Als
Gott David diese Verheißung gab, stand ja Davids Absicht im Raum, Gott
einen Tempel zu bauen. Doch Gott stellte, bevor er seine Verheißung an
David aussprechen ließ, heraus, daß er eigentlich keinen Tempel braucht, und
auch Salomo sprach dies in seinem Gebet aus, nachdem er den Tempel
gebaut hatte. Insofern umgibt den sichtbaren Tempel in Jerusalem der Schein
des Vergänglichen und eigentlich Überflüssigen. Aber immerhin war es dem
Davidssohn Salomo gegeben, Jahwe einen Tempel zu bauen. So möchte man
die Erfüllung der an David ergangenen Verheißung in diesem sichtbaren
Geschehen sehen. Auch die Tatsache, daß über Jahrhunderte hinweg der
Thron Davids bestehen blieb, scheint auf eine Erfüllung der Verheißung
innerhalb des Alten Testaments zu weisen. Doch in Ps 89,39ff klagt Ethan,
der Esrachiter, daß Gott das Königtum Davids zu Boden gestoßen habe.
Spätestens mit dem Ende der davidischen Monarchie und der babylonischen
Gefangenschaft schien die Verheißung Gottes hinfällig zu sein. Doch schon
durch Jesaja hatte Gott bekanntgemacht, daß ein „Sohn" gegeben werde, der
mit Frieden und Gerechtigkeit ewig herrschen würde,[236] und daß aus dem
Stamm Isais ein gerechter und weiser Richter hervorgehen werde, der Gerechtigkeit und Frieden schaffen würde und daß auch die Heiden seine
Herrschaft suchen würden.[237] Auch Amos weissagte zu einer Zeit, als das
davidische Königtum noch bestand, daß Gott die zerfallene Hütte Davids
wieder aufbauen würde, und zwar unter Einbeziehung der Heiden.[238]

Ausdrücklich berichtet das Neue Testament von der Erfüllung dieser Verheißungen. Die Ankündigung der Geburt Jesu nimmt offensichtlich die Weissa-

---

[233] Dan 9,12-13,

[234] Gen 17,6.

[235] 2Sam 7,11-16.

[236] Jes 9,1-6; vgl. 16,5.

[237] Jes 11.

[238] Amos 9,11.

gung Jesajas auf, daß der Sohn Mariens Gottes Sohn sein würde und Gott ihm den Thron seines Vaters David geben würde.[239] Konnte im Alten Testament der judäische König als Sohn Gottes bezeichnet werden, so war er es nur dem Titel nach. Inhaltlich blieb offen, in welchem Sinne der Sohn Davids der Sohn Gottes war. Im Neuen Testament hingegen wird offenbar, daß der von der Jungfrau Maria geborene Sohn durch die Zeugung durch den Heiligen Geist wirklich und wesenhaft Gottes Sohn ist. Auf dem Apostelkonzil in Jerusalem wurde die neutestamentliche Heilsordnung ausdrücklich als Erfüllung der Weissagung des Amos angesehen.[240] Es wird daraus ersichtlich, daß die mit dem davidischen Königtum verbundenen Verheißungen messianische Verheißungen sind, die in Christus erfüllt wurden oder werden.

(5) Weitere messianische Verheißungen weisen auf Details im Kommen Jesu. Folgende Beispiele seien genannt:

- Micha 5,1 weissagt seine Geburt in Bethlehem, Lk 2,1-7 berichtet die Erfüllung; auch Mt 2,5-6 nimmt auf die Verheißung bezug.

- Jes 7,14 weissagt die Geburt von einer Jungfrau, Mt 1,20-23 berichtet die Erfüllung unter ausdrücklicher Bezugnahme auf die Weissagung.

- Die verschiedenen Abschnitte vom Gottesknecht bei Jesaja (42,1-9; 49,1-12; 50,4-9; 52,13-53,12) sind dort, wo nicht eindeutig Israel als Gottesknecht angesprochen wird, nur von Christus her sinnvoll zu verstehen. Das Neue Testament nimmt an folgenden Stellen direkt oder dem Wortlaut nach darauf Bezug: Mt 8,17; 12,18-21; 26,67-68; Mk 9,12; Lk 2,32; 22,37; 23,34; Joh 12,38; 19,1; Apg 8,32; 13,47; Röm 4,25; 10,16; 2Kor 5,21; 1Pt 2,22-25.

- Messianische Wirksamkeit wird in Jes 61,1-2 geweissagt. Jesus nimmt in seiner Rede in der Synagoge von Nazareth (Lk 4,21) auf die Erfüllung in seiner Tätigkeit bezug. Jesaja 28,16 weissagt, daß Gott in Jerusalem einen Grundstein legen werde. Paulus (Röm 9,33) und Petrus (1Pt 2,6-8) sehen diese Verheißung in Christus erfüllt.

- Sach 9,9 weissagt den Einzug in Jerusalem auf einem Esel; Mt 21,1-11 u. par. berichten die Erfüllung.

- In Ps 22 redet David prophetisch von der Passion Jesu. Eine Mehrzahl von Details werden genannt, die eine wörtliche Erfüllung fanden: die

---

[239] Lk 1,31-33.
[240] Apg 15,16-17.

Verspottung durch die umstehenden Leute (VV 7-9; Mt 27,28-30.39-44); die physischen Leiden (VV 15-18; Joh 19,28; vgl. die bekannten physischen Leiden im Verlauf des mit einer Kreuzigung verbundenen Todeskampfes); das Verteilen der Kleider und die Verlosung des Obergewandes (V 19; Joh 19,23-24). Mit Ps 22,2 drückt Jesus seine Erfahrung der Gottverlassenheit aus.

(6) Zahlreiche Verheißungen des Alten Testamentes beziehen sich auf die neutestamentliche Heilsordnung. Schon Mose hat in Dt 30,6 vor Augen, daß Israel durch das Gericht unter die Völker zerstreut werde, dann aber werde Gott das Herz seines Volkes beschneiden. Diese Verheißung wird in Hes 11,16 erneuert. Parallel dazu stehen die Verheißungen des neuen Herzens in Hes 36,26, die Jeremia 31,31-34 im Rahmen der Einrichtung eines neuen Bundes verkündigt. Joel 3,1-5 verheißt die Ausgießung des Heiligen Geistes über alle Menschen und stellt die Anrufung des Namens Gottes als Gestalt der Teilhabe an der Errettung heraus. Das Neue Testament berichtet von der Ausgießung des Heiligen Geistes und identifiziert sie als Erfüllung der von Joel verkündeten Verheißung (Apg 2,16-21) und von der Erneuerung des Herzens durch den Glauben (Apg 15,9; Röm 6,17) und die daraus erwachsende Frucht (Gal 5,22). Von der Stiftung des Neuen Bundes generell spricht Jesus in den Einsetzungsworten des Abendmahles (Lk 22,20), aber auch Hbr 10,14-18 spricht unter Verweis auf das Opfer Christi von der Erfüllung der durch Jeremia ergangenen Verheißung. Allgemein wird die neutestamentliche Heilsordnung oder werden Aspekte derselben prophetisch beschrieben in Jes 12; 19,16-25; 60.

(7) Die Verheißung der Auferstehung und die eines neuen Himmels und einer neuen Erde und der endlichen Vollendung sind solche, deren Erfüllung noch aussteht. Sie findet sich bereits im Alten Testament (Jes 25,6-8; 26,19; 35; Dan 12,1-3) und wird der Sache nach in Ofb 21,3-5 wiederholt. Die Erfüllung steht am Ende der Zeit, im Zusammenhang der Wiederkunft Christi, die das Neue Testament (1Kor 15; Ofb 20-22) nach geschehener Christusoffenbarung verheißt.

Die Beispiele sind nur eine repräsentative Auswahl.[241] Sie sollen aber zeigen, daß eine Vielzahl biblischer Ereignisse nicht beziehungslos und kontingent im Raume steht, sondern daß diese Ereignisse von Gott zuvor bestimmt und zu der beabsichtigten Zeit gewirkt sind.

---

[241] Eine umfassende Untersuchung der alttestamentlichen Prophetie bietet Payne, J.B. *Encyclopedia of Biblical Prophecy. The Complete Guide to Scriptural Predictions and Their Fulfillment.* New York u.a.: Harper & Row, 1973.

Mit dem Zueinander von Verheißung und Erfüllung im Rahmen der Offenbarungsgeschichte macht Gott deutlich, daß er zu seinem Wort steht. Im Erfüllen seiner Verheißungen zeigt er sich als treuer Gott, der vertrauenswürdig ist. Damit begründet er menschlicherseits den Glauben, der ihm in seinen Verheißungen vertraut. In Num 23,19 muß Bileam sagen: „Gott ist nicht ein Mensch, daß er lüge, noch ein Menschenkind, daß ihn etwas gereue. Sollte er etwas sagen und nicht tun? Sollte er etwas reden und nicht halten?"

Von dem Schema Verheißung – Erfüllung zu unterscheiden ist das Phänomen der Typologie. Diese besagt, daß alttestamentliche Gegebenheiten Typen[242] sein oder den Schatten[243] haben können von neutestamentlicher Wirklichkeit. Da mit ihnen keine Verheißung ausgesprochen ist, kann allenfalls von einer formalen Ähnlichkeit gesprochen werden, die alt- und neutestamentliche Gegebenheiten miteinander verbindet. Doch diese Ähnlichkeit ist nicht zufällig, sondern sie entspricht der Tatsache, daß bestimmte Grundmuster im Verhältnis zwischen Gott und Mensch und in der menschlichen Existenz in der Welt vorhanden sind. Über diese Sachverhalte ist im Rahmen der Diskussion der hermeneutischen Fragen im Detail zu reden.

Das Zueinander von Verheißung und Erfüllung spielte bereits in der frühen Christenheit eine wichtige apologetische Rolle. Justin der Märtyrer († ca. 165 n.C.) argumentiert in seiner Apologie[244] in der Mitte des zweiten Jahrhunderts, daß die Erfüllung der alttestamentlichen Weissagungen von Christus diesen als von Gott gesandt ausweisen. Detailliert stellt er jene Weissagungen zusammen und bietet so die Evidenz, daß Jesus der von Gott gesandte Erlöser ist. Er faßt seine Argumentation zusammen mit den Worten:

> „Obwohl wir noch viele und andere Prophezeiungen haben, die wir nennen können, unterlassen wir es, denn wir halten diese für ausreichend, um die zu überzeugen, die Ohren haben, zu hören und zu verstehen, und sind auch der Meinung, daß sie in der Lage sind, zu verstehen daß wir nicht bloß reden, ohne in der Lage zu sein, Beweise zu geben nach Art und Weise der Fabeln, die von den sogenannten Jupitersöhnen erzählt werden."[245]

Wie hier und aus dem folgenden Kapitel der Apologie ersichtlich ist, hat Justin die antike Mythologie vor Augen, die sich nicht durch einen solchen Weissagungsbeweis legitimieren kann. Aber auch in der Diskussion mit dem Judentum führt Justin das Alte Testament mit seinen zahllosen christologi-

---

[242] Gr. τύπος / *typos* = Mal; Vorbild; 1Kor 10,6.

[243] Gr. σκιά / *skia* = Schatten; Hbr 10,1.

[244] Justin d. M. *Apologie* I, 30-53.

[245] Justin d. M. *Apologie* I, 53 (Übers. BK).

schen Bezügen an und macht extensiv vom Weissagungsbeweis Gebrauch, auch wenn er alttestamentliche Gegebenheiten häufig allegorisch auf neutestamentliche bezieht.[246]

3.2.4 Zeichen und Wunder

Ein wesentliches und in der Bibel stets wiederkehrendes Element der Offenbarung sind Zeichen und Wunder, also Ereignisse, die, vorsichtig ausgedrückt, außergewöhnlich sind. Sie werden in der Schrift offensichtlich als reale Geschehnisse berichtet und sollen in diesem Sinne verstanden werden. Das heißt zugleich, daß sie nicht subjektive Wahrnehmung oder Deutung von an sich mehrdeutigen Vorgängen sind, sondern daß sie als erkennbare Fakten im Raum stehen. Als Ereignisse stehen sie in der Geschichte, und zwar speziell im Rahmen der Offenbarungsgeschichte. Sie machen insbesondere die metahistorische Qualität (s.u.) der Offenbarung deutlich, sie zeigen, daß es nicht mit „normalen" oder „natürlichen" Dingen zugeht, sondern daß Kräfte wirksam werden, die aus der üblichen Welterfahrung herausfallen. Sei es, daß Jesus Wasser in Wein verwandelt, auf dem Wasser geht, den Sturm stillt, mit fünf Broten und zwei Fischen fünftausend Menschen speist und noch zwölf Körbe voll Brot übrig bleiben, oder sei es, daß er von den Toten leibhaftig aufersteht – in allen Fällen werden die uns bekannten Naturgesetze außer Kraft gesetzt oder, sagen wir es etwas vorsichtiger, es geschehen Dinge, die unserer gewohnheitsmäßigen Beobachtung zuwiderlaufen. Immerhin hat Christus selbst auf diese Dimension seines Wirkens verwiesen, als Johannes der Täufer aus dem Gefängnis fragen ließ, ob er der Christus sei. Seine Antwort lautete: „Blinde sehen, Lahme gehen, Aussätzige werden rein, Taube hören, Tote stehen auf, Armen wird das Evangelium gepredigt."[247] Der Verweis auf die messianischen Zeichen sollte also für Johannes ausreichen.

Nun berichtet die Bibel von Zeichen und Wundern[248] nicht unter der Perspektive der modernen Naturwissenschaften. Das Wirklichkeitsverständnis der Bibel

---

[246] Justin d. M., *Dialog mit Tryho* 32-54 passim.

[247] Lk 7,22

[248] Die biblischen Begriffe dafür lauten: gr. σημεῖον (semeion) und τέρας (teras); hebr. אוֹת (ot = Zeichen) מוֹפֵת (mophet = Wahrzeichen); נִפְלָת (niphl^eot [von נפל Niph.] = schwierig sein, wunderbar sein, Wunder); verschiedentlich wird auch von den Großtaten (הַגְדֹלֹת/ hag^edoloth) Jahwes (vgl. Dt 7,19) geredet. Mehrfach wird auch der Begriff מָסָה (masah = Erprobung, Versuchung, Beweis) gebraucht, um Gottes Wunder zu qualifizieren. Dieser letztgenannte Begriff, der auch mit „Machtprobe" wiedergegeben werden kann, weist auf

ist nicht mit deren Wirklichkeitsverständnis identisch, und es wäre verfehlt, sie im Licht des letzteren zu lesen. Doch der Bibel ein mythologisches Wirklichkeitsverständnis zu unterstellen, ist ebenso falsch. Die biblischen Autoren denken vielmehr schöpfungstheologisch: Die Welt ist von Gott geschaffen worden und wird von ihm erhalten. Sie sieht eine sachliche und seinshafte Trennung zwischen Gott und der Schöpfung, aber teilt deswegen nicht eine deistische Theologie der Abwesenheit Gottes, sondern rechnet damit, daß Gott auch in der Schöpfung wirken und in geschöpfliche Abläufe eingreifen kann. Ob er sich dabei geschöpflicher Faktoren bedient oder einen Vorgang direkt bewirkt, ob er etwa beim Exodus durch einen Ostwind das Rote Meer teilt[249] und austrocknet oder ob er seinen im Grab liegenden Sohn ohne weitere geschöpfliche Faktoren auferweckt, ist dabei unerheblich. In beiden Fällen geht es um ein spezifisches Einwirken auf an sich geschöpfliche Vorgänge oder Gegenstände, wobei bei dem letzteren Beispiel das Wirken zugleich offensichtlicher, aber auch geheimnisvoller ist.

Die Historizität der biblischen Wunderberichte ist für das moderne Wirklichkeitsverständnis problematisch. Letzteres ist dadurch gekennzeichnet, daß die modernen Naturwissenschaften einschlägig bekannte Naturgesetze bestimmt haben. Ein Wunder erscheint so als eine Außerkraftsetzung der Naturgesetze. Diese aber ist für das moderne Wirklichkeitsverständnis undenkbar. Die Argumentation lautet zusammengefaßt, daß Gott bei seinem Wirken von Wundern in der Schöpfung die Naturgesetze, die er der Schöpfung eingestiftet habe, aufbrechen oder gar zerstören würde, und, vor allem, Gott würde zu einer innerweltlichen *causa*, und das widerspräche seiner Gottheit, seiner Eigenschaft, das Ganze der Wirklichkeit zu bestimmen. Das Problem der Historizität der Wunder ergibt sich aus dem einfachen Sachverhalt, daß Gott nicht als *causa* (= Ursache) von wunderbaren Vorgängen aufgewiesen werden kann. Eine historische Betrachtungsweise also, die ein innerweltliches Geschehen immer aus einer innerweltlichen Ursache zu erklären sucht, führt ins Leere. Wir stehen hier vor dem gleichen Phänomen wie bei der Allgemeinen Offenbarung: eine Wirkung ist erkennbar, aber keine Ursache. Eine Ursache aber muß postuliert werden. Die Kausalität Gottes zu leugnen kommt einem deistischen Gottesbild gleich und widerspricht einer schöpfungstheologischen Perspektive. Wenn Gott der Schöpfung Naturgesetze eingestiftet hat, dann sind dies keine Gesetze der Meder und Perser, denen er selbst unterworfen wäre, sondern als Schöpfer kann er sie im gegebenen Fall

---

die Evidenz, die mit dem betreffenden Zeichen gegeben werden soll (vgl. Dt 4,34; 7,19; 29,2).
[249] Ex 14,21.

auch für eine bestimmte Zeit außer Kraft setzen. Er macht sich dabei jedenfalls nicht die Finger schmutzig, indem er eine ihm wesensfremde oder gar feindliche Sphäre berührte, sondern er geht mit dem um, was er selbst gemacht hat.

Nun ist zunächst die Frage, wie die Naturgesetze zu verstehen sind. Sind sie eherne, zeitlose Seinsordnungen oder sind sie nur Regelmäßigkeiten, die sich unserer Beobachtung darbieten? War jenes noch der Glaube des 19. Jahrhunderts, so hat die Quantenphysik im Laufe des 20. Jahrhunderts diesen Glauben erschüttert und sie im Sinne des letzteren zu Wahrscheinlichkeitssätzen aufgeweicht, auch wenn Beobachtungen, die den Naturgesetzen zuwiderlaufen, praktisch nicht vorkommen. Die Theologie jedoch hat auch unter der Perspektive der modernen Physik immer noch Schwierigkeiten, ein Wunder als historisches Faktum zu akzeptieren. Sie ist noch viel zu sehr dem physikalischen Weltbild des Positivismus verhaftet, als daß sie dem Schöpfer zugestehen würde, kausal auf innerweltliche Vorgänge einwirken zu können. Deswegen versucht sie in der Regel, die biblischen Wunderberichte so zu erklären, daß sie in das moderne Weltbild passen. Bultmann sah in den biblischen Wunderberichten Mythen und verstand sie als Kleid für existentielle Wahrheiten. Fries versubjektiviert die Wunder. Er sagt:

> „Ein durch natürliche Kausalitäten gewirktes Geschehen kann dadurch etwas Besonderes und Außerordentliches werden, daß der Mensch zur Verwunderung, zum Staunen, zur Frage kommt, daß er durch die Ereignisse und ihre jeweilige Konstellation bewegt, beansprucht und herausgefordert wird, daß er in einem Geschehen einen Anruf, ein Wort, eine Sprache vernimmt und erkennt, die über das Vorhandensein und das Faktische hinausreichen, die eine Erschließung, ein ‚disclosure' erbringen."[250]

Unter dieser Perspektive würde also ein Mensch, der sich über eine Sache oder einen Vorgang wundert, das Wunder geradezu erzeugen. Das Wunder wird bei dieser Sichtweise auf ein subjektives Erschließungsgeschehen reduziert. Das widerspricht freilich dem objektiven Charakter der in der Bibel berichteten Wunder.

Die Autoren der Bibel teilen natürlich nicht das moderne physikalische Weltbild. Weil sie nicht von ehernen Naturgesetzen ausgehen, liegt es ihnen auch fern, von deren Aufhebung zu sprechen. Die Bibel sieht vielmehr das Gesamte der Wirklichkeit in den Händen Gottes und kann sowohl ganz normales menschliches Handeln als auch das Wunderbare als Gottes Werk

---

[250] Fries, H. *Fundamentaltheologie*, S. 293.

ansehen.[251] Die Grenze zwischen dem Wunder und normalen Geschehensabläufen ist fließend. Doch daß das Besondere und Wunderbare im Prinzip nichts anderes ist als auch die Durchbrechung eines Naturgesetzes, nämlich etwas, was aller Erfahrung zuwider ist und darum auffällt, liegt auf der Hand. Auch die Schrift kennt das Besondere und Wunderbare als etwas, das von dem abweicht, was man aus der Erfahrung weiß.[252] Dazu gehören vor allem die Machttaten Gottes im Zusammenhang des Exodus, der Wüstenwanderung und der Eroberung des Landes Kanaan, die sehr häufig im Alten Testament Erwähnung finden. Darüber hinaus werden besonders bei den Propheten Elia und Elisa zahlreiche und zum Teil sehr augefällige Wunder berichtet.[253]

Das Neue Testament berichtet namentlich in den Evangelien und der Apostelgeschichte von Wundern. Daß diese nicht als Sonderfälle regulärer Geschehensabläufe zu fassen sind, liegt auf der Hand. In vielen Fällen müssen wir eine zeitweilige Aufhebung der Naturgesetze erkennen, etwa wenn Jesus Wasser in Wein verwandelt, auf dem Wasser geht, Brot vermehrt oder von den Toten aufersteht, um nur einige Beispiele zu nennen. Auf jeden Fall macht die Bibel deutlich, daß Zeichen und Wunder als äußerlich sichtbare Ereignisse stattgefunden haben.

3.2.5 Die heilige Schrift

Der Vollständigkeit halber sei hier erwähnt, daß auch die heilige Schrift Teil der Offenbarung ist. Es liegt ja im Wesen der Offenbarung in der Geschichte,

---

[251] Einige Beispiele: Kinder (Ps 127,3) und Besitz (vgl. Hiob 42,12) werden als Gabe Gottes angesehen, auch wenn sie durch normale menschliche Tätigkeit erworben werden (vgl. Ps 14,27-28). Aber die Groß- und Schreckenstaten Gottes stehen nicht weniger im Bewußtsein des alttestamentlichen Gottesvolkes. Mose fragt Israel in Dt 4,34, „ob je ein Gott versucht hat, hinzugehen und sich ein Volk mitten aus einem Volk herauszuholen durch Machtproben, durch Zeichen, durch Wunder, durch Krieg und durch seine mächtige Hand und durch seinen ausgereckten Arm und durch große Schrecken, wie das alles der Herr, euer Gott, für euch getan hat in Ägypten vor deinen Augen?" Micha bittet in 7,15, „Lass uns Wunder sehen wie zur Zeit, als du aus Ägyptenland zogst."

[252] Dies wird besonders anschaulich in dem Buß- und Bittgebet in Jes 63,7-64,11. Auch hier erinnert der Prophet an die Großtaten Gottes im Zusammenhang des Exodus. Er beklagt das Schweigen Gottes angesichts der Depression seiner Zeit und bittet, daß Gott den Himmel wieder zerreißen herabfahren möchte, um seinem Volk mit Großtaten zu helfen. (Vgl. Ri 6,13). Im Zusammenhang des Wirkens Jesu wird gerade an den Wundern das Außergewöhnliche und das der alltäglichen Erfahrung Widersprechende erkennbar. Die Juden deuteten dies richtig, indem sie nach der Heilung des Gelähmten kommentierten, „Wir haben heute seltsame Dinge gesehen" (Lk 5,26), und nach der Auferweckung des Jünglings zu Nain feststellten, „Gott hat sein Volk besucht" (Lk 7,16).

[253] Vgl. 1 Kg 17 bis 2 Kg 13.

daß sie mitgeteilt werden kann und muß, damit Menschen, die in zeitlicher und räumlicher Ferne zum Offenbarungsgeschehen stehen, daran teilhaben können. Diese Funktion übernimmt die Bibel.[254] Sie erhebt dabei den Anspruch, von Gott durch den Heiligen Geist geredet zu sein. So ist Gott auch in der Verschriftung der geschehenen Offenbarung noch einmal offenbarend tätig, indem er den biblischen Autoren die rechte, ihm gemäße Sicht der zu berichtenden Geschichte gibt. Dieser Sachverhalt soll im zweiten Teil der Fundamentaltheologie ausführlich reflektiert werden. Daraus ergibt sich aber, daß die Offenbarung Gottes in der Sache auf zwei Säulen steht: zum einen ist es die Säule der Offenbarung in der Geschichte, in den Taten Gottes, zum anderen die Säule der heiligen Schrift. Das gilt auch angesichts der Tatsache, daß wir von der ersten Säule nur durch die heilige Schrift Kenntnis haben.

Es ist gerade das Zueinander beider Säulen, das die Offenbarung kennzeichnet. Ohne die Geschichte wäre die Bibel ein religiöses Buch, ein bloßes Glaubenszeugnis, wie es die neuere Theologie häufig formuliert. Aber die Bibel berichtet Geschichte. Umgekehrt wäre die Geschichte zweideutig oder gar stumm, wäre sie nicht vom Wort der Propheten und Apostel begleitet. Wesentlich ist hier auch die Beobachtung, daß wir die Offenbarung in der Geschichte nur durch die heilige Schrift kennen und verstehen können. Einen direkten Zugang zur Offenbarungsgeschichte haben wir allenfalls punktuell oder ausschnitthaft durch die archäologische und historische Forschung, doch diese können uns die Bedeutung des Geschehenen nicht oder nur unzureichend vermitteln.

3.2.6 Ist die Offenbarung in der Geschichte abgeschlossen?

Ich habe bislang stillschweigend vorausgesetzt, daß die in der heiligen Schrift berichtete Offenbarung die gesamte Offenbarung ist, die es gegeben hat. Demzufolge hätte es seit der Zeit der Apostel keine neue Offenbarung mehr gegeben. Überdies macht die Schrift keine ausdrückliche Aussage über einen Abschluß der Offenbarung. So kann zur Beantwortung der in der Überschrift gestellten Frage nur theologisch argumentiert werden. Folgende Überlegungen sind hier anzustellen:

(1) Sachlich findet die Offenbarung Gottes in Christus ihren *Höhepunkt*. Keiner kannte und kennt Gott, den Vater, besser als der Sohn. Christus ist Gott; in ihm wohnt die ganze Fülle der Gottheit leibhaftig. Daraus ergibt sich, daß seit Christus keine Offenbarung stattfinden konnte, die über jene in Christus hätte hinausgehen können, weil niemand mit dem berechtigten

---

[254] Vgl. Joh 20,31; 21,24.

Anspruch aufgetreten ist, Sohn Gottes zu sein. Aus der Perspektive des Autors des Hebräerbriefes hat Gott „am Ende dieser Tage"[255] durch seinen Sohn geredet. Dieser Begriff weist auf die End-Zeit, als die die messianische Zeit anzusehen ist. Das Reden Gottes durch seinen Sohn überholt das „vielfältig und auf vielerlei Weise" geschehene Reden Gottes im Alten Bund. Es ist seinerseits nicht mehr überbietbar. Insofern hat diese Aussage auch eine zeitliche Implikation: Christus ist Gottes letztes Wort.

(2) In Christus ist das *Evangelium* offenbar. Gott hat in Christus seine Liebe gezeigt, der durch sein Leiden und Sterben die Sünden der Welt getragen und gesühnt hat. Er ist von den Toten auferstanden und hat dadurch die neue Schöpfung leibhaftig anbrechen lassen, er ist in den Himmel aufgefahren und regiert, bis alle sein Feinde besiegt sind. Das Evangelium verheißt jedem, der an Christus glaubt, das ewige Leben und alles, was dies an Heilsgaben impliziert. Mehr kann und muß nicht gesagt werden, um den Menschen ins Heil zu stellen.

(3) Das Neue Testament stellt nicht in Aussicht, daß Gott in der neutestamentlichen Heilsordnung zu den Christen direkt reden werde, und es weist die Christen nicht an, auf solche Kundgebungen Gottes zu warten. Eine Fortsetzung der Offenbarung aber kann nicht postuliert werden ohne positiven biblischen Grund, auch nicht eine Offenbarung in einer der Bibel untergeordneten Form. Im Alten Testament hingegen wurde laufend auf den kommenden Christus hingewiesen. Das Neue Testament weist wohl auf die Wiederkunft Christi, aber nicht auf weitere Offenbarungen im Kontext der Gemeinde.

(4) Indem im Rahmen der Offenbarungsgeschichte die Fakten, die das Heil konstituieren, zustande gekommen und bezeugt sind, kommt die Offenbarungsgeschichte zu einem vorläufigen Endpunkt. Gott hat sich seit der Zeit Christi und der Apostel nicht wieder in (offenbarungs-) geschichtlicher Dimension enthüllt. Christus ist der vorläufige geschichtliche Endpunkt der Selbsterschließung Gottes. Freilich wird Christus erst im apostolischen Zeugnis bekannt gemacht, so daß die von Christus autorisierten Apostel und damit die Jahrzehnte nach Christus zur Offenbarungsgeschichte hinzugehören. In diesen Jahrzehnten werden die Implikationen des Werkes Christi bekannt gemacht. Doch die Zeit der neutestamentlichen Offenbarung endet mit dem Tod der Apostel, der Augenzeugen Jesu Christi, und ein Geschehen, das mit Recht als Offenbarung angesehen werden könnte, ist aus der nachapostolischen Zeit nicht überliefert.

---

[255] Hbr 1,1: ἐπ' ἐσχάτου τῶν ἡμερῶν τούτων / ep' eschatou ton hemeron touton

(5) Gott kommuniziert in seiner Offenbarung *Inhalte*. Er verfolgt bei seiner Offenbarung in der Geschichte nicht die Absicht, deutlich zu machen, wie er sich (immer wieder) offenbart. In diesem Falle müßten die Modi der Offenbarung ständig im Volk Gottes Anwendung finden: Gott müßte regelmäßig durch Träume, Nachtgesichte, Auditionen oder Zeichen und Wunder „reden". Die im Neupietismus verbreitete Ansicht, Gott habe im Rahmen der speziellen Offenbarung verdeutlicht, wie er *generell* zu den Menschen spreche, ist nicht durch biblische Aussagen gedeckt. Auch die Gaben der Prophetie und der Zungenrede, die in apostolischer Zeit vorhanden waren, werden nicht als Modus für die Kommunikation zwischen Gott und der Gemeinde in Aussicht gestellt. Vielmehr wird deren Aufhören angekündigt[256].

(6) Von der Offenbarung zu unterscheiden ist das Handeln Gottes in der Kirchengeschichte. Hier geht es nicht um die Mitteilung neuer und autoritativer Einsichten, also um Offenbarung, sondern um das Hinführen zu der geschehenen Offenbarung, mithin also zur heiligen Schrift beziehungsweise dem, was die Schrift sagt. Hier ist zunächst Gottes Gesetz zu erwähnen, das den Willen Gottes gegenüber dem Menschen bekanntmacht. Sodann hat Jesus geboten, das Evangelium zu verkündigen. Auf menschlicher Seite besteht das Handeln Gottes in der Kirchengeschichte darin, Menschen zur Erkenntnis Christi zu führen und zu einem Leben im Glauben zu rufen. Gott rettet den Gläubigen, indem er ihm durch sein Wort Christus zu erkennen gibt, zum Glauben führt und ihn darüber hinaus durch rechte, durch die Schrift vermittelte Einsicht in den Stand versetzt, zu *prüfen*, was sein Wille sei.[257] In Anlehnung an Eph 1,17-18 nenne ich dieses Handeln *Erleuchtung* und unterscheide es damit terminologisch von der ein für allemal geschehenen Offenbarung.[258] Im übrigen bedarf es keiner gesonderten Information zur Führung der Gläubigen, sondern Gott lenkt die Wege des Gläubigen und die der Gemeinde nach seiner Allmacht. Alles weitere zu dieser Frage ist unter dem Topos der Suffizienz der heiligen Schrift zu sagen.

Damit ist gesagt: Es gibt seit der Zeit der Apostel keine neuen Offenbarungen. Zwar hat es immer wieder Menschen und Bewegungen gegeben, die den Anspruch erhoben oder erheben, daß Gott durch sie rede. Doch damit rücken sie sich in die Welt der Sekten. Sektengründer, die über die Schrift hinaus

---

[256] 1Kor 13,8-10.

[257] Röm 12,2.

[258] Die Bibel ist in ihrer Terminologie nicht so stringent. Sie kann den Begriff ἀποκαλύπτω (*apokalyptō* = offenbaren) auch für den Vorgang gebrauchen, den ich mit Erleuchtung bezeichne (vgl. Mt 11,27; Gal 1,16 nur, sofern hier nicht doch von spezieller Offenbarung an Paulus als Apostel die Rede ist).

zusätzliche Offenbarungen zu haben beanspruchen, stehen mit diesem Anspruch eindeutig neben der Schrift. Ihr Anspruch läßt sich nicht einlösen,
weil weder biblische noch sachliche Gründe dafür angeführt werden können,
daß Gott sich weiter offenbare. Es läßt sich darüber hinaus zeigen, daß vieles,
was im Laufe der Kirchengeschichte und selbst im Rahmen der Kirche den
Anspruch erhoben hat, Offenbarung Gottes zu sein, ein Rückfall in Unglauben und Werkgerechtigkeit war.

3.3 Offenbarungsgeschichte

3.3.1 Der Zugang zur Geschichte

Daß der christliche Glaube einen eminent geschichtlichen Bezug hat und daß
dieser in der Welt der Religionen einzigartig ist, wird – wenn nicht gerade
bei Bultmann und Teilen seiner Schule – generell anerkannt. Indem ich aber
die Kategorie Geschichte als ein Wesenselement der Offenbarung reklamiere,
möchte ich zugleich signalisieren, daß ich hier nicht den Geschichtsbegriff
der Moderne aufnehme.[259] Dieser manifestiert sich in der abendländischen
Geistesgeschichte zunächst bei Spinoza und im Deismus, wird aber im 19.
Jahrhundert von der Romantik noch einmal zurückgehalten, um sich im
ausgehenden 19. Jahrhundert mit Macht Bahn zu brechen. Er ist von einem
kausalen Weltbild bestimmt, das allem Geschehen eine innerweltliche Ursache zuschreibt. Dementsprechend operiert die wissenschaftlich denkende
Vernunft nach atheistischen Kriterien – *etsi non daretur deus*[260] – und kann
nur das als Wirklichkeit ansehen, was sie vernunftgeleitet klar und deutlich
wahrnehmen kann. Sie vermag keine Aussagen mehr über Gott und sein
Handeln zu machen. E. Troeltsch[261], der seinerzeit die Parameter der historisch-kritischen Methode dargestellt hat, hat Geschichte als ein Geflecht von
Ereignissen verstanden, die alle durch Korrelation aufeinander bezogen und
zueinander analog sind. In diesem Bild der Geschichte ist kein Platz für
Wunder oder für ein Eingreifen Gottes im oben geschilderten Sinn.

---

[259] Vgl. Pannenberg, W. „Geschichte/Geschichtsschreibung/Geschichtsphilosophie VIII.
Systematisch-theologisch", in: *TRE* 12, S. 658-674.

[260] (= als ob es Gott nicht gäbe). Vgl. Schlatter, A. „Atheistische Methoden in der Theologie," *Zur Theologie des Neuen Testaments und zur Dogmatik*. Kleine Schriften (mit einer
Einführung von U. Luck). München: Kaiser, 1969, S. 134-150.

[261] Troeltsch, E. „Über historische und dogmatische Methode in der Theologie" (1898),
Gesammelte Schriften, Bd. 2., Neudruck der 2. Aufl.(1922), Aalen, Scientia, 1962, S. 729-
753.

Das moderne, materialistisch geprägte Geschichtsverständnis versteht Geschichte wesentlich unter der Perspektive des handelnden Menschen als der treibenden Kraft. Daß der Mensch in der Offenbarungsgeschichte eine wichtige Rolle spielt, ist oben bereits deutlich geworden. Doch die Offenbarungsgeschichte ist mehr als ein immanentes Geflecht von zwischenmenschlichen Beziehungen und innerweltlichen Wirkungen; sie ist eine Geschichte, in der auch Gott handelt. Zwar ist Gott als innerweltliche Kraft nicht dingfest zu machen, aber daß Gott in der von der Bibel berichteten Offenbarungsgeschichte gehandelt hat, ist, soweit der diese Geschichte beobachtende Mensch sehen und schlußfolgern kann, offenbar. Es ist darum klar, daß eine entsprechende Geschichtsschreibung nicht ausschließlich mit immanenten Ursachen für ein Ereignis rechnen darf. Das ist sowohl für die Bibel als dem zeitgenössischen Zeugnis der geschichtlichen Offenbarung bedeutungsvoll, als auch für die spätere Kirchengeschichtsschreibung. Letztere wird sich um eine angemessene Methodologie bemühen müssen, um diesem Sachverhalt gerecht zu werden.

Hinzu kommt, daß der Geschichtsbegriff der Moderne Geschichte als etwas Kontingentes und Relatives versteht. Kontingent oder zufällig sei die Geschichte, weil sie dem zufälligen Spiel der in ihr wirksamen Kräfte unterliege und das, was geschehe, genausogut anders geschehen könnte. Relativ sei sie, weil sich alles Geschehen in Relation zu anderem Geschehen vollziehe. Nach diesem Geschichtsbegriff ist nichts unbedingt und nichts kann normative Geltung beanspruchen. Es ist alles gleich-gültig. Für die Moderne bedeutet der Verweis auf die geschichtliche Dimension, daß jeglicher Offenbarungsanspruch im Ansatz neutralisiert wird. Man begegnet hier nur zufälligen Geschichtswahrheiten. Unter dieser Perspektive wird – besonders in der Theologie des 19. und 20. Jahrhunderts – die geschichtliche Dimension der Offenbarung massiv hinterfragt. Dies geschieht zunächst generell im Kontext des modernen kritischen Denkens, das jede biblische Aussage auf ihren historischen Sachgehalt hin kritisch befragt. Im Rahmen solchen Denkens hat bereits Schleiermacher in seinen Reden über die Religion (1799) den Bezug zur geschichtlichen Dimension aufgebrochen und die Bibel Glaubenswahrheiten sagen lassen. Bezeichnenderweise hat seine Theologie keine Beziehung zum Alten Testament.

Nun ist die historisch-kritische Auslegung der heiligen Schrift angetreten, unter bestimmten, an anderer Stelle zu diskutierenden Voraussetzungen herauszuarbeiten, was denn in der Bibel als gesicherte historische Aussage gelten könne. Vordergründig beansprucht sie, gerade im Dienst der Geschichtlichkeit zu stehen, doch tatsächlich werden mit ihr biblische Aussagen, die eine geschichtliche Dimension beanspruchen, als bildliche oder

mythologische Aussagen gedeutet, weil ihre Aussagen der üblichen Welterfahrung widersprechen. Der geschichtliche Bezug des christlichen Glaubens
wird damit doch wieder relativiert und die mit der Offenbarungsgeschichte
gelegten Fundamente des Glaubens werden aufgeweicht und durch religiöses
Erleben oder Tun ersetzt. Die historisch-kritische Methode hat darum wesentlich dazu beigetragen, den Offenbarungsbegriff umzuprägen: Weg von der
Dimension der Geschichte, hin zur Dimension des menschlichen Bewußtseins, zu religiösen Wahrnehmungen, Deutungen und Entscheidungen. Die
Folge ist, daß der Glaube nicht mehr auf die Offenbarungsgeschichte bauen
kann.

Biblisch-reformatorische Theologie kann diesen Weg nicht gehen, weil sie
Offenbarung als Vorgabe sieht, und zwar als Vorgabe derart, daß Gott sich in
die geschichtliche Dimension herabläßt. Wir sprechen deshalb mit Recht von
der Kondeszendenz Gottes und meinen damit, daß wir Gott ganz ungnostisch
„hier unten", eben in seiner Offenbarungsgestalt, im fleischgewordenen
Christus und im vom Heiligen Geist geredeten Wort suchen sollen. Der
Zugang zur Offenbarung ist also nicht so beschaffen, daß der Mensch sich
einen Weg bahnt zur Offenbarung, zu Gott oder zu einer geistigen Dimension. Vielmehr eröffnet Gott selbst den Zugang, indem er sich zum Menschen
herabläßt, indem er geschichtliche Vorgänge gebraucht, um zu zeigen, wie er
ist, und daß er gar in Gestalt einer menschlichen Person, in Jesus Christus,
seinem Sohn, zu den Menschen kommt. Er tritt damit sehr konkret in die
Dimension ein, in der der Mensch lebt. Fries betont zu Recht, daß die Geschichte als Dimension der Offenbarung notwendig sei, damit der Mensch
die Offenbarung überhaupt annehmen könne. Geschichtlichkeit gehöre zu
den grundlegenden Bestimmungen des Menschseins.[262]

Es liegt auf der Hand, daß ein schöpfungstheologisch begründetes Geschichtsbild, das die vorfindliche Welt und ihre Geschichte zu Gott hin offen
sieht, nicht mit den Mitteln einer auf die immanente Wirklichkeit beschränkten Wissenschaft bewiesen werden kann. Zwar kann man im Rahmen dieser
Wissenschaft auf Phänomene hinweisen, die keine innerweltliche Erklärung
finden,[263] aber damit ist das Ganze der Wirklichkeit, die sichtbare und die

---

[262] Fries, *Fundamentaltheologie*, S. 224. Fries versteht die Geschichtlichkeit freilich nicht
als Dimension des Objektiven, wie ich es hier tue.

[263] Vgl. Beck, H.W. *Die Welt als Modell. Gegen den Mythos vom geschlossenen Weltbild*,
Wuppertal: Brockhaus, 1973. Ders., *Biblische Universalität und Wissenschaft. Grundriß
interdisziplinärer Theologie.* Neuhausen-Stuttgart: Hänssler, 1987. Müller, P. *Das
erweiterte Weltbild. Unsichtbare und sichtbare Welt.* Neuhausen-Stuttgart: Hänssler,
1979.

unsichtbare Welt, noch nicht bewiesen. Allerdings ist es keineswegs widersinnig, die Existenz einer unsichtbaren Welt anzunehmen, denn die sichtbare
Welt konnte trotz jahrtausendelanger Bemühungen nicht aus sich selbst
heraus erklärt werden. Es ist darum auch nicht widersinnig, ein Handeln
Gottes in der Geschichte anzunehmen, das als Handeln *Gottes* freilich erst im
Licht der speziellen Offenbarung erkennbar wird. (Daß meine Argumentation
zirkulär ist, muß zugestanden werden.)

Der Geltungsanspruch des Geschichtsbegriffs der historisch-kritischen
Theologie muß an der tatsächlich geschehenen geschichtlichen Offenbarung
und insbesondere an der Inkarnationsaussage zerbrechen. Da die Offenbarung das höhere Recht hat, kann die historisch-kritische Theologie kein
Recht beanspruchen, die biblischen Berichte vom Handeln Gottes in der
Geschichte entweder durch innerweltliche Kausalität zu erklären oder als
mythologische Rede zu interpretieren. Sie kann wohl kritisch fragen, was
gewesen ist, aber sie hat nicht das Recht, das, was im Rahmen der Offenbarung als Geschehen bezeugt ist, in seiner Geschichtlichkeit zu verneinen.

3.3.2 Offenbarungsgeschichte führt zur Schaffung von Tatsachen, die das Heil des Menschen herbeiführen oder konstituieren

Die Geschichte, in der Gott sich offenbart, führt zu dem Ziel, daß in der
geschichtlichen, leiblichen Dimension die Heilswirklichkeit erstellt wird.
Daß dies in Christus geschehen ist, wurde bereits gesagt. Es bedeutet darum
für die übrige in der Bibel berichtete Geschichte, daß sie nur in der Zuordnung zu diesem Faktum richtig verstanden werden kann. Das betrifft vor
allem die alttestamentliche Geschichte, aber auch die der Urgemeinde. Die
alttestamentliche Offenbarung bereitet das Kommen Christi vor, indem in
ihrem Rahmen die geschichtlich-geschöpfliche Dimension hergestellt wird,
aus der Christus kommen soll: das Volk Israel. Sie macht im Rahmen des
sinaitischen Bundes und der von diesem gekennzeichneten Geschichte
deutlich, welcherart der Bedarf an Heil ist, indem sie in Gestalt des Gesetzes
den Willen Gottes verkündet, daß aber das Gesetz als eine Größe, die sich an
den sündigen Menschen richtet, nicht retten kann, und daß die Rettung in
einem stellvertretenden Opfer steht.

Die Offenbarung in Christus umfaßt einerseits den effektiven Vollzug des
Gerichts über die Profangeschichte und andererseits die Schaffung der
Heilswirklichkeit. Die menschliche Geschichte ist eine Geschichte von
Sündern und darum aus Gottes Sicht unrein. Dies wird unter anderem daran
sichtbar, daß die Offenbarungsgeschichte vom Tod als dem Zeichen des
Gerichtes begleitet wurde: an den zahllosen alttestamentlichen Opfern sowie

am Tod Christi. Auch die Leiden der Gemeinde spiegeln diesen Sachverhalt wider[264], und die Verdammnis im Eschaton zeigt dies ebenfalls. Darin ist zugleich eine Würdigung der menschlichen Geschichte ausgesprochen: Sie ist bei aller Geschöpflichkeit doch eine solche, die unter dem Todesurteil Gottes steht. Doch indem Gott in Christus das Faktum der Versöhnung setzt, konstituiert er die Heilswirklichkeit. Indem er Christus von den Toten auferweckt, konstituiert er den Anfang der neuen Schöpfung. Die auf diese Weise gesetzten Fakten entsprechen der Faktizität der menschlichen Sünde und stehen ihr wirksam entgegen.

3.3.3 Was ist Offenbarungsgeschichte?

Aus dem bisher Gesagten ergibt sich zunächst, daß die Offenbarung in der Geschichte steht. Doch was ist damit gemeint? Auf den mit dem Begriff Offenbarungsgeschichte wiedergegebenen Sachverhalt haben in der Neuzeit erstmals die Zürcher Täufer aufmerksam gemacht, indem sie auf den Bundesgedanken in der heiligen Schrift wiesen. Zwingli und Calvin übernahmen den Bundesgedanken und machten ihn zu einem Strukturelement ihrer Theologie.[265] Dann aber hat besonders der unter anderem in Bremen wirkende Theologe J. Coccejus (1603-1669) mit dem Konzept der Föderaltheologie dem offenbarungsgeschichtlichen Denken wesentliche Impulse gegeben. Dessen Auswirkungen auf den Pietismus hat Schrenk[266] beschrieben. In der deutschsprachigen Theologie ist hierzu besonders die heilsgeschichtliche Theologie von J.T. Beck und J.Chr.K. von Hofmann zu erwähnen.[267] G. Vos[268] hat seine „Biblische Theologie" spezifisch in der offenbarungsgeschichtlichen Perspektive geschrieben und der reformierten Theologie wesentliche Impulse vermittelt. Auch heute reklamieren reformierte Theologen

---

[264] Eph 3,1; Kol 1,24.

[265] Vgl. Wolf, H.H. *Die Einheit des Bundes. Das Verhältnis von Altem und Neuem Testament bei Calvin.* Neukirchen-Vluyn: Neukirchener, 1958.

[266] Schrenk, G. *Gottesreich und Bund im älteren Protestantismus vornehmlich bei J. Coccejus. Ein Beitrag zur Geschichte des Pietismus und der heilsgeschichtlichen Theologie* (1923). 2. Aufl., Gießen: Brunnen, 1985, S. 36 ff.

[267] Vgl. Pannenberg, W. „Geschichte/Geschichtsschreibung/Geschichtsphilosophie VIII. Systematisch-theologisch", in: *TRE* 12, S. 660-661.

[268] Vos, G. *Biblical Theology. Old and New Testaments.* Grand Rapids: Eerdmans, 1948. Vgl. Vos, G. „The Idea of Biblical Theology as a Science and as a Theological Discipline", in: R. Gaffin, Jr. (Hg.) *Redemptive History and Biblical Interpretation. The Shorter Writings of Geerhardus Vos,* S. 3-24, Phillipsburg, NJ: Presbyterian and Reformed, 1980.

redemptive history als hermeneutischen Ansatz zum Verständnis der Schrift.[269]

Der Begriff *redemptive history* wäre eigentlich mit „Heilsgeschichte" wiederzugeben. Der begrifflichen und sachlichen Klarheit wegen spreche ich aber von „Offenbarungsgeschichte." Diese ist trotz einer Reihe von sachlichen Berührungspunkten nicht mit dem Begriff „Heilsgeschichte" zu verwechseln. Mit dem letzteren verbindet sich im deutschen Sprachraum eine spezifische Aufgliederung der Offenbarungsgeschichte, wie sie vor allem im Dispensationalismus zu finden ist und hier besonders von Erich Sauer[270] vertreten und in der Scofield-Bibel popularisiert wurde. Zu diesem Ansatz gehören die spezifische Fassung des Verhältnisses vom Alten Testament (dem sinaitischen Bund) zum Neuen Testament, eine spezifische Sicht der neutestamentlichen Gemeinde als Einschub in das Handeln Gottes mit Israel und eine entsprechende Fassung der Eschatologie mit einem wörtlich verstandenen künftigen Millennium. In diesem Konzept sind zwar richtige Elemente zu erkennen, aber das Element der Kontinuität der Offenbarung, wie es der Begriff „Offenbarungsgeschichte" zum Ausdruck bringen möchte, wird an signifikanten Stellen verneint.

Der Begriff „Offenbarungsgeschichte" empfiehlt sich aus sachlichen Gründen, weil die Offenbarung Gottes nicht als Block aus ein- und demselben Material ein für allemal gegeben wurde, so wie etwa der Koran angeblich Mohammed innerhalb weniger Jahre in die Feder diktiert worden ist. Die biblische Offenbarung umgreift einen Zeitraum von mehreren Jahrtausenden mit ganz unterschiedlichen Situationen, Personen und Geschehnissen, mit Kontinuität und Diskontinuität. Diesem geschichtlichen Element muß in fundamentaltheologischer Hinsicht Rechnung getragen werden. Darum wendet sich der offenbarungsgeschichtliche Ansatz gegen eine flächige Sicht der Bibel im Sinne der altprotestantischen Orthodoxie, die den (offenbarungs-)geschichtlichen Zusammenhang einer Schriftaussage nicht in Betracht zog und die Bibel als Sammlung von *dicta probantia* (Beweisstellen) für die Dogmatik ansah. Sie wendet sich ferner gegen eine die geschichtliche Wirk-

---

[269] So z.B. Gaffin, R. „The Vitality of Reformed Dogmatics", in: *The Vitality of Reformed Theology*. Hg. Batteau, J.M. u.a., Kampen: Kok, 1994, S. 16 ff. Gaffin selbst vertritt diesen Ansatz und rezipiert in seinem Aufsatz eine Reihe weiterer Theologen dieses Ansatzes.

[270] Vgl. Sauer, E. *Offenbarung Gottes und die Antwort des Glaubens. Eine Auswahl aus seinen Schriften*. Wuppertat: Brockhaus, 1969. Auf die beiden Werke Sauers unter dem Titel *Das Morgenrot der Welterlösung* und *Der Triumph des Gekreuzigten* sei besonders hingewiesen.

lichkeit entwertende allegorische Auslegung, wie sie häufig in der Kirchengeschichte und nicht selten in pietistischen Kreisen geschieht. Sie wendet sich schließlich gegen eine zusammenhanglose, ungeschichtliche Interpretation der Bibel, wie sie etwa in der existentialen Interpretation betrieben wird.

3.3.4 Welche Elemente kennzeichnen die Offenbarungsgeschichte?

Zur Bestimmung des Begriffs Offenbarungsgeschichte stelle ich ein Zitat von W. Künneth voran, der von „Heilsgeschichte" (im nicht-dispensationalistischen Sinn) spricht:

> „Die Rede von einer ‚Heilsgeschichte' ist unablösbar mit dem Offenbarungsgeschehen verbunden. Heilsgeschichte kann aber nicht als eine heilige Sondergeschichte in Parallele zur politischen Geschichte oder Geistesgeschichte gesehen werden; sie meint nicht eine außergewöhnliche ‚Übergeschichte' oder einen organischen Entwicklungsprozeß göttlicher Qualität, auch nicht bloß eine ‚Glaubensgeschichte', die sich in der Innerlichkeit des Menschen abspielt. Bei einer solchen geistigen Verflüchtigung würde es ein ‚Geschehensein' nicht geben, sondern alles beim Alten bleiben. Heilsgeschichte darf auch nicht mit der philosophisch-idealistischen These von der ‚Geschichte als Offenbarung' verwechselt werden, so daß das geschichtliche Leben selbst einen Offenbarungsprozeß hervorbringen würde.
>
> Im Gegensatz dazu behauptet ‚Heilsgeschichte', daß das Aufbrechen der Offenbarungsdimension Gottes *eine zusammenhängende Ereignisfolge von speziellen Gottesbegegnungen in der Geschichte* begründet. Indem Gott selbst mit erwählten Menschen in ein besonderes Geschichtsverhältnis eingeht, wird eine ‚neue' Geschichte markiert, eine heilsgeschichtliche Bewegung ausgelöst. Heilsgeschichte besagt die Aktionen des sich im Gang der Weltgeschichte offenbarenden Handelns Gottes, das sich stets in der Form der *Erwählung* verwirklicht. Dieses Erwähltwerden ist von elementarer Bedeutung für das Verständnis von Heilsgeschichte. Die ‚Erwählung' ist rational grundlos, ohne einsehbaren Anknüpfungspunkt und geschieht nicht aufgrund religiös-ethischer Qualitäten, sondern immer trotz Sünde und Schuld, Unrecht und Fall."[271]

Künneth bringt damit eine Reihe schriftgemäßer Elemente zum Ausdruck. Die Offenbarung Gottes steht in der Geschichte, aber sie ist von außen beziehungsweise von oben, von Gott. Sie ist mit der „normalen" Geschichte verflochten, doch so, daß Dinge geschehen, die sich nicht aus den Bedingungen der „normalen" Geschichte erklären lassen. Die Offenbarungsereignisse stehen in einem sinnvollen Zusammenhang zueinander. Die Heilsoffenbarung

---

[271] Künneth, W. *Fundamente des Glaubens. Biblische Lehre im Horizont des Zeitgeistes.* Wuppertal: Brockhaus, 1975, S. 59-60.

ist also nicht jeweils „senkrecht von oben" (K. Barth) in die Welt eingebrochen, sondern Gott hat sich durchaus kontinuierlich, wenn auch mit Unterbrechungen, aber in Kontinuität der jeweiligen Schritte zueinander offenbart. Aufgrund der Kontinuität ist die Identifikation des Handelns Gottes möglich: An der Kontinuität wird erkennbar, daß hier ein und derselbe Gott handelt. Beispiele wären: Gott will Abrahams *und seiner Nachkommen* Gott sein. Er will es dem Hause Davids nie an einem *Nachfolger* mangeln lassen. In diesem Zusammenhang wäre auch die Dimension von Verheißung und Erfüllung zu erwähnen: Gott sagt bestimmte Dinge zu, und zwar oft über längere Jahre oder Jahrhunderte hinweg, und erfüllt sie in Raum und Zeit. (Dieser Sachverhalt ist auch von außerordentlicher erkenntnistheoretischer Relevanz!) Die Protagonisten dieser Offenbarungsgeschichte kommen allesamt aufgrund des gnädigen Erwählungsratschlusses Gottes zu ihrer Rolle.

3.3.5 Die metahistorische Qualität der Offenbarungsgeschichte

Ich habe oben betont, daß die Offenbarungsgeschichte in der normalen Geschichte steht, aber zugleich signalisiert, daß sie nicht in ein auf die Immanenz beschränktes Wirklichkeitsverständnis eingegrenzt werden kann. Diesen letztgenannten Sachverhalt fasse ich hier ins Auge. Auch diesen Aspekt stellt Künneth in seinem oben zitierten Werk heraus:

> „Zum dritten aber wird das Ereignis der Offenbarung durch seine metahistorische Qualität gekennzeichnet. Seiner Herkunft, seinem Inhalt und seinem Ziele nach kommt dieses Offenbarungsgeschehen nicht aus der raum-zeitlichen Geschichtswelt, sondern aus der außergeschichtlichen (metahistorischen) Dimension Gottes. Da es sich um eine neue, total andere Wirklichkeit handelt, ist sie im Vorstellungs- und Verstehenshorizont des Menschen unausdenkbar und einer rationalen Einordnung in den Rahmen eines Geschichtsbildes entzogen. Gott selbst muß daher den Zugang zu dieser Offenbarungsdimension aufschließen."[272]

Offenbarungsgeschichte kommt aus der überweltlichen Dimension Gottes. Wir haben es also mit einem Geschehen zu tun, das zwar in der diesseitiggeschichtlichen Wirklichkeit steht, aber in seiner Kausalität auf Gott selbst zurückgeht. Der Aufweis dieser Kausalität ist nicht möglich, weil Gott als *causa* nicht verfügbar oder verobjektivierbar ist. Insofern bleibt die Offenbarungsgeschichte ein Wunder. Die Kausalität Gottes kommt dabei unterschiedlich zur Wirkung. Teilweise vollbringt Gott sichtbare Wunder, teilweise geht er in ganz menschliche Gegebenheiten und Maßnahmen ein. Gerade das Wunder aber weist auf die metaphysische Ursache. Es ist an einzelnen,

---

[272] Künneth, *Fundamente des Glaubens*, S. 57-58.

sachlich notwendigen Stellen das Eigentliche der Offenbarung; hier denke man an den Exodus Israels aus Ägypten und an die Auferweckung Christi. An vielen anderen Stellen ist das Wunder nicht das Eigentliche, sondern es erfüllt die Funktion eines Zeichens und weist den, der redet oder vorsteht, als den von Gott autorisierten Menschen aus. Praktisch greifen das offenbarende Wirken Gottes und das menschliche Handeln an vielen Stellen ineinander. Vielfach geschieht dies in den normalen, bekannten Geschehensabläufen, manchmal aber auch in der klaren Durchbrechung der uns bekannten Naturgesetze. Das Eingehen Gottes in die Geschichte bedeutet aber nicht, daß Gott sich der innerweltlichen Kausalität und den menschlichen Existenzbedingungen unterwirft. Gott bleibt gegenüber der geschöpflichen Gestalt seiner Offenbarung frei, er kann gemäß den uns bekannten Gesetzen handeln, aber er kann auch gegen sie handeln. Er unterwirft sich diesen Gesetzen nur, soweit es für die Erreichung seiner Ziele notwendig ist.

Erst recht bleibt Gott frei gegenüber der Geschichte außerhalb der Offenbarung. Es gibt keinen positiven Grund, mit Pannenberg und Rahner die gesamte Geschichte zum Feld der Offenbarung zu machen. Zwar kann man mit Pannenberg die gesamte Geschichte von der eschatologischen Offenbarung her interpretieren, aber jene gewinnt damit keine Offenbarungsqualität. Der koreanische Theologe Y.-H. Kim sagt dazu:

> „Die Heilsgeschichte ist zu verstehen weder als eine vernünftig wahrnehmbare universale Weltgeschichte (Pannenberg), noch als eine immer und überall Heil bringende universale Offenbarungsgeschichte (Rahnerschule), sondern als eine verborgene, besondere, sowie partikulare, kontingente und exklusive Geschichte im Rahmen der Universalgeschichte. Das Heilshandeln Gottes zeigt sich in der Universalgeschichte aber weder offenkundig naturalistisch noch immer und überall beständig, sondern verborgen-übernaturalistisch, sowie dem Erwählungsratschluß Gottes gemäß zeiträumlich ausgesondert lückenhaft, um in ihr das Heil der Menschheit zu vollbringen."[273]

Die metahistorische Qualität der Offenbarungsgeschichte wird in besonderer Wiese erkennbar an Zeichen und Wundern sowie an Ereignissen, die nicht in menschlicher Verfügungsgewalt stehen, wie die Erfüllung von vorausgegange-

---

[273] Kim, Y.-H. „Die universal-heilsgeschichtliche These der Rahnerschule und Pannenbergs universalgeschichtliche Konzeption", in: *Glaube und Geschichte. Heilsgeschichte als Thema der Theologie.* Hg. H. Stadelmann, Wuppertal: Brockhaus; Gießen: Brunnen, 1986. S. 388-389

nen Verheißungen.[274] Sie beschränkt sich aber nicht auf diese, sondern schließt auch das ganz normal erscheinende, aber von Gott verfügte Geschehen ein.

3.3.6 Offenbarungsgeschichte ist teleologisch

Offenbarungsgeschichte ist in ihrer Konzeption auf das Eschaton ausgerichtet. Fries betont zu Recht, daß die alttestamentliche Offenbarung einen eindeutigen „Zug zur Zukunft" habe.[275] Sie weist über sich selbst hinaus auf den Kommenden, sowohl explizit durch die Prophetie, als auch implizit durch das sachliche Angelegtsein der Offenbarung auf Christus hin. Doch so sehr Christus die Erfüllung der alttestamentlichen Erlösungshoffnung ist, so sehr weist auch das Neue Testament auf das noch ausstehende Eschaton, die Wiederkunft des Herrn und die neue Schöpfung.

Durch die Offenbarungsgeschichte ist überhaupt ein Sinn für Geschichte entstanden, weil dadurch die Geschehnisse in der Welt aus dem sonst bedeutungslosen Einerlei der Profangeschichte herausgehoben und Gott zugeordnet wurden. Durch das Wort und den Bund Gottes, die Israel in der Zeit des Alten Bundes verkündigt wurden, konnte Israel lernen, sein Verhalten in der Welt als gut und böse zu beurteilen und hinsichtlich seiner Folgen abzuschätzen. Geschichtliches Handeln wurde so unter einen Sinn gestellt. Es wurde herausgehoben aus einer innerweltlichen Deutung des Lebens, das seine Erfüllung darin sah, die Götter zu bedienen, wie bei seinen Nachbarvölkern. Analoges gilt für den Neuen Bund. Die Kultur, in die der Neue Bund hineinkam, verstand das Leben als Ort der ἡδονή (hedone = Vergnügen, Lust; so bei den Epikuräern), oder sie schätzte das diesseitige Handeln gering zugunsten der Pflege geistigen Lebens, wie im Platonismus oder später auch in Teilbereichen des Katholizismus. Das Geschichtsverständnis des Heiden ist entweder das der zyklischen Wiederkehr des Dagewesenen oder das der Entwertung der geschichtlichen Welt zugunsten einer geistigen Überwelt. Jenes findet sich im Naturalismus, dieses in geistigen Religionen, etwa in der Gnosis oder im Neuplatonismus, aber auch in asiatischen Religionen. Der Neue Bund hingegen verkündigt die Herrschaft des Christus über die Mächte

---

[274] Dieser Sachverhalt wurde auf dem Ersten Vatikanischen Konzil diskutiert. Der dort beschlossene Text lautet: „Damit nichtsdestoweniger der Gehorsam unseres Glaubens mit der Vernunft übereinstimmend sei, wollte Gott, daß mit den inneren Hilfen des Heiligen Geistes äußere Beweise seiner Offenbarung verbunden werden, nämlich göttliche Taten und vor allem Wunder und Weissagungen, die, da sie Gottes Allmacht und unendliches Wissen klar und deutlich zeigen, ganz sichere und dem Erkenntnisvermögen aller angepaßte Zeichen der göttlichen Offenbarung sind." (DH 3009).

[275] Fries, *Fundamentaltheologie*, S. 248-251.

der Finsternis und die Elemente der Welt. Darum ist gerade das geschichtliche Handeln sinnvoll, sei es ein Handeln zum Segen oder zum Fluch. Hier ist es nicht gleichgültig, wie beispielsweise ein Vater seine Kinder erzieht, wie ein junger Mann erwägt, welche Frau er heiraten wird oder wie ein Unternehmer seinen Betrieb führt, kurz, wie ein Mensch in der Welt lebt. Sein Verhalten wird einmal von Gott gerichtet werden, und sein Verhalten hat positive oder negative innerweltliche Folgen. Außerdem gewinnt das geschichtliche Handeln des Christen darin seinen Sinn, daß er hier in dieser Welt im Zeichen der künftigen Welt lebt, daß er durch den Glauben jetzt schon teilhat an dem Heil, das künftig ist. Das ist nicht das von Ernst Bloch beschriebene innerweltliche Prinzip Hoffnung, sondern die lebendige Hoffnung auf das Telos, das der Glaube vor Augen hat und auf das bezogen er handelt.

Hier ist nun eine besondere Abgrenzung vorzunehmen. Unversehens habe ich nämlich der Sache nach auch die gesamte Geschichte einschließlich der Gegenwart ins Blickfeld gezogen und gesagt, daß Offenbarungsgeschichte insgesamt ein Telos hat. Doch um der Gefahr vorzubeugen, daß man alle Geschichte als Offenbarung sieht, muß nun der Begriff Offenbarungsgeschichte erneut in dem Sinne bestimmt werden, daß er – wie oben beschrieben – jenes spezifische Handeln Gottes in der Geschichte bezeichnet, durch welches er sich offenbart hat.

3.3.7 Geschichtlichkeit und Geschichtswissenschaft[276]

Wegen der Geschichtlichkeit steht die Offenbarung auch in dem Bereich, der der Geschichtswissenschaft zugänglich ist. Aus sachlichen Gründen ist es besonders die Archäologie, die die Spuren des in der Bibel berichteten Geschehens aufzeigen kann. Daneben steht die Bibel selbst als literarisches Dokument der Antike der Untersuchung mit historischen Methoden offen.[277]

Diese Disziplinen, die im Raster des auf Kant zurückgehenden Wissenschaftsbegriffs arbeiten, können im Prinzip nur das Faktische feststellen, nicht aber das Theologische, denn letzteres kann nicht verobjektiviert werden. Sie vermögen nicht, das Faktische als *Offenbarung Gottes* auszuweisen. Da aber das Faktische einen hohen Wert hat in der Offenbarung, können die

---

[276] Vgl. hierzu Pannenberg, W. „Geschichte/Geschichtsschreibung/Geschichtsphilosophie VIII. Systematisch-theologisch", *TRE* 12, S. 658-674.

[277] Dies sind allerdings nicht alle Berührungspunkte zwischen der Bibel und den Wissenschaften. Man bedenke die breiten Auseinandersetzungen im Bereich der Natur- und der Humanwissenschaften. Auch für diese gilt, was zu den Geschichtswissenschaften zu sagen ist.

historischen Methoden durchaus einen Dienst tun, indem sie dem kritischen Menschen die faktische Seite der Offenbarung wahrscheinlich machen. Sie erfüllen damit eine weltliche Funktion: sie können des tatsächlichen Geschehens vergewissern.

Akzeptiert man das Recht eines historischen Zugangs zum Faktischen, so muß zugleich auch seine Grenze markiert werden, will man nicht Gefahr laufen, daß sich die historischen Methoden des Theologischen bemächtigen. Aus theologischen Gründen, nämlich weil Gott auch in seiner Offenbarung das höhere Recht zukommt, über Wahrheit und Wirklichkeit zu urteilen, kann nur der Schrift Autorität zugebilligt werden über die historischen Betrachtungsweisen, nicht aber diesen über die heilige Schrift. Historischen Methoden kann nicht die Kompetenz zugesprochen werden, über die Offenbarung zu richten. Daraus ergeben sich folgende Bestimmungen: Die historische Betrachtung ist im Blick auf die geschichtliche Seite der Offenbarung bestätigend, nicht verneinend und nicht konstitutiv.

(1) Bestätigend ist sie, weil das Geschehene beziehungsweise seine Spuren oder Zeugnisse der historischen Betrachtung zugänglich sind und die historische Betrachtungsweise die überkommenen Zeugnisse und die auf sie bezogenen Fakten anerkennen muß.

(2) Nicht verneinen kann die Historie das, was von der Bibel als geschehen bezeugt ist. Sollte sie zu gegenteiligen Ergebnissen kommen, dann muß gefragt werden, ob nicht eine Fehlinterpretation der Quellen, das Nichtvorhandensein von Quellen oder archäologischen Funden oder andere Gründe die Verneinung bedingen. Solche Gründe können sowohl eine ideologische Auffassung von Geschichte als auch die Erkenntnisschwäche des Historikers sein. In einem solchen Konfliktfall wird sich der schriftgebundene Historiker zurückhalten, ein Urteil gegen die Schrift zu fällen.[278]

(3) Nicht konstitutiv ist die Historie deswegen, weil die biblische Geschichte nicht erst „rekonstruiert" werden muß, um als wirklich geschehen zu gelten. Dieser formal auf Kant zurückgehende Anspruch der Wissenschaft, Wirklichkeit erst zu konstruieren, ist von der offen am Tage liegenden Wirklich-

---

[278] Offensichtlich verneinend ist die historische Arbeit von Strauß, D.F. *Das Leben Jesu* (1835). Hier wird das neutestamentliche Zeugnis mit Prämissen kritisiert, die den Offenbarungsanspruch und die innerweltliche Offenbarungswirklichkeit, von der die Bibel spricht, *a limine* ausschließen. Das aber wird der Aufgabe, sich mit dem Anspruch der Bibel zu beschäftigen, nicht gerecht; es wäre so, als würde man vorab festlegen, man dürfe Temperatur nur mit dem Barometer messen.

keit der Offenbarung überholt.[279] Gott ist in seiner Offenbarung nicht abhängig von der Bestätigung durch die Wissenschaft. Insofern erscheint die historische Arbeit überflüssig zu sein, doch sie hat die oben genannte positive Funktion.

Wenn Gott sich in der Weise erniedrigt, daß er in die Geschichte eingeht, dann hat kein Mensch das Recht, ihm aus weltanschaulichen Gründen oder im Namen eines philosophisch bestimmten Geschichtsbegriffes die Faktizität seines Offenbarungshandelns und die Offenbarungsdimension an seinem Handeln streitig zu machen. Die Anerkennung des Offenbarungsanspruches der Bibel und der von ihr berichteten Geschichte ist nicht ein *sacrificium intellectus*, ein Opfer des Verstandes, sondern ein *sacrificium superbiae*, eine Preisgabe des Hochmuts. Rechte (Geschichts-) Wissenschaft muß dies anerkennen, so wie eine falsche, anmaßende Wissenschaft die Vernunft ohne Grund nicht nur zur Maßgabe der Erkenntnis, sondern auch zur Maßgabe für die Wirklichkeit macht. Im übrigen macht die Geschichtlichkeit die Offenbarung objektiv. Sie stellt sie außerhalb des Menschen. Sie ist darum eine massive Kritik an der existentialen Verengung und bewußtseinsabhängigen Versubjektivierung des Gottes- und Wahrheitsbegriffes.

Die Geschichtlichkeit der Offenbarung muß schließlich in ihrer Gesamtheit gesehen werden. Mag ein einzelnes geschichtliches Ereignis zweifelhaft erscheinen, so ist gerade das oben dargestellte Konzept von Offenbarungsgeschichte als einer Abfolge von aufeinander bezogenen Ereignissen ein starkes Argument für die Offenbarung. Mit anderen Worten, Gott spart nicht in der Manifestation seiner selbst, sondern reiht ein Werk an das andere, damit dem menschlichen Erkennen Gottes in ausreichendem Maße Grund gegeben ist.

3.4 Die menschliche Seite der Offenbarung

Ich habe nachdrücklich die geschichtliche Seite der Offenbarung betont und eine Reihe von Aussagen über sie gemacht. Wenn nun die Offenbarungsgeschichte inmitten der sog. Profangeschichte Platz findet, dann liegt die Frage nach der Abgrenzung beider zueinander nahe. Die Abgrenzung wird umso schwieriger, als wir davon ausgehen, daß Gott auch in der sog. Profange-

---

[279] Diese Überlegungen müssen in einem breiteren wissenschaftstheoretischen Kontext gesehen werden. Besonders muß in diesem Zusammenhang die Frage bedacht werden, ob der Mensch mit seiner wissenschaftlichen Arbeit tatsächlich Wirklichkeit konstruiert oder ob er nicht immer nur in der Dimension der Schöpfung stehende, vorhandene Wirklichkeit erkennen kann. Diese Frage ist im Zusammenhang der wissenschaftstheoretischen Überlegungen zu behandeln.

schichte wirkt und alle Dinge und Geschehensabläufe in dieser Welt Gott
zugeordnet sind. Nun ist diese Frage insofern beantwortet, als die Offenbarungsgeschichte durch die Schrift erkennbar wird und wir deshalb nicht noch
zusätzliche Operationen vornehmen müssen, um sie zu identifizieren. Doch
nichtsdestoweniger hatte die Offenbarung eine menschliche Seite. Die Frage
konkretisiert sich in Richtung der Stellung des Menschen in der Offenbarungsgeschichte. Wie Offenbarungsgeschichte aus der Sicht Gottes zu verstehen ist, habe ich bereits gesagt: Gott schafft im Rahmen dieser Geschichte
die Rettung des Menschen und der Welt. Aus dem Evangelium wissen wir,
daß dies durch das Werk Christi geschieht. Doch steht in der Bibel viel mehr
als das Werk Christi an sich. Gott hat, wie wir sahen, auf vielerlei Weise
geredet und gehandelt, um das Kommen des Christus vorzubereiten. Viele
Menschen werden uns als Protagonisten der Offenbarungsgeschichte vorgeführt. Ich frage nun nach dem, was diese Menschen, die unter dem Offenbarungsgeschehen stehen oder in es integriert sind, kennzeichnet. Worin besteht
der Unterschied zwischen einem Menschen unter dem Heilshandeln Gottes
und einem solchen außerhalb?

Man muß zunächst auf den Bund verweisen, den Gott mit Abraham geschlossen hatte, und auf den zu diesem hinzugetretenen sinaitischen Bund:
Menschlicherweise kommt unter dem Offenbarungshandeln ein Bundespartner zu stehen. Der Bundespartner ist im Alten Testament durch das Zeichen
der Beschneidung ausgewiesen. In gewisser Weise kann man daher schließen, daß die menschliche Seite der Offenbarung dieser Bund ist. Gottes
Offenbarungshandeln war seinem Bund gemäß, und zwar in positiver, heil-
schaffender, als auch in negativer Richtung, zum Verderben. So läßt sich also
eine erste Eingrenzung vornehmen, die nicht jeden beliebigen Menschen als
Empfänger der Offenbarung qualifiziert, sondern diese an das Bundesvolk
Gottes bindet. Doch diese Eingrenzung erweist sich bei näherem Hinsehen
als unscharf, denn offensichtlich standen viele im Bund, die in der speziellen
Offenbarung keine Rolle spielten, außer daß sie den geschichtlichen Rahmen
für die Offenbarung darstellten; ich denke hier etwa an die zahllosen Israeliten in der Königszeit. Ich möchte angesichts dessen versuchen, die Heilsoffenbarung hinsichtlich ihrer anthropologischen Seite weiter zu spezifizieren.

Geht man davon aus, daß der Mensch gegenüber Gott „tot" ist aufgrund der
Sünde und nichts vom Geist Gottes vernimmt[280], dann kann er auch keinen
aktiven Beitrag zum Offenbarungsempfang leisten. Er ist im Handeln Gottes
durchweg rezeptiv. Diese Rezeptivität findet ihre Gestalt im Glauben. Dieses

---

[280] Eph 2,1; 1Kor 2,14.

nun wird in der Heiligen Schrift sehr deutlich: Abraham, Mose, David, Daniel und alle weiteren Protagonisten der Offenbarungsgeschichte werden in Hbr 11 als solche ausgewiesen, die „durch den Glauben" handelten. Und speziell durch sie hat Gott seine gnädige Gesinnung verdeutlicht.

Indem in Hbr 11,1 der Glaube als „Hypostasis" dessen, das man hofft, bezeichnet wird, ist gesagt, daß die unsichtbare Wirklichkeit ihre sichtbare Gestalt im Glauben findet. Man kann also sagen, daß das Unsichtbare in der Gestalt des Glaubens in die sichtbare Welt tritt. Der unsichtbare Gott bleibt dabei zwar unsichtbar, aber er tritt in der Welt in Erscheinung und wirkt in der Welt, indem ihm der Mensch vertraut. In diesem Glauben empfingen die Protagonisten der Offenbarungsgeschichte das Handeln Gottes. Als „Unterseite" der Offenbarungsgeschichte kann man also den Glauben sehen. Der Glaube wird seinerseits erkennbar am Bekenntnis und an der entsprechenden Tat.

In Jesus Christus freilich tritt Gott selbst in die Geschichte ein. Von ihm wird nicht ausdrücklich bezeugt, daß er Gott glaubte; aber er wird als Vorbild des Glaubens hingestellt:

> Hebr 12, laßt uns 2 ... aufsehen zu Jesus, dem Anfänger und Vollender des Glaubens, der, obwohl er hätte Freude haben können, das Kreuz erduldete und die Schande gering achtete und sich gesetzt hat zur Rechten des Thrones Gottes.

Diese Aussage zeigt, daß auch Jesus in der Versuchung Gott geglaubt hat, und stellt ihn darin als Vorbild dar für die Gläubigen. Ebenso wird an der Person Jesu eine starke Rezeptivität erkennbar:

> Joh 5,19 Da antwortete Jesus und sprach zu ihnen: Wahrlich, wahrlich, ich sage euch: Der Sohn kann nichts von sich aus tun, sondern nur, was er den Vater tun sieht; denn was dieser tut, das tut gleicherweise auch der Sohn. 20 Denn der Vater hat den Sohn lieb und zeigt ihm alles, was er tut, und wird ihm noch größere Werke zeigen, so daß ihr euch verwundern werdet. ... 30 Ich kann nichts von mir aus tun. Wie ich höre, so richte ich, und mein Gericht ist gerecht; denn ich suche nicht meinen Willen, sondern den Willen dessen, der mich gesandt hat. ... 36 Ich aber habe ein größeres Zeugnis als das des Johannes; denn die Werke, die mir der Vater gegeben hat, damit ich sie vollende, eben diese Werke, die ich tue, bezeugen von mir, daß mich der Vater gesandt hat.

Die Erscheinung Jesu ist insofern anders als die der anderen menschlichen Protagonisten der Offenbarung, als Jesus in göttlicher Vollmacht handelt und wesenhaft Gottes Sohn ist. Aber es ist bezeichnend, daß die Christusoffenbarung auf ihrer menschlichen Seite die besagte Rezeptivität aufweist.

Indem ich den Bund und den Glauben herausgestellt habe als das Charakteristikum der Gottesoffenbarung sage ich zugleich, daß es nicht eine menschliche Qualität war, die der Offenbarung menschlicherseits unterlag, sondern daß Gott mit seinem Wort den Glauben schuf. Der Glaube steht bei den einzelnen Protagonisten oft im Zusammenhang von Klein- oder Unglauben. Besonders dort, wo Sünde die Beziehung zu Gott trübt, wird deutlich, daß Gottes Bund und Erwählung die Maßgaben sind für das Verharren im Glauben.[281]

Es droht aber auch bei dieser Sicht die Gefahr, die menschliche Seite der Offenbarung unerlaubterweise einzugrenzen, denn auch Zwielichtige und Ungläubige gehörten zur Offenbarung, wie Esau, Bileam, Ahab, Hannas, Kaiphas und viele andere; von Bileam und Kaiphas wird sogar berichtet, daß Gott durch sie prophetisch geredet habe.[282] Zur Offenbarung gehört auch, daß Gott Israel aufgrund seines Unglaubens richtet, daß Israel von seinen heidnischen Nachbarn bekriegt wird, daß Kinder, die den Propheten Elia verspotten, zum Gericht von Bären gefressen werden und daß Jesus von Judas seinen Feinden ausgeliefert wird. Diese Personen und Ereignisse stehen im Rahmen der Offenbarung, weil sie zum geschöpflichen Raum gehören, in dem die rechten Gläubigen stehen. Insofern ist die These, daß die menschliche Seite der Offenbarung unter dem Oberbegriff Glauben zu stehen kommt, zu relativieren. Hierhin gehört auch die begründete Vermutung, daß es neben den biblischen Protagonisten noch viele andere Gläubige gab, die trotz ihres Glaubens nicht an der Offenbarung Gottes beteiligt waren. Doch ändert dies nichts an der Tatsache, daß Gott bei denen, die er eingesetzt hat, um sich durch sie zu offenbaren, den Glauben gewirkt hat, und daß diese durch den Glauben das offenbarende Wirken Gottes empfangen haben. Der gleiche Glaube findet sich indes auch in der christlichen Kirche, ohne daß diese ein spezielles Offenbarungshandeln Gottes empfinge. Deswegen kann der Glaube nicht als hinreichendes Kriterium für die menschliche Seite der Offenbarung angesehen werden. Schlußendlich steht es in der souveränen Verfügung Gottes, ob und in welcher Weise er einen Menschen in sein Offenbarungshandeln einbezieht.

Es lassen sich aus der Beobachtung der menschlichen Seite der Offenbarung keine generell gültigen Kriterien ableiten für die Identifikation der Offenbarung. Man kann hier nur deskriptiv feststellen, wie es gewesen ist, und findet dabei keine weiteren Kategorien als die, die generell die Rolle der Schöpfung im Handeln Gottes beschreiben.

---

[281] vgl. David, im Gegensatz zu Saul.
[282] Vgl. Num 23-24; Joh 11,49-52.

3.5 Offenbarung und die geschöpfliche Welt

Ein wesentliches Element der Offenbarung ist neben ihrer formal geschöpflichen Dimension auch ihre sachlich-inhaltliche Korrespondenz zur geschöpflichen Wirklichkeit. Sie steht nicht nur in formaler Korrelation zu
dieser, weil sie eben bloß zufällig innerhalb der geschöpflichen Wirklichkeit
steht, sondern auch in inhaltlicher Korrelation. Dieser Aspekt leitet zur
Erkenntnisproblematik über. Ich werde daher im entsprechenden Kapitel bei
den folgenden Ausführungen anknüpfen. Sachlich aber gehört die Beobachtung der Wirklichkeitskongruenz hierhin, denn sie ist ein Aspekt der Offenbarung. Ich fasse diese in doppelter Hinsicht:

3.5.1 *Wirklichkeitskongruenz als Aufnahme der in der gefalle-*
nen Schöpfung vorhandenen Probleme

Als Heilsoffenbarung antwortet die spezielle Offenbarung auf das in der
Schöpfung vorfindliche Unheil, oder, sagen wir es weniger drastisch, auf
offene Fragen. F.A. Schaeffer hat in seinem Buch *Und er schweigt nicht*
darauf Bezug genommen[283]. Er nimmt dabei Elemente auf, die uns bei der
Besprechung der Gottesbeweise begegnet sind. Er spricht von drei Notwendigkeiten (*necessities*) und zeigt, daß es sich bei diesen um offene Fragen
handelt, auf die allein die christliche Offenbarung in einer befriedigenden
Weise antwortet. Das heißt auch, daß er die Übereinstimmung von allgemeiner und spezieller Offenbarung aufzeigt und in dieser Übereinstimmung ein
wesentliches Argument für die spezielle Offenbarung findet. Seine Argumente seien kurz skizziert.

(1) Die metaphysische Notwendigkeit: Die Welt ist wirklich *da*, sie existiert
in Einheit und Vielfalt und ist endlich. Das Problem ist also, daß etwas da ist,
das Anfang und Ende hat. Daher erhebt sich die Frage nach der Herkunft der
Welt. Die Evolutionstheorie löst das Problem nicht, sondern verschiebt es nur
um mehrere Milliarden Jahre nach vorne. Daher postuliert Schaeffer einen in
Einheit und Vielfalt existierenden, persönlichen und unendlichen, die geschaffene Welt transzendierenden Gott. Nur ein solcher Gott kann die Welt
geschaffen haben. Dieser Notwendigkeit entspricht die Selbstoffenbarung
Gottes in der Schrift. Dieser Gott und seine Offenbarung sind die einzige
befriedigende Antwort auf die Frage nach dem Dasein der Welt.

---

[283] Schaeffer, F.A. *Und er schweigt nicht. Ist eine Philosophie ohne Gott realistisch?*
Wuppertal: Brockhaus; Genf: Haus der Bibel, 1975; dt. Übers. von *He is there and he is
not silent.* London: Hodder & Stoughton, 1972.

(2) Die ethische Notwendigkeit: Gemäß Röm 2,15 finden wir ein universales Empfinden von moralischen Werten, ein Differenzierungsvermögen zwischen Gut und Böse. Dieses ist von Kultur zu Kultur unterschiedlich, aber es ist prinzipiell vorhanden und kann nicht durch ein unpersönliches, monistisches Prinzip erklärt werden. Sonst wären Liebe und Haß identisch, und das wäre dem daran interessierten Menschen zuwider; er könnte so nicht leben. Es wird also ein ethisch maßgeblicher Wille postuliert. Als solcher stellt sich Gott in seiner speziellen Offenbarung vor.

Zu diesem Problemfeld gehört auch das Böse in der Welt. Bei einem unpersönlichen Anfang wäre das Böse eine Variante der Wirklichkeit wie das Gute, und es gäbe prinzipiell keinen Unterschied zwischen beiden. Hätte Gott den Menschen so erschaffen, wie er sich heute vorfindet, dann wäre er für das Böse verantwortlich. So bleibt die Frage, ob das Böse nicht doch vom Menschen kommt und der Mensch nicht doch einer Veränderung unterlegen ist. Auch diese Frage wird von der Heilsoffenbarung beantwortet und damit dem Menschen signalisiert, daß er gerettet werden kann.

(3) Die erkenntnistheoretische Notwendigkeit: Den größten Teil der Studie Schaeffers nimmt dieses Problemfeld ein. Es geht hier um die Frage, woher das menschliche Denken und Erkennen die Norm nimmt, die es seiner selbst gewiß macht. Was ist das Allgemeine (zum Beispiel: der richtige Liebesbegriff), das dem Einzelnen (den menschlichen Worten und Erweisen von Liebe) seinen Sinn verleiht? Gäbe es diesen Allgemeinbegriff nicht, wäre das partikuläre Reden von Liebe, wie die Liebeserklärung, die ein junger Mann seiner Verlobten macht, sinnlos. Alle erkenntnistheoretischen Überlegungen führten dann faktisch zum Agnostizismus, oder, in einer weniger radikalen Form, zur Leugnung von propositionaler Wahrheit, von Wahrheit, die mit Wörtern in Sätzen gefaßt ist. Wiederum erweist sich die Notwendigkeit Gottes und der propositionalen Offenbarung, weil wir sonst nicht sinnvoll erkennen und kommunizieren könnten. Im Licht der Offenbarung wird deutlich, daß Sprache und Terminologie, also menschliche Aussagekategorien, von Gott her garantiert sind, sie sind in der Schöpfung und der darin gegebenen Differenzierung mitgesetzt, also anerschaffen, und stehen aufgrund der Geschöpflichkeit des menschlichen Geistes in Kontinuität zur vorfindlichen Welt.[284]

Indem Schaeffer von drei Notwendigkeiten spricht, liefert er keinen Gottesbeweis. Er signalisiert damit vielmehr den Bedarf, der menschlicherseits vorhanden ist, also das, was ich oben die „Lücke" genannt habe. Dieser

---

[284] Vgl. Gen 2,19.20.

Bedarf ist kein Beweis für die Tatsächlichkeit und Richtigkeit der Offenbarung. Aber es wird erkennbar, daß ein passiver Anknüpfungspunkt sehr wohl
gegeben ist. Passiv ist der Anknüpfungspunkt, weil der Mensch seinen
Mangel und seine Unwissenheit nicht aktiv einsetzen kann, um sich auf den
Empfang der Offenbarung vorzubereiten. Er würde dabei nur irren und seine
sündigen Denkkategorien und ebenso seine von der Sünde verkehrten religiösen Erlebnis- oder Verhaltensmuster betätigen. Aber er kann erkennen,
daß die Existenz eines Gottes notwendig ist und daß die Offenbarung auf
diese Notwendigkeiten antwortet, soweit es im Rahmen der gefallenen Welt
möglich ist.

3.5.2 *Wirklichkeitskongruenz als Entsprechung zu der empirisch vorfindlichen Welt*

Gleiches gilt auch für den zu beobachtenden Wirklichkeitsbezug der Offenbarung. Dieser wird darin deutlich, daß die Offenbarung mit der dem Menschen vorfindlichen, durch Erfahrung oder wissenschaftliche Erkenntnis
bekannten Wirklichkeit übereinstimmt – soweit die Übereinstimmung erkennbar ist. Die sachgerechte Beschreibung der vorfindlichen Welt, ihrer
Geschichte und ihrer Zustände ist ein integraler Bestandteil dieses Bezuges
zur Wirklichkeit. Der Aufweis, daß diese Beschreibung richtig ist, ist freilich
nur dort möglich, wo die Bibel auf den real existierenden Menschen und die
uns bekannte Welt bezug nimmt. Indem die Schrift die Welt und den Menschen darstellt, wie sie wirklich sind, indem sie den Menschen nicht ideali-
siert, sondern in großer Sachlichkeit von seinen Stärken und Schwächen,
seiner Würde und seiner Sünde redet, wird ihre realistische Sicht der Dinge
erkennbar. Die biblischen Protagonisten, die gar als Vorbilder im Glauben
dargestellt werden, werden gerade nicht als makellose Heilige beschrieben,
sondern oft als Kleingläubige, schwache, moralisch keineswegs einwand-
freie, gelegentlich sogar als durchtriebene Gestalten vorgestellt. Jeder kann
sehen, daß sie Menschen sind wie alle anderen auch. Aber nicht nur der
Mensch, sondern auch Tiere und Pflanzen, geschichtliche Gegebenheiten
(die antiken Reiche und ihre Repräsentanten) geographische Gegebenheiten
(im Zusammenhang des Exodus und der Eroberung des Landes Kanaan; die
Reisen des Apostels Paulus), Bauwerke (der Tempel in Jerusalem) und
anderes mehr finden Erwähnung und können mit den Aussagen anderer
Disziplinen in einen sinnvollen Zusammenhang gebracht werden.

Es wäre allerdings falsch, zu behaupten, daß die biblischen Aussagen stets
mit den Ergebnissen der modernen „wissenschaftlichen" Betrachtungsweise
übereinstimmten. Es ergeben sich bekanntlich auch gravierende Diskrepanzen. Sie betreffen Einzelfragen, aber wiegen doch schwer. Zum Beispiel

werden von seiten der säkularen Archäologie aufgrund des angeblichen Fehlens von archäologischen Spuren massive Rückfragen an die Historizität einer Reihe biblischer Berichte gestellt. Besonders schwierig erweist sich auch die von seiten der Astrophysik gestellte Frage, wie es mit den biblischen Angaben im Blick auf das Alter der Erde zu vereinbaren ist, daß wir Licht von Sternen bekommen, die Millionen von Lichtjahren entfernt sind. Ich denke ferner an Fragen, die sich im Blick auf die biblische Chronologie stellen, und Fragen im Zusammenhang des sogenannten synoptischen Problems und zu sogenannten Widersprüchen in der Bibel. Hier ist nicht der Ort, diese im Detail zu behandeln. Ich verweise deshalb auf Detailstudien, soweit diese vorliegen.

Ob es je gelingen wird, Aussagen der kritischen Wissenschaften mit den biblischen Aussagen zur Deckung zu bringen, ist zweifelhaft. Möglicherweise ist es angesichts der Sündhaftigkeit des Menschen gar nicht möglich, vielleicht liegt es aber auch an der generellen Begrenztheit menschlichen Wissens. Hier bleiben also Fragen offen. Doch selbst wenn die hier anvisierte Wirklichkeitskongruenz der Offenbarung nicht durchgängig moderner Welterfahrung entspricht, ist sie an zahlreichen Stellen zu erkennen. Sie ist ein Grund für die Verstehbarkeit der Offenbarung und ein Hinweis darauf, daß die christliche Botschaft sich an den Menschen in seiner geschöpflichen Dimension wendet und ihn bei seinem diesseitigen Leben anspricht.

3.5.3 Geschöpflichkeit

Es ist das besondere Verdienst W. Lütgerts[285], auf die Dimension der Geschöpflichkeit aufmerksam gemacht zu haben. Er geht von der Beobachtung aus, daß der Idealismus im Anschluß an Kant nicht vermocht habe, die „Natur", also das, was von der Schrift her Schöpfung genannt werde, in seinem System positiv zu rezipieren, und daß er deswegen zerfallen sei. Lütgert kritisiert auch, daß die Theologie im Anschluß an Kant das Christentum ethisiert habe. Er stellt in seiner Schrift das Recht einer schöpfungstheologischen Begründung der Theologie heraus, einer Theologie, die den ersten Artikel wieder an erster Stelle erscheinen lasse. – Ich nehme sein Anliegen hier mit der Betonung der Geschöpflichkeit und der Geschichtlichkeit der Offenbarung positiv auf. Die Verknüpfung der Offenbarung mit der Schöpfungsaussage ist ein Grundmotiv meiner Darstellung. Im Blick auf die Geschöpflichkeit der Welt beziehe ich mich besonders auf folgende Schriftaussagen:

---

[285] Lütgert, W. *Schöpfung und Offenbarung* (1934), Nachdr. der 1. Aufl., Gießen/Basel: Brunnen, 1984

Gen 1,1 Am Anfang schuf Gott Himmel und Erde. 27 Und Gott schuf den Menschen zu seinem Bilde, zum Bilde Gottes schuf er ihn; und schuf sie als Mann und Weib. 31 Und Gott sah an alles, was er gemacht hatte, und siehe, es war sehr gut. Da ward aus Abend und Morgen der sechste Tag.

Ps 104,24 HERR, wie sind deine Werke so groß und viel! Du hast sie alle weise geordnet, und die Erde ist voll deiner Güter. 27 Es warten alle auf dich, daß du ihnen Speise gebest zur rechten Zeit. 28 Wenn du ihnen gibst, so sammeln sie; wenn du deine Hand auftust, so werden sie mit Gutem gesättigt. 29 Verbirgst du dein Angesicht, so erschrecken sie; nimmst du weg ihren Odem, so vergehen sie und werden wieder Staub.

Ps 139,5 Von allen Seiten umgibst du mich und hältst deine Hand über mir.

Apg 17,25 Auch läßt er sich nicht von Menschenhänden dienen, wie einer, der etwas nötig hätte, da er doch selber jedermann Leben und Odem und alles gibt. 26 Und er hat aus einem Menschen das ganze Menschengeschlecht gemacht, damit sie auf dem ganzen Erdboden wohnen, und er hat festgesetzt, wie lange sie bestehen und in welchen Grenzen sie wohnen sollen, 27 damit sie Gott suchen sollen, ob sie ihn wohl fühlen und finden könnten; und fürwahr, er ist nicht ferne von einem jeden unter uns. 28 Denn in ihm leben, weben und sind wir; wie auch einige Dichter bei euch gesagt haben: Wir sind seines Geschlechts.

Wie ich unter 2. entfaltet habe, wird im Rahmen der allgemeinen Offenbarung erkennbar, daß ein mächtiger und weiser Schöpfer die Welt gemacht hat. Die Allgemeine Offenbarung „beweist" aber die Schöpfung nicht im Sinne der modernen Wissenschaft, indem sie den Schöpfer schaffend vorführt oder als Person identifiziert, sondern sie macht anhand seiner Werke seine ewige Kraft und Gottheit evident. Sie zeigt also Gott nur indirekt, denn sie weist auf die Schöpfung als Vorgang und auf den Schöpfer als den Verursacher dieses Vorgangs. Darüber hinaus kann sie nichts sagen. Erst mit der Heilsoffenbarung wird auch die Schöpfung beschrieben. – Die Schöpfungsaussage der Bibel hat eine außerordentlich wichtige fundamentaltheologische Bedeutung.

(1) Schöpfung schließt ein, daß der Schöpfer eine Beziehung zur Schöpfung hat. Sie ist ein Ort, zu dem er Zugang hat, an dem er gegenwärtig ist und wirken kann. Geschöpflichkeit impliziert Offenheit der Weltwirklichkeit und ihrer Geschichte zu Gott hin. Die Welt ist kein geschlossenes, kausalmechanisches System im Sinne des Deismus und des Positivismus und kein in sich selbst bestehendes System im Sinne des Naturalismus, sondern alles Geschehen ist grundsätzlich Gott zugeordnet. Theologisch ist hier von der Allgegenwart und Allwirksamkeit Gottes zu sprechen. Aus dieser Sicht gibt es keine Profangeschichte, keinen Raum selbständigen, emanzipatorischen

Handelns, sondern alles Geschehen in dieser Welt ist aufgrund der Geschöpflichkeit durch Gott normiert und – auf welche Weise auch immer – verfügt, sei es gut oder böse. Allerdings ist die Schöpfung nicht im pantheistischen Sinne mit Gott identisch.

(2) In Abgrenzung gegenüber einer gnostischen oder platonisierenden Sicht der Welt und gegenüber einer idealistischen, den Geist vorziehenden Anschauung betone ich: Die Schöpfung wird durch ihr Geschaffensein positiv qualifiziert. Dieser Sachverhalt ist von grundlegender theologischer Relevanz, denn er impliziert, daß Gott dann, wenn er sich in der Schöpfung offenbaren will, wenn er geschöpfliche Mittel in den Dienst der Offenbarung stellen will oder gar in die Schöpfung eingehen will, sich nicht zwangsläufig in eine ihm wesensfremde Sphäre begeben muß. Er kommt vielmehr in sein Eigentum. Er muß sich nicht in seinem Wesen verwandeln oder verändern[286], um in geschöpflicher Gestalt zu erscheinen, auch wenn uns die irdischen und die himmlischen Existenzbedingungen unterschiedlich erscheinen: unendlich und nicht endlich, herrlich und nicht niedrig, unsterblich und nicht vergänglich und sterblich. Er muß sich auch nicht seiner Gottheit begeben, wenn er Mensch wird. Die Schöpfung wird unter der Offenbarung nicht beseitegesetzt, um dem Ungeschaffenen Platz zu machen. Gott kann sich geschöpflicher Mittel bedienen, um sich bekanntzumachen. Dieser Sachverhalt hat für viele Bereiche der Theologie wesentliche Bedeutung. Er betrifft vor allem, wie aus der vorgehenden Fußnote bereits hervorgeht, die Christologie. Das Miteinander von Gottheit und Menschheit in Christus kann nur unter dieser schöpfungstheologischen Vorgabe recht gefaßt werden. Doch er betrifft auch das Verhältnis von Geist und Wort, und zwar sowohl in der Pneumatologie als auch besonders in der Lehre von der Theopneustie der heiligen Schrift. Er betrifft nicht weniger die vielen paränetischen und ethischen Anweisungen der Schrift, die sich neben dem Gottesdienst allesamt auf den Umgang mit der geschöpflichen Wirklichkeit beziehen. Nicht weniger ist davon auch der Kirchenbegriff betroffen und damit auch die Rolle des Kirchenrechts, das ja in die geschöpfliche Sphäre weist.

(3) Neben der positiven Qualifikation der Welt als Schöpfung muß aber auch die Tatsache in Betracht gezogen werden, daß die Schöpfung in den Sündenfall hineingezogen worden ist. Darum ist das Eingehen Gottes in die geschöpfliche Dimension nicht bruchlos. Es beinhaltet zugleich auch das

---

[286] Im Hintergrund dieses Arguments steht die Lehrformel von Chalcedon im Blick auf die Christologie. Sie besagt mit dem Begriff ἀτρέπτως (atreptos) daß Christus hinsichtlich seiner Gottheit keiner Veränderung des Wesens unterlag, als er in die hypostatische Vereinigung mit der Menschheit eintrat.

Gericht über die gefallene Schöpfung und die Verheißung einer neuen Schöpfung. Auch dieser Sachverhalt hat wesentliche fundamentaltheologische Bedeutung, denn er betrifft die im vorangehenden Abschnitt genannten Aspekte gleicherweise. Generell kann gesagt werden, daß das Geschöpfliche nicht ungebrochen positiv verwendet wird. So wurde Jesus ohne die Mitwirkung eines Mannes empfangen und er erlitt an seinem Leib das Gericht über die Sünde. Das zeigt geradezu paradigmatisch, was auch durch viele andere Aussagen der Schrift erkennbar wird, daß die gefallene Schöpfung unter dem Gericht steht. Heiligung und Heilung des Geschöpflichen geschehen durch das Gericht hindurch. Die Tatsache des Gefallenseins der Schöpfung hebt aber den Gebrauch der Schöpfung in der Offenbarung nicht auf. Ansonsten wäre die Offenbarung auf eine gnostische Dimension beschränkt.

(4) Geschöpflichkeit bedingt Aussagbarkeit. Zur Dimension der Schöpfung gehört das Wort. Gott schuf die Welt durch sein Wort. Diesem entspricht die Differenzierung der geschaffenen Wirklichkeit. Die geschöpfliche Dimension geht dem menschlichen Wort voraus und dieses entspricht jener. Sie ist durch das Wort zugänglich, verstehbar und mitteilbar. Indem Gott in die geschöpfliche Dimension eingeht, wird er anschaulich und aussagbar. Dem entspricht, daß die Bibel, Gottes Wort, von der geschichtlichen Offenbarung redet. In dem Maße aber, in dem die äußerliche, leibliche Offenbarung geleugnet wird, entschwindet Gott in das Dunkel der Mystik, des Gefühls oder der unbestimmten Anschauung. In demselben Maße werden auch das leibliche Werk Christi ebenso wie das äußere Wort gleichgültig.[287] – Die Kategorie Schöpfung hat zugleich eine grundlegende hermeneutische Bedeutung, denn die Respektierung der geschöpflichen Wirklichkeit und des geschöpflicherweise vorhandenen Sinnes eines Wortes[288] ist für die Auslegung der Schrift wesentlich und macht den Literalsinn zu dem vom Heiligen Geist intendierten Sinn. Freilich muß hier hinzugefügt werden, daß wegen der menschlichen Sündhaftigkeit die Begriffe, die die Bibel verwendet und die eine rechte Theologie gebraucht, bewußt aus dem profanen Kontext heraus- und in den Horizont der Offenbarung hineingenommen werden

---

[287] Das wird schlaglichtartig an dem vielzitierten Satz Johann Schefflers deutlich: „Wäre Christus tausendmal in Bethlehem geboren und nicht in dir, du wärest doch verloren." Das verborgene, innere Erleben tritt in offene Konkurrenz zum offenbarungsgeschichtlichen Faktum.

[288] Vgl. Luther, M. *MüA* ErgBd 1, S. 128 f.; *WA* 18,700,33-35: „... ubique inhaerendum est simplici puraeque et naturali significationi verborum, quam grammatica et usus loquendi habet, quem Deus creavit in hominibus." Vgl. dazu Kaiser, B. *Luther und die Auslegung des Römerbriefes. Eine theologisch-geschichtliche Beurteilung.* Bonn: VKW, 1995, S. 100-102.

müssen. Luther sprach davon, sie zur Taufe zu führen.[289] Diese hermeneutischen Fragen sind im Zusammenhang der Methodenproblematik ausführlich zu besprechen.

(5) Die Schöpfungsaussage weist auch dem Menschen seinen Platz innerhalb der Schöpfung zu. Er ist im Bilde Gottes geschaffen und steht als Stellvertreter Gottes über der übrigen Schöpfung. Zugleich ist er Teil dieser Schöpfung, steht in Gemeinschaft mit den übrigen Geschöpfen und ist auf sie angewiesen. Diese von Gott verfügte Stellung gibt ihm im Grundsatz Gewißheit hinsichtlich der Sachgemäßheit seines Umganges mit der Schöpfung, besonders auch seiner Erkenntnis geschöpflicher Gegebenheiten. Er kann sie wahrnehmen, er kann die oben erwähnte Differenzierung erkennen und anhand der vorgegebenen Differenzierung die geschaffenen Dinge benennen. Er findet sich mit seiner Sprachfähigkeit in der Schöpfung vor.

(6) Mit der Bestimmung des Menschen als Geschöpf ist freilich das Verhältnis des Menschen zur Schöpfung noch nicht vollständig beschrieben. Weil der Mensch zugleich auch Sünder ist, ist davon auch sein Verhältnis zur Schöpfung betroffen. Er kann die Schöpfung eigenmächtig mißbrauchen, er kann sie verachten oder vergötzen und er kann sie falsch wahrnehmen. Er kann auch sich selbst überschätzen, und er kann sich bis hin zum Selbstmord verabscheuen. Daher ergibt sich aus der Bestimmung des Menschen und der Welt als Schöpfung allein noch keine Gewähr für die Richtigkeit des Erkennens und Handelns. Das gilt besonders im Blick auf den im Abendland oft erhobenen Anspruch, Gott habe den Menschen in seinem Bild geschaffen und die Vernunft sei ihm gegeben, um über Gott und die Welt zu urteilen. Weil auch die Vernunft unter der Sünde steht, muß man ihr vielmehr mißtrauen. Aber das ändert nichts an der Tatsache, daß der gefallene Mensch selbst als Nichtchrist in der Schöpfung der geschöpflichen Wirklichkeit gemäß handeln kann und handelt, wenn er z.B. sät und erntet, Kinder hat und erzieht, seinen Lebensunterhalt durch Arbeit bestreitet, ein bestimmtes Ereignis wahrnimmt und bezeugt oder ein Staatswesen aufbaut und lenkt.

---

[289] „... füret sie mal zum Bade!" Luther, M. *WA* 39 I,229,16-19.

3.5.4 Geschichtlichkeit

3.5.4.1 Die Geschichtlichkeit der Offenbarung allgemein

Geschichtlichkeit bedeutet, daß Gott im raumzeitlichen Horizont wirklich und kontinuierlich in Erscheinung tritt. „Wirklich" besagt, daß Gott in seiner Freiheit als Schöpfer sowohl direkt in der Geschichte Werke vollbringen kann, als auch daß er durch Menschen hindurch handeln kann. Direkte Werke Gottes fallen dem Beobachter als Wunder auf. Sein Handeln durch Menschen hindurch ist dagegen viel häufiger, aber zugleich schwieriger als spezifisches Handeln Gottes zu erkennen. Es scheint vielmehr dem bekannten Lauf der Dinge zu entsprechen. Doch es wird im Licht des prophetischen bzw. apostolischen Wortes als Offenbarung Gottes erkennbar. Von grundsätzlicher Bedeutung aber ist, daß Gott *in der Geschichte* handelt, daß er eine Rolle auf der Bühne der Weltgeschichte spielt. *Kontinuierlich* verstehe ich nicht im Sinne von ununterbrochen, sondern im Sinne von *wieder und wieder*, und zwar so, daß die einzelnen Manifestationen Gottes in einer sinnvollen Beziehung zueinander stehen. Habe ich oben die theologische Seite der Offenbarungsgeschichte beschrieben, so zeige ich im folgenden, daß die Offenbarung selbst konkrete, raumzeitliche und quasi profane Bezüge aufweist.

3.5.4.2 Elemente der Geschichtlichkeit

3.5.4.2.1 Genealogien

Die Geschichtlichkeit der Offenbarung wird eindrucksvoll unterstrichen durch die Genealogien und die Beschreibung von verwandtschaftlichen Beziehungen in den Sippen und Geschlechtern, die in der Offenbarungsgeschichte Platz finden. Wie schon in Gen 5, so auch nach den Ereignissen, die die Person Noahs betreffen und vor dem Bericht über die Berufung und die Geschichte Abrahams finden wir in Gen 10 die Völkertafel und in Gen 11 – nach dem Bericht über den Turmbau von Babel – eine Genealogie von Sem bis Abraham. Die Bibel hat, wie auch an vielen späteren Stellen erkennbar wird[290], ein durchgängiges Interesse, diese Dimension darzustellen. Die Genealogien sind – nachgerade in ihrer Ausführlichkeit und trotz möglicher Unvollständigkeit – ein starkes Indiz für das geschichtliche, mit einer Vielzahl konkreter, geschichtlicher Menschen verbundene Element der biblischen Botschaft. Die Tatsache, daß gerade die Urgeschichte sich breit dazu äußert,

---

[290] Weitere ausführlichere Genealogien und Aufstellungen von verwandtschaftlichen Beziehungen: Num 26; Ruth 4,19-22; 1Chron 1,1-6,38; 8; 9,35-44; Mt 1,1-17; Lk 3,23-28.

verbietet die Sicht, wir hätten es hier mit mythologischem Material zu tun, selbst wenn, was nicht auszuschließen ist, die Genealogien unvollständig sein sollten.

3.5.4.2.2 Namen und Daten

Passend zum Genealogischen ist die Beobachtung, daß die Bibel offensichtlich ein Interesse verfolgt, die in der Offenbarungsgeschichte handelnden oder auf andere Weise in sie einbezogenen Menschen mit Namen zu nennen und sie als Sohn oder Tochter einer bestimmten Person auszuweisen. Dies gilt generell sowohl für das Alte als auch für das Neue Testament. Die Protagonisten der Offenbarung sind auf diese Weise nicht bloße Gestalten archetypischer oder mythologischer Art wie Herkules und Odysseus, sondern Menschen, die mit beiden Beinen auf der Erde stehen.

Nicht durchgängig, aber häufig macht die Schrift auch chronologische Angaben, etwa, wenn sie den Regierungsantritt eines israelitischen oder judäischen Königs berichtet. Sie macht chronologische und historische Angaben über Jesus und seine Zeit sowie über die Zeit der Apostel. Sie lokalisiert ferner die einzelnen Geschehnisse an bestimmten Orten, die häufig noch heute bekannt sind.

3.5.4.2.3 Zeitliche Abfolge

Indem Gott in die Geschichte eintritt, begibt er sich immer in eine bestimmte Zeit, eine bestimmte Situation und an einen bestimmten Ort. Neben der geographischen Nähe und Ferne zur Offenbarung, die dadurch entsteht, weist diese seine geschichtliche Offenbarung die Kategorien von vorher und nachher auf. Dies wird in der Schrift besonders deutlich an den Aussagen, die die Dimension der geschichtlichen Abfolge im Blick haben und Gott mit ihr verbinden. Im Alten wie im Neuen Testament finden sich mehrfach Bezugnahmen auf den Gott Abrahams, Isaaks und Jakobs.[291] Sie stehen im Zeichen der geschichtlichen Kontinuität, die in der biblischen (und zum Teil auch außerbiblischen) Tradition Israels offen am Tage liegt. Gott ist diesen Aussagen zufolge zunächst mit Abraham, Isaak und Jakob in Beziehung getreten. Er war „ihr" Gott, indem er sie erwählte, sich ihnen zu erkennen gab und sie in dieser Erkenntnis Gottes lebten. Konsequenterweise war auch das Volk, das aus der Nachkommenschaft Abrahams, Isaaks und Jakobs hervorging, eine geschichtliche Größe, die als Volk mehrere hundert Jahre nach der Zeit Abrahams auf die Bühne der Weltgeschichte trat. Bekanntlich kam aus

---

[291] Vgl. Ex 3, 6; Apg 5,30-33; Röm 9, 3-5.

diesem Volk der Juden Jahrhunderte später der verheißene Messias, Jesus von Nazareth.

3.5.4.2.4 Unterschiedliche Dichte und Unterbrechungen

Das Offenbarungshandeln Gottes findet nicht ständig in der gleichen Intensität statt. Es gibt Stationen und Perioden der Offenbarungsgeschichte, die ausführlich beschrieben werden, während andere Perioden kaum bekannt sind und allenfalls durch summarische Sätze abgedeckt sind. Ich nenne als Beispiel, daß wir zwar von Abraham vieles wissen, aber ganze Jahrzehnte seines Lebens, die vor oder zwischen den einzelnen Stationen des Redens Gottes liegen, werden nicht beschrieben. Ich erinnere auch an die außerordentlich spärlichen Bemerkungen der Evangelien zur Jugendzeit Jesu, im Gegensatz zur breiten Schilderung seiner öffentlichen Tätigkeit. Zeiten der Urgeschichte sind nur genealogisch abgedeckt. Die Offenbarungsgeschichte wurde wenigstens einmal unterbrochen für die Zeit zwischen den Testamenten. Abgeschlossen wurde sie in der Zeit nach Christus und den Aposteln.

3.5.4.2.5 Der Bund

Die rechtliche Form, durch die Abraham und seine Nachkommenschaft bestimmt wurden, war der Bund. Dieser hat nicht nur eine theologische Dimension, sondern er gehört ebenfalls zur geschichtlichen Dimension, denn ein Bund ist bekanntlich ein Rechtsverhältnis zwischen wenigstens zwei Partnern und grundsätzlich auf Dauer angelegt. In der Schrift finden wir zahlreiche Bundesschlüsse, doch ich beschränke mich hier auf den Bund zwischen Gott und seinem Volk, der seinen Anfang mit dem Abrahamsbund[292] genommen hat, durch die ganze alttestamentliche Geschichte hindurch bestand und im Laufe der vom AT berichteten Geschichte mehrfach bestätigt und inhaltlich spezifiziert worden ist. Gott schloß diesen Bund mit Abraham als einen ewigen Bund. Er fand in Christus seine Erfüllung und weist in die künftige Welt, da in diesem Bund das eschatologische Heil verheißen wird. Diesem Bund zugeordnet ist der Bund vom Sinai, den Gott mit der späteren Nachkommenschaft Abrahams, dem Volk Israel, schloß.

Der Bund findet eine Grenze hinsichtlich des Bundespartners, den Gott ohne Ansehen der Person aus freier Gnade bestimmt.[293] Bundespartner sind im Alten Testament Abraham und seine Nachkommenschaft in Isaak und Jakob, im Neuen Testament die an Christus glaubende Gemeinde aus Juden und

---

[292] Gen 17,1-27.
[293] Dt 4, 37; 7, 6-8.

Heiden. Diese werden als „auserwähltes Volk" als „Volk des Eigentums"[294] bezeichnet. Das alttestamentliche Bundesvolk steht im Kontext der übrigen Welt und der übrigen Völker, aber im geschichtlichen Rahmen dieses einen Volkes handelt Gott, und aus diesem Volk soll der Erlöser kommen. Die neutestamentliche Gemeinde hingegen ist als solche nicht der Ort, die den Erlöser hervorbringt. Sie ist vielmehr Frucht seines Wirkens und nur in den ersten Jahrzehnten ihrer Existenz, in der apostolischen Zeit, Ort der Offenbarung Gottes.

Innerhalb der soziologischen Größe „Volk" besteht Kontinuität von Geschlecht zu Geschlecht; hier ist Tradition im positiven Sinne: Bestimmte Dinge werden durch die Jahrhunderte hindurch weitergegeben; hier sind es der Bund und die Verheißungen Gottes, die auf Israel sowie auf bestimmten Geschlechtern in Israel ruhen und die die Kontinuität als Volk Gottes ermöglichen. Dieses spezifische Volk wird aus der übrigen Völkerwelt herausgehoben, so daß inmitten des Stromes der Völkergeschichte Gott mit seinem Volk Geschichte macht. Das Distinktivum des Gottesvolkes ist ausdrücklich nicht eine Qualität in diesem selbst, sondern der Bund, der wiederum durch Gottes gnädige Zuwendung motiviert ist.

3.5.4.3 Die Geschichtlichkeit der Inkarnation des Gottessohnes

Jesus von Nazareth erscheint eingebettet in die Geschichte Israels. Die geschichtliche Dimension seines Erscheinens wird im Detail geschildert. Die Umstände, unter denen er von seiner Mutter, der Jungfrau Maria, empfangen und geboren wurde, werden ebenso beschrieben wie jene seines Leidens und Sterbens. Die Schrift berichtet aber nur das Wesentliche. Sie hält sich nicht auf mit den Jahrzehnten der Adoleszenz Jesu. Sie wählt rigide aus, was vom Wirken Jesu tatsächlich berichtet werden muß.[295] Sie berichtet aber jene Ereignisse, durch die Gott sich in der öffentlichen Wirksamkeit Jesu offenbart hat. Grundlegend ist die Aussage in Joh 1,14: *Und das Wort ward Fleisch und wohnte unter uns, und wir sahen seine Herrlichkeit, eine Herrlichkeit als des eingeborenen Sohnes vom Vater, voller Gnade und Wahrheit.*

Offenbarung in der geschöpflichen Dimension bedeutet auch das Eingehen des Gottessohnes in die Existenzbedingungen derselben.

(1) Der Sohn Gottes von Ewigkeit tritt in die *Begrenztheit* der raumzeitlichen Existenz ein: er erscheint an einem *bestimmten* Ort und zu *bestimmter* Zeit,

---

[294] Vgl. 1Ptr 2,9-10.
[295] Vgl. Joh 20,30; 21,25.

so daß er zu anderer Zeit und an anderen Orten nicht anwesend ist. Er erscheint – wenigstens soweit das menschliche Auge sehen kann – in begrenzter, menschlicher Macht und Herrlichkeit. Die Begrenzung betrifft auch sein Leben als solches, denn er stirbt.

(2) Er tritt ein in die *Geschichtlichkeit* der raumzeitlichen Existenz. Hier ist von einer Einpassung in die weltlichen Geschehensabläufe zu sprechen. Jesus stand als Gottmensch ca. 30 Jahre inmitten des weltlichen Geschehens. Im Rahmen dieses Geschehens erlebt der Gottessohn als Mensch die menschliche Wirklichkeit. In der Geschichte erlebt bzw. erleidet er Empfängnis, Geburt, Wachstum, Reife und Tod. Ausdrücklich erwähnt die Schrift, daß der neugeborene Jesus in Windeln gewickelt und in eine Krippe gelegt wurde.

(3) Diese Tatsache des Eingehens des Sohnes in die Dimensionen des Geschöpflichen und Geschichtlichen besagt schließlich, daß Gott in der Offenbarung in seinem Sohn ein *Phänomenon* (= ein Erscheinungsding) geworden ist. Ich sage dies bewußt mit kantischen Worten, um den Sachgehalt der biblischen Aussage gegenüber der sogenannten modernen Theologie zu verdeutlichen. Gott ist also nicht ein *Noumenon* geblieben, sondern er ist wirklich im Fleisch erschienen. Das ist die zentrale Offenbarungsbotschaft des Neuen Testaments, die von den Aposteln als den Zeugen Jesu verkündigt wird. Johannes betont dies gerade so, als würde er die von Kant aufgeworfene Frage vorwegnehmend beantworten, wenn er herausstellt, daß die Apostel, verkündigen, „was wir gehört haben, was wir gesehen haben mit unsern Augen, was wir betrachtet haben und unsre Hände betastet haben."[296] Johannes versteht sein Zeugnis von Jesus gerade nicht als Glaubensbekenntnis oder als Werturteil, sondern als Seinsurteil, als Aussage von einer empirisch-sinnlich oder objektiv wahrgenommenen Wirklichkeit.

---

[296] 1Joh 1,1.

4 Offenbarung als Thema der Theologie

4.1 Grundsätzliche Überlegungen

Ein Blick in die Theologiegeschichte zeigt, daß die Theologie in sehr unterschiedlicher Weise von Offenbarung geredet hat. Die Art, wie sie Offenbarung auffaßt, hängt, wie ich unter 1.2 verdeutlicht habe, maßgeblich davon ab, welches Wirklichkeitsverständnis, welches Gottesbild und welche Sicht vom Menschen sie hat. Daß hier die verschiedensten philosophischen Anschauungen die christliche Theologie beeinflußt haben, ist zwar bekannt, aber sollte immer wieder bewußtgemacht und im Licht der heiligen Schrift beurteilt werden, damit der biblische Offenbarungsbegriff nicht von falschen Anschauungen überfremdet wird.

Traditionell werden – und so entspricht es der Heiligen Schrift – sowohl die spezielle als auch die allgemeine Offenbarung in einem schöpfungstheologischen Rahmen gesehen. Auch wenn Gott in der Schöpfung wirkt und seine Werke im Sinne der allgemeinen Offenbarung seine Kraft und Gottheit erweisen, bleibt er als Person doch von der Schöpfung geschieden. Als der Schöpfer ist er weder mit der Welt noch mit dem Menschen identisch, sondern steht der Schöpfung gegenüber. Wenn er sich aber offenbart, dann tritt er von außen an die Schöpfung heran, wirkt in sie hinein und bedient sich geschöpflicher Mittel, um erkannt zu werden. Seine Offenbarung trägt objektiv-äußerlichen Charakter. Niemals aber geht er in der Schöpfung auf.[297]

Eine nicht-schöpfungstheologische Betrachtungsweise wird sowohl Gott als auch die Welt und das Zueinander beider ganz anders fassen. Gott wird in einer in der neueren Theologie häufig anzutreffenden Sicht nicht als Person, sondern als „die alles bestimmende Wirklichkeit" gesehen. Ein wirklich personales Gegenüber zur Welt ist dabei nicht zu erkennen; im Grunde versinkt Gott in der Immanenz als Geheimnis der Welt.[298] Unter dieser Perspektive kann von einem personalen Wirken Gottes in der Welt nicht

---

[297] Ich verweise auf die Diskussion um das *capax* bzw. *non capax infiniti* in der lutherischen und reformierten Theologie: Ist das Geschöpfliche so beschaffen, daß es den unendlichen Gott aufnehmen kann oder nicht? Die hier angesprochene Problematik kann auf philosophischem Wege nicht gelöst werden, sondern nur durch theologische Grenzbestimmungen analog zu der Formel von Chalcedon verkleinert werden.

[298] Vgl. Jüngel, E., *Gott als Geheimnis der Welt. Zur Begründung der Theologie des Gekreuzigten im Streit zwischen Theismus und Atheismus,* 2., durchges. Aufl., Tübingen: Mohr/Siebeck, 1977.

mehr gesprochen werden, und Offenbarung muß bei dieser Sicht zwangsläufig ganz anders bestimmt werden.

Andererseits wird Offenbarung auch in der modernen Theologie in personalen Kategorien gefaßt, jedoch so, daß der einzelne Mensch immer als Teil
und Träger der Offenbarung zu stehen kommt. Sowohl in der jüngeren
römisch-katholischen als auch in weiten Teilen der protestantischen Theologie des zwanzigsten Jahrhunderts wird sie häufig existential-personal gefaßt,
als gelebte Ich-Du-Beziehung, als so empfundene Subjekt-Subjekt-
Interaktion, ohne daß damit schon etwas über das wirkliche personale Gegenüber gesagt wäre. Indem Gott erst in der subjektiven religiösen Wahrnehmung da ist, ist der objektiv-äußerliche Charakter der Offenbarung hinfällig. Fries stellt dazu lapidar fest, daß man heute nicht mehr im Sinne des
klassischen Verständnisses der Offenbarung als einer positiv-vorfindlichen
Größe sprechen könne.[299]

Ich stelle in diesem Teil meiner Arbeit die Frage, wie die Theologie Offenbarung aufgefaßt hat. Ich frage danach, in welcher Dimension Gott sich nach
Ansicht der jeweiligen Theologie kundgibt. Konkret möchte ich zeigen,
wohin der Mensch jeweils sehen soll, um Gott in seiner Offenbarung wahrzunehmen. Soll er die Welt als ganze, die Geschichte, den Menschen oder
den menschlichen Geist ansehen? Oder soll er auf Visionen, Träume, ekstati-
sche Erlebnisse oder wunderbare Ereignisse warten? Soll er in die Vergangenheit sehen oder soll er Gottes Offenbarung in der Gegenwart suchen?
Sieht man Jesus von Nazareth als den Offenbarer Gottes, dann muß gefragt
werden, in welcher Hinsicht der Mensch Gott in ihm erkennen kann. Ist dies
seine Moral, seine Person, seine Verkündigung, sein Leiden und Sterben oder
seine Auferstehung?

Wie die Theologie im Laufe der Kirchengeschichte diese Fragen beantwortet
hat, soll im folgenden referiert werden. Ich kann bei der Fülle des Stoffes hier
nur eine kleine Zahl repräsentativer Positionen besprechen, um zu veranschaulichen, um was es jeweils ging oder geht.

4.2 Offenbarung in altkirchlicher Perspektive

Schon das Alte Testament zeigt, daß das Verständnis der Geschichte Gottes
mit Israel sich abhebt von der Religiosität der übrigen Völker, weil Gott sich
in Israel in spezifischer Weise kundgegeben hat, insbesondere, weil er Israel
sein Gesetz hat wissen lassen. Sowohl das Faktum an sich als auch der

---

[299] Fries, H. *Fundamentaltheologie*, S. 230.

Modus – man sollte wohl besser sagen: die Modi – der Selbstkundgabe Gottes stehen trotz einzelner formaler Parallelen zum Heidentum einzigartig da. Die alttestamentliche Offenbarung ist getragen vom Konzept der Offenbarungsgeschichte, die sich in der Zuordnung zu der rechtlichen Vorgabe des Bundes Gottes mit Abraham und dem späteren Hinzukommen des Sinaibundes vollzog.[300]

Die Kirche weist ebenfalls von Anfang an die Einsicht auf, daß Gott durch spezifische Geschehnisse und Zeichen gehandelt hat, in Christus Fleisch geworden ist und die Errettung vollbracht hat und durch die Propheten und die Apostel in besonderer Weise geredet hat. Durchgängig ist die Vorstellung von der Offenbarung Gottes in Jesus Christus, der das bis dahin verborgene Heil Gottes offenbar gemacht hat.[301] Justin der Märtyrer macht deutlich, daß Gott sich einst den Erzvätern, Mose, den Propheten und dann durch Christus offenbart hat. Seine Ausführungen lassen die Historizität, Einheit und das gegenseitige Aufeinanderbezogensein der biblischen Offenbarung erkennen und sind getragen von der Vorstellung, daß der verborgene Gott sich in ihr kundgetan hat.[302]

Irenaeus von Lyon († nach 202 n.C.) faßt seine Anschauungen zusammen mit den Worten:

> „Es ist aber nur ein Gott der Schöpfer; dieser ist über alle Herrschaft, Macht, Regierung und Kraft: dieser ist Vater, dieser Gott, dieser der Gründer, dieser der Macher, dieser der Schöpfer, der die Dinge durch sich selbst gemacht hat, das heißt, durch das Wort und seine Weisheit: den Himmel, die Erde, die Meere und alles, was in ihnen ist. Dieser ist gerecht, dieser gut. Dieser ist es, der den Menschen gebildet hat, der das Paradies gepflanzt hat, der die Welt gemacht hat, der die Sintflut hat kommen lassen und der Noah gerettet hat. Dieser ist der Gott Abrahams, der Gott Isaaks, und der Gott Jakobs, der Gott der Lebenden, den auch das Gesetz verkündigt, den die Propheten predigen, den Christus offenbart, den die Apostel überliefern und an den die Kirche glaubt. Dieser ist der Vater unsres Herrn Jesus Christus; durch sein Wort, welches sein Sohn ist; durch ihn wird er allen offenbart und manifestiert, denen er offenbart wird. Diese nämlich, denen ihn der Sohn offenbart hat, kennen ihn. Der Sohn aber existierte immer mit dem Vater; immer offenbart er

---

[300] Das Bußgebet der Leviten in Nehemia 9 resümiert das geschichtliche Offenbarungshandeln Gottes an Israel in geradezu paradigmatischer Weise.

[301] Vgl. Barnabasbrief cp. 5. Der Barnabasbrief sieht in großer Klarheit die geschichtliche Bezogenheit des Neuen Testaments auf das Alte und umgekehrt. Prophetisch und typologisch redet das AT von Christus. Vgl. Brief an Diognet cpp. 7; 8; 9; 11.

[302] Justin d.M., *Apologia* I, 63.

den Vater ursprünglich (olim) und von Anfang an den Engeln, Erzengeln, Mächten, Kräften und allen, denen er Gott offenbaren will."[303]

Eine ähnliche Zusammenfassung dessen, was die Alte Kirche als Glaubensgut festhielt, findet sich auch im Apostolischen und im Nicaenischen Glaubensbekenntnis. Der Offenbarungsbegriff, der hier erkennbar wird, geht von der Verborgenheit Gottes aus, reklamiert aber die biblische Geschichte als Gottes Handeln, die Rede der Propheten als Reden Gottes und Jesus als Sohn und unmittelbaren Offenbarer Gottes. Das ist keine umwelt- oder zeittypische mythologische Rede, so als wäre es damals üblich gewesen, das Ineinander von Gott und Welt so zu fassen. Die Apologetik der Alten Kirche zeigt vielmehr, daß sie die biblische Offenbarung als eine solche verstand, die inkompatibel ist zu den mythologischen und gnostischen Vorstellungen der damaligen Zeit. Die Alte Kirche betonte darum die Realität der Offenbarung. Ihr Verständnis von Offenbarung ist schriftgemäß, nicht zuletzt auch deswegen, weil es das (offenbarungs-) geschichtliche Handeln Gottes in die Offenbarung einbezieht.

Es hat in der Begegnung zwischen dem frühen Christentum und der Philosophie schon in früher Zeit Diskussionen über das Zu- oder Gegeneinander von Vernunft und Offenbarung gegeben, auch wenn die Abgrenzung zu einem philosophischen Erkenntnisbegriff nicht in der Schärfe erfolgte wie bei Thomas. Die Tatsache, daß einerseits die Apologeten in der Mitte des zweiten Jahrhunderts sich bemühten, die Logosgemäßheit der Offenbarung zu betonen, und daß andererseits Tertullian († nach 220) – freilich in seiner montanistischen Phase – einen Gegensatz zwischen Vernunft und Offenbarung sah und sagte, er glaube, weil es widersinnig sei (*credibile est, quia ineptum est*)[304], zeigt das Problembewußtsein im zweiten Jahrhundert.

Augustins Offenbarungsbegriff kann durchweg als Kundgabe Gottes an den Menschen verstanden werden, und zwar in Abgrenzung zu dem, was der Mensch auch ohne Offenbarung wissen kann.[305] Es ist also bei Augustin durchaus ein spezifischer Offenbarungsbegriff zu erkennen, der in der Sache dem des Thomas von Aquino ähnelt. Freilich gebraucht Augustin den Offenbarungsbegriff nicht durchgängig in diesem Sinne. Er kann damit gelegent-

---

[303] Irenaeus, *Adversus haereses* II, 30.9; *MPG* 7, Sp 822-823; vgl. auch IV, 6.1-7.

[304] Tertullian, *De carne Christi,* V; *CCSL* II. 881.28. Tertullian spricht hier von den Elementen im Evangelium, die für die Menschen wertlos, unpassend, widersinnig und unmöglich erscheinen, und fordet, daß gerade diese geglaubt werden müssen.

[305] Vgl. z.B. Augustin, *De trinitate* IV, 17 (23).

lich auch bezeichnen, daß etwas Verborgenes im Menschen anderen bekanntgemacht wird.

Meistens gebraucht Augustin den Offenbarungsbegriff bei Bezugnahmen auf
die Bibel. Die göttliche Offenbarung liegt in der Bibel vor und ist durch den
Heiligen Geist den Propheten und Aposteln vermittelt worden. Mose zum
Beispiel wurden jene Dinge offenbart, die zu seiner Zeit bereits Vergangenheit waren, aber in der Genesis beschrieben sind.[306] Die Trinität ist Gegenstand der Offenbarung[307] und Christus offenbart Gott, den Vater.[308] Ebenso
bringt Augustin das Zueinander von Altem und Neuem Testament zur Geltung[309], sowie das Zueinander von Verheißung und Erfüllung, dieses allerdings unter der Perspektive, daß eine Prophetie auf mehrere Weisen Erfüllung finden kann[310]. Es ist jedoch nicht zu übersehen, daß Augustin die
Offenbarungsqualität der geschichtlichen Dimension in der Offenbarung nur
unzureichend wahrnimmt. Er leugnet sie nicht, sondern setzt selbstverständlich das, was die biblischen Protagonisten erlebt, an Zeichen und Wundern
erfahren und was sie gesagt haben, als wahr und wirklich voraus, ja er
identifiziert es als Gottesstaat der jeweiligen Zeit.[311] Das gilt ausdrücklich
auch von der alttestamentlichen Geschichte Israels. Auch findet sich etwa die
Aussage, daß Gott durch die Auferstehung Jesu eine neue Welt offenbart
habe[312]. Doch daß die in der Bibel berichteten geschichtlichen Ereignisse
grundsätzlich Offenbarungen Gottes sind, steht außerhalb seines Aussageho-
rizontes. Dagegen kommt eine ganz andere Kategorie zum Tragen: Alttestamentliche Ereignisse sind Typen für neutestamentliche, und irdische Dinge
sind Typen für himmlische oder geistliche Dinge. Insofern haben sie als
geschichtliche Ereignisse ihren Sinn.[313] Das ist freilich eine platonisierende
Deutung der Offenbarungsgeschichte und eine implizite Abwertung der
Dimension der Geschichte; die Geschichte ist hier nur ein Gleichnis für eine
höhere, geistige Bewegung. Darüber hinaus gebraucht Augustin den Begriff
der Offenbarung auch für das, was Gott einen Menschen erkennen läßt, also

---

[306] Augustin, *De civitate dei* XVII, 2.

[307] Augustin, *De trinitate* I, 1-2.

[308] Augustin, *De trinitate* VII, 3 (4).

[309] Augustin, *De catechizandibus rudibus* IV (8).

[310] Augustin, *De civitate dei* XVII, 3.

[311] Vgl. Augustin, *De civitate dei* XIV-XVII.

[312] Augustin, *Briefe* 220,1.

[313] Z.B. Augustin, *De civitate dei*, XVI,2; XVII,14.

für das, was ich Erleuchtung nenne[314], und auch für die Offenbarung im
Eschaton.

Die Unbestimmtheit des Offenbarungsbegriffs in der augustinischen Tradition des Mittelalters fand ihren Grund unter anderem darin, daß der Vernunfterkenntnis kein Eigenrecht zugebilligt und sie der Offenbarung untergeordnet
wurde. Sie bedeutete aber nicht, daß der Offenbarungsbegriff von der Bibel
her nicht klar gewesen wäre oder daß mythologisches Denken die Ausbildung einer schriftgemäßen Vorstellung von Offenbarung gehindert hätte.

W. Joests Ansicht, die biblische Sicht vom Handeln Gottes in Christus stehe
in Kontinuität zu dem mythologischen Denken des Heidentums, unterstellt
den altkirchlichen Theologen, daß sie aufgrund ihres mythologischen Denk-
horizontes „Offenbarung" in Form von Mythen akzeptiert hätten. Er übersieht, daß die Alte Kirche die biblische Offenbarung ausdrücklich nicht
mythologisch verstanden wissen wollte.[315] Sie stellt ja gerade die Einzigartigkeit der Offenbarung Gottes im Vergleich mit den heidnischen Religionen
heraus. Darum ist Joests Sicht, daß der christliche Offenbarungsbegriff sich
erst im Zuge der Begegnung der Theologie mit der Philosophie gebildet
habe[316], nicht nachzuvollziehen. – In geistesgeschichtlicher Hinsicht hat Joest
freilich recht, wenn er feststellt: „Der voll ausgebildete Begriff von revelatio
als Erkenntnisquelle in Abhebung von ratio begegnet in klassischer Präzision
bei Thomas von Aquino."[317] Man kann demzufolge sagen, daß seit Thomas
Vernunfterkenntnis und Offenbarungserkenntnis sachlich und methodisch
unterschieden werden. Die Vernunft betätigt sich im Bereich der Welt. Sie
arbeitet nach den Gesetzen der Logik und betätigt diese als formale Kriterien.
Der Glaube ist die Erkenntnisweise, die der Offenbarung entspricht, und
richtet sich auf die unsichtbare Welt.

---

[314] Vgl. Augustin, *Bekenntnisse* XI, 2 (3); XII, 30 (41), *De civitate dei* I, 31.

[315] Vgl. 2Petr 1,16.

[316] Joest, *Fundamentaltheologie*, S. 29.

[317] Joest, W. *Fundamentaltheologie. Theologische Grundlagen- und Methodenprobleme.*
Stuttgart u.a.: Kohlhammer, 1974, S. 30. – Thomas von Aquino unterscheidet in *ST* I, q 1
a 1 das Wissen, das mittels des natürlichen Lichtes der Vernunft gewonnen wird, von dem
Wissen, das durch das göttliche Licht der Offenbarung (*lumine divinae revelationis*)
zustande kommt.

4.3 Der Offenbarungsbegriff bei Thomas von Aquino und in der römischen Theologie

Für Thomas von Aquino spielt das Zueinander von Natur und Gnade, näherhin von Vernunft und Offenbarung, eine große Rolle. Er diskutiert die Problematik der Offenbarung auf dem Hintergrund der Frage nach den natürlichen Erkenntnisfähigkeiten des Menschen, und kommt zu dem Schluß:

> „Es war notwendig zum menschlichen Heile, daß außer den philosophischen Fächern, in welchen die Vernunft des Menschen forscht, noch eine Wissenschaft besteht, die auf der göttlichen Offenbarung gründet."[318]

Der Offenbarungsbegriff wird hier schärfer bestimmt. Einerseits steht er in Kontinuität zum Vernunftbegriff, andererseits aber in klarem Gegensatz. Die Kontinuität ist zu verstehen im Rahmen des thomanischen Systems, daß die Offenbarung die Vernunft ergänzt und vollendet. Die Vernunft ist immer schon auf die Offenbarung bzw. inhaltlich auf die Erkenntnis Gottes hin angelegt. Ein Gegensatz zwischen Vernunft- und Offenbarungserkenntnis besteht nicht. Trotzdem kann die Vernunft nicht alles wissen. Namentlich zum Heil als dem Endzweck des Menschen ist die Offenbarungserkenntnis notwendig. Die Offenbarung selbst ist für Thomas nicht problematisch. Inkarnation und Jungfrauengeburt als wesentliche Elemente der Offenbarung sind für ihn kein Gegenstand der Kritik. In schlichter, der moderne, kritische Mensch würde sagen: in „unbefangener" Weise redet er von den in der Schrift berichteten Taten Gottes; so etwa davon, daß das sinaitische Gesetz von Engeln mitgeteilt worden sei – eine für das Verständnis von Offenbarung wichtige Bemerkung.[319] Thomas war eben kein Kantianer und konnte wie die Kirche von Anfang an einschließlich der Reformation von der Selbstbekundung Gottes im Sinne und im Stil der heiligen Schrift reden.

Es fällt aber auf, daß Thomas Offenbarung und auch den Offenbarungscharakter der biblischen Ereignisse und Aussagen nicht näher thematisiert. Im Zusammenhang der Erkenntnisproblematik spricht er wohl von einer göttlichen Einwirkung auf den menschlichen Verstand und konstatiert, daß der Verstand des göttlichen Lichtes bedürfe, um Gott erkennen zu können[320], aber die Offenbarung in der leiblichen, geschichtlichen Dimension spielt in seinen beiden Summen keine Rolle. Das zeigt sich auch in der Diskussion der Fleischwerdung Jesu. Sie wird als solche ganz im Sinne der Schrift und

---

[318] Thomas von Aquino, *ST* I, q 1 a 1.

[319] Thomas v. A. *ST* II/I , 98.3.

[320] Thomas v. A. *Summa contra gentiles* III/1, 53.

im Einklang mit den altkirchlichen Bekenntnissen dargestellt, aber es findet sich keine offenbarungstheologische Bewertung derselben.[321] Die alttestamentliche Offenbarung wird wohl formal richtig als Vorbereitung der Inkarnation angesehen, aber Thomas würdigt nicht die in ihr tatsächlich geschehene Offenbarung, also das, was in der Geschichte des alttestamentlichen Gottesvolkes von Gott offenbar wird. Ebensowenig spricht Thomas von der Gerechtigkeit im Tode Christi als leiblich-wirklicher Erfüllung der Forderungen des Gesetzes Gottes und als stellvertretendem Sühnopfer. Er hat damit die Heilswirklichkeit nicht in Christus. Seine Ausführungen zielen vielmehr auf die durchweg in philosophischen Kategorien gefaßte Gotteserkenntnis und Glückseligkeit beim Menschen.[322]

Formal liegt nach Thomas die Offenbarung in Gestalt der heiligen Schrift vor. Die Offenbarung geschah an die Apostel und Propheten auf dem Wege der Inspiration, und diese haben sie frei von Irrtümern in den kanonischen Büchern niedergeschrieben.[323] Diese Offenbarung, die über die natürliche Gotteserkenntnis hinausgeht und zu einer höheren Gotteserkenntnis führt, ist für das Heil des Menschen notwendig.[324] Doch interessanterweise sieht Thomas sie vornehmlich in der Abstraktion von irdischen und natürlichen Gegebenheiten, denn sie kommt in Träumen, Visionen und den leiblichen Sinnen fremden Formen zum Menschen.[325] Äußere Elemente wie Noahs Arche oder der brennende Dornbusch bei Mose zeigen, daß die Abstraktion von der Sinnenwelt nicht durchgängig ist, sondern daß sinnlich wahrnehmbare Gegebenheiten durch Gottes Vorsehung eine Bedeutung haben können; das dürfte auch für die Erscheinung von Engeln und das Sternzeichen der Magier aus dem Orient bei der Geburt Jesu gelten.[326] Spuren dessen, was ich Offenbarungsgeschichte nenne, mag man in der Diskussion über unterschiedliche Grade in der Prophetie erkennen, doch diese haben als aufeinander bezogene, diesseitig-geschichtliche Wirklichkeit bei Thomas keine Bedeutung.[327] Ausführlich wird vielmehr die direkte Wirkung Gottes auf den Propheten beschrieben, mithin als das, was unter den Begriff der Inspiration bzw. Theopneustie fällt.[328] Damit sind freilich die geschichtlichen Ereignisse,

---

[321] Thomas v. A. *ScG* IV/53-55.

[322] Thomas v. A. *ScG* IV/55.

[323] Thomas v. A. *ST* I, q 1 a 8; vgl. auch *ST* I, q 57 a 5.

[324] Thomas v. A. *ST* I, q 1 a 1.

[325] Thomas v. A. *ST* I, q 11 a 11; vgl. ST II/II q 154 a 5; ST II/II q 171 a 3.

[326] Thomas v. A. *ST* II/II, q 173 a 3; vgl. ST III, q 36 a 5.

[327] Thomas v. A. *ST* II/II, q 174 a 6.

[328] Thomas v. A. *ST* II/II, q 173.

die die Bibel berichtet, nicht geleugnet, im Gegenteil. Aber ihre Offenbarungsqualität wird nicht in Betracht gezogen.

Am römischen Offenbarungsbegriff hat sich bis zum 1. Vatikanischen Konzil im Grundsatz nichts geändert. Das Tridentinum behandelt zwar ausführlich die Themen Schrift, Kanon und Tradition und weitere sich aus der Reformation ergebende Themen, aber es äußert sich nicht zum Thema Offenbarung. Auch das Erste Vaticanum redet noch ganz im antimodernistischen Geist von der göttlichen Offenbarung.[329] In kurzen, allgemeinen Worten und unter Bezugnahme auf Hbr 1,1-2 wird herausgestellt, daß Gott sich offenbart habe, natürliche Erkenntnis und Offenbarungs- und Glaubenserkenntnis werden einander zugeordnet und es wird herausgestellt, daß die übernatürliche Offenbarung nicht unbedingt notwendig gewesen sei, sondern durch die Güte Gottes motiviert sei. Antimodernistisch sind auch die Anathematismen des Konzils. Insbesondere seien erwähnt:

> „Wer sagt, die göttliche Offenbarung könne nicht durch äußere Zeichen glaubhaft werden, und deshalb müßten die Menschen allein durch die innere Erfahrung eines jeden oder durch persönliche Eingebung zum Glauben bewegt werden: der sei mit dem Anathema belegt.
>
> Wer sagt, es könnten keine Wunder geschehen und daher seien alle Erzählungen darüber – auch die in der heiligen Schrift enthaltenen – unter die Fabeln oder Mythen zu verweisen; oder Wunder könnten niemals sicher erkannt werden und durch sie werde der göttliche Ursprung der christlichen Religion nicht zurecht bewiesen: der sei mit dem Anathema belegt."[330]

Der externe Charakter der Offenbarung wird hier gegenüber aller subjektivistischen Engführung oder Begründung hervorgehoben. Es blieb dem Zweiten Vaticanum überlassen, sich näher zum Thema Offenbarung zu äußern und neue Akzente zu setzen.

4.4 Der Offenbarungsbegriff der Reformation

Luthers Offenbarungsverständnis unterscheidet sich im Grundsatz kaum von dem des Mittelalters. Auch für ihn bedeutet Offenbarung formal-grundsätzlich das Offenbarwerden von etwas Verborgenem.[331] In diesem Sinne versteht Luther alles, was ans Licht des Tages kommt, was erkennbar und klar wird. Darum kann er den Begriff *Offenbarung* und *offenbaren* auch auf

---

[329] Vgl. DH 3004-3007.
[330] DH 3033-3034.
[331] Vgl. Luther, M. *WA* 7, 494,35-37; *WA* 40 II, 590,24-27, *WA* 42, 646,23-24

die Erleuchtung des Christen oder das Offenbarwerden Christi und seines Gerichtes im Eschaton beziehen. In seinen frühen Vorlesungen nimmt er häufig auf die Aussage bezug, daß im Evangelium die Gerechtigkeit Gottes offenbar sei, und zwar die passive Gerechtigkeit Gottes als etwas, was dem Menschen von Hause aus verborgen, aber eben von Gott offenbart sei.[332] Wenn Luther in seiner Auseinandersetzung mit Erasmus die Klarheit der Schrift reklamiert als ein Licht, dann nur unter der Voraussetzung, daß Gott das, was die Schrift sagt, „offenbart" oder, wie er häufiger sagt, „geredet" hat, oder daß Christus selbst das Licht der Welt ist.[333] So ist für ihn unstreitig, daß die heilige Schrift der Ort ist, an dem Gott offenbar ist.[334] Hierhin gehört auch, daß Gott den Propheten bestimmte Dinge offenbart hat.[335] Luther beruft sich ferner auf die Aussage Jesu, „Wer euch hört, der hört mich", und macht damit deutlich, daß der Prophet oder Apostel die Schnittstelle ist, an der der unsichtbare Gott in der sichtbaren Welt redet. Ebenso kann er von biblischen Inhalten sagen, daß sie von Gott offenbart seien.[336] Gesetz und Evangelium sind in der Schrift offenbart,[337] ja Gott selbst hat sich in ihr offenbart.[338] Allerdings thematisiert Luther die Offenbarung Gottes in der (von der Bibel berichteten) Geschichte nicht weiter. Er setzt sie vielmehr stillschweigend voraus. Die Dimension der Geschichte wird nicht eigens besprochen. Die von der Bibel berichtete Geschichte war für ihn unter der Perspektive der Geschichtlichkeit kein Thema. Darin ist auch er ein Kind der Zeit *vor* der Aufklärung. Erst diese hat die Kategorie der Geschichtlichkeit thematisiert und problematisiert. Nichtsdestoweniger finden sich Aussagen, die klar erkennen lassen, daß er die in der Schrift berichteten Ereignisse für Offenbarungen Gottes hält. In seiner Schrift *Eine Unterrichtung, wie sich die Christen in Mosen sollen schicken* wird bereits in der Einleitung überaus deutlich, daß er die alttestamentliche Geschichte für so geschehen hält, wie es im AT berichtet wird.[339] Es kommen ihm keine Zweifel an der Authentizität

---

[332] Vgl. *WA* 56, 171,26-172,1; vgl. auch in *Operationes in Psalmos* zu Ps. 5,9, *WA* 5, 144,1-23; und besonders in *Vorrede zum ersten Band seiner lateinischen Schriften*, *WA* 54, 186,3-13.

[333] Luther, M. *De servo arbitrio* (Vom unfreien Willen), *WA* 18, 653,27-656,21.

[334] Luther, M. *Predigt über 1Kor 15,1ff*; *WA* 36,501,9-16; vgl. *Predigt über Apg 2,1-13* (Erster Pfingsttag) *WA* 37, 401,14-16; vgl. *WA* 43, 314,35-42.

[335] Luther, M. *Vorrede zu den Propheten, WA DB* 11,3,28.

[336] Luther, M. *Der große Katechismus, WA* 30 I, 212,24-28.

[337] *WA TR* 5, 436,11 (Nr. 6010)

[338] *WA TR* 6, 26,36-38 (Nr. 6539).

[339] Luther, M. *Eine Unterrichtung, wie sich die Christen in Mosen schicken sollen* (1525) *WA* 24,2-16; vgl. *Luther Deutsch* 5, 93-96.

der berichteten Ereignisse. Doch gelegentlich äußert er sich auch so, daß man seine Sicht der biblischen Geschichte als solcher sieht. Die breite geschichtliche Dimension des Evangeliums steht ihm deutlich vor Augen, wenn er sagt:

> „‚Evangelium' ist und soll nichts anderes sein als eine Rede oder Erzählung von Christus. Gleichwie unter den Menschen (auch) geschieht, wenn man ein Buch von einem König oder Fürsten schreibt, was er getan und geredet und erlitten hat zu seiner Zeit: das kann man auf mancherlei Weise beschreiben, der eine in der Länge, der andere in der Kürze. So soll das Evangelium sein und es ist nichts anderes als eine Chronik, Geschichte, Erzählung von Christus, wer der sei, was er getan, geredet und erlitten habe, was der eine kurz, der andere lang, der eine so, der andere so beschrieben hat."[340]

Hier werden die biblischen Evangelien formal in einer Linie mit den Berichten von weltlichen Herrschern gesehen, und es ist für Luther klar, daß zu dieser Geschichte gehört, daß Jesus von der Jungfrau Maria geboren wurde, daß er Gottes Sohn ist, auch Wunder getan hat, gekreuzigt wurde, leibhaftig auferstanden und in den Himmel aufgefahren ist, mithin also, daß das Leben Jesu eine Manifestation Gottes ist. Auch die Geschehnisse bei der Taufe Jesu sind für ihn eine wirkliche Manifestation Gottes.[341] So kann man unzweideutig feststellen, daß Luther die biblischen Berichte für historisch hielt. Ebenso zeigt Luther, daß im Evangelium die alttestamentlichen Verheißungen in Erfüllung gegangen seien, mithin sieht er also die Bezogenheit beider Teile der Bibel aufeinander. Ansonsten hielt er den soteriologischen Gehalt des Evangeliums für das Entscheidende.

Moderne Theologen haben Luther immer wieder einen existentialen Offenbarungsbegriff untergeschoben.[342] Offenbarung ist in der modernen Theologie die existenzverändernde Anrede Gottes an den Menschen, also ein aktuelles Geschehen im Horizont der individuellen menschlichen Existenz. Doch so sehr Luther den Glauben und das Leben vor Gott als Ziel der christlichen Verkündigung sieht und obwohl er auch die Begriffe „offenbaren" und „Offenbarung" gebraucht, um die sich beim Menschen vollziehende Erleuchtung zu bezeichnen, so sehr geht er davon aus, daß die normative Offenbarung Gottes in Christus zu ihrem Abschluß gekommen ist und in der Bibel vorliegt. Darum ist es keine sachgemäße Lutherinterpretation, wenn diese objektive Seite der Offenbarung nicht gewürdigt wird, sondern ihre Objektivität in den subjektiven Erkenntnisakt verschoben wird. Für Luther ist die

---

[340] Luther, M. *Ein kleiner Unterricht, was man in den Evangelien suche und erwarten solle.* (1522). *WA* 10 I, 9.11-18; zit. nach *Luther Deutsch* 5, S. 196-197.

[341] Luther, M. *Predigt über Matth. 3,13-17* (Epiphanias), *WA* 37,249-253.

[342] So geradezu exemplarisch Joest, *Fundamentaltheologie*, S. 31.

Erleuchtung, die ein Mensch unter Christus erfährt, immer eine solche, die durch die vorgängige Offenbarung und das äußere Wort geschieht.

Das gleiche gilt auch für Calvin. Er geht in der *Institutio* zunächst auf die Gottesoffenbarung in der Schöpfung ein[343], die er in viel breiterer Form als Luther würdigt. Aber die eigentliche Offenbarung Gottes sieht auch er in der heiligen Schrift.[344] Sie ist Gottes Wort, und es hat Gott gefallen, in ihr allein seine Wahrheit kundzutun. Daß hinter der Schrift die geschichtliche Offenbarung steht, ist auch für Calvin unstreitig. Mose und die Erzväter sind für ihn ebenso historisch wie Jesus und die Apostel. Die prophetische Verheißung und ihre spätere Erfüllung sowie Zeichen und Wunder sind für ihn nicht nur Tatsachen, sondern auch ein Erweis des göttlichen Charakters der Schrift.[345] Stärker als Luther, aber doch im Einklang mit ihm, betont Calvin die Rolle des Heiligen Geistes beim Verstehen der Schrift. Doch auch er thematisiert die Offenbarung in der Geschichte nicht eigens. Hätte er es getan, wäre es wohl ein Anachronismus gewesen.

Daß die Reformatoren die Dimension der Geschichte in der Offenbarung nicht weiter thematisieren, halte ich für ein Defizit in ihrer Theologie. Es macht ihre Theologie nicht falsch, denn sie leugnen ja nicht die geschichtliche Dimension und sie bewerten sie nicht falsch. Aber die Geschichte ist, wie ich oben deutlich gemacht habe, integraler Bestandteil der Offenbarung. Es gäbe keine heilige Schrift ohne die geschichtlichen Inhalte. Es wäre daher konsequent und schriftgemäß gewesen, auf diese Dimension im positiven Sinn hinzuweisen. Das gilt um so mehr, als die Reformatoren im Gegensatz zum Katholizismus und der Schwärmerei die Heilswirklichkeit in Christus sahen, also in einer geschichtlichen Größe, und nicht in einer sakramentalen oder schwärmerisch-geistlichen Bewegung beim Menschen.

4.5 Offenbarung als Problem im Licht der Philosophie der Aufklärung

Bis zur Zeit des Deismus stand es für die Kirche außer Frage, daß die Offenbarung sachlich die Selbstkundgabe Gottes bedeutet. Gott hatte, so die sich aus der heiligen Schrift ergebende Sicht, aus der jenseitigen Welt, der Transzendenz, in die diesseitige Welt hinein geredet und in dieser gehandelt. Zwar wurde im Umgang mit der Offenbarung – hier ist die Heilige Schrift einge-

---

[343] Calvin, *Inst*. I, 2.1.

[344] Calvin, *Inst*. I, 6.1-4.

[345] Calvin, *Inst*. I, 8.5-8.

schlossen – verschiedentlich betont, das Geschichtliche sei nur ein Symbol für die dahinterstehende göttliche Wirklichkeit, und dadurch die äußere Gestalt der Offenbarung abgewertet, aber im ganzen zählten doch die biblische Geschichte und die Schrift selbst als die maßgeblichen Größen, in denen Gott sich kundtut bzw. kundgetan hat.[346] Damit verband sich auch eine im Grundsatz realistische Erkenntnistheorie, nach der der Mensch die Dinge, die außerhalb seiner selbst sind, im Grunde ungebrochen wahrnehmen kann. Die geschöpfliche Wirklichkeit war für den erkennenden Menschen kein Problem.

Im Deismus[347] aber, der am Beginn der Aufklärung steht, bahnte sich eine Wende an. Ihm zufolge ist Gott zwar der Schöpfer der Welt, aber er ist in der Welt abwesend. Er greift nicht in die Welt ein, er tut keine Zeichen und Wunder, er offenbart sich nicht. Die Welt läuft nach dem Gesetz von Ursache und Wirkung ab. Im übrigen kann man von Gott nichts Näheres sagen. Einige Deisten erlaubten aber eine natürliche Gotteserkenntnis. Die Aufklärung nahm dieses Denken auf. Sie vollzog damit eine signifikante Wendung im Denken, die sowohl die Aussagbarkeit Gottes als transzendenter Wirklichkeit betraf als auch die Offenbarung in äußerer Gestalt.

Descartes Neuansatz, der der intellektualistischen Denktradition folgt, bedeutete für die Theologie, daß sich der erkennende Mensch nicht mehr durch äußerliche Evidenz überzeugen lassen konnte. Das galt auch für die inkarnatorische Offenbarung. Hatte Gott sich durch seine Taten in der Geschichte und vor allem durch die Fleischwerdung, Kreuzigung und Auferstehung seines Sohnes offenbart und gewisse Erkenntnis seiner selbst an diese Wirklichkeit gebunden, so werden in der Erkenntnislehre Descartes' diese äußeren Aspekte zweitrangig. Der aufgeklärte Mensch verschließt sich der gegenständlichen Evidenz, in der ihm die Offenbarung begegnet. Gewisse Offenbarung ist unter diesen Vorgaben nur möglich als direkte, innere Kundgabe, als geistige, spekulative Vorstellung von einem höchsten, ewigen, allwissenden und allmächtigen Gott, wie denn auch Descartes' Gottesbeweis zeigt.[348]

Nach Kant ist Metaphysik eine Art Naturanlage der Vernunft.[349] Doch die Vernunft ist geneigt, zu dogmatischen Aussagen oder Glaubensaussagen

---

[346] Vgl. Kropatscheck, F. *Das Schriftprinzip der lutherischen Kirche*, Bd. I: *Die Vorgeschichte*. Leipzig: Deichertsche Verlagsbuchhandlung, 1904.

[347] Der Deismus ging von England aus. Führende Deisten waren Herbert von Cherbury (1581-1648), Thomas Hobbes (1588-1679) und John Locke (1632-1704).

[348] Vgl. Descartes, *Meditationes de prima philosophia* III,1 ff.

[349] Kant, *Prolegomena*, in: *Werke* Bd. 5, S. 242.

Zuflucht zu nehmen und diese nicht kritisch zu hinterfragen. Metaphysik als Wissenschaft hingegen kann nur insoweit existieren, als sie sich auf gewisse Vernunftprinzipien zurückführen läßt. Die Rechtfertigung ihrer Möglichkeit muß gegeben werden. Wahrscheinlichkeit und der gesunde Menschenverstand scheiden jedoch als Kriterien für eine Metaphysik als Wissenschaft aus.[350] Metaphysische Erkenntnis ist für Kant keine empirische, sondern eine rein philosophische; sie muß lauter apriorische, synthetische Urteile enthalten, also Urteile, die nicht aus der Erfahrungswelt gewonnen werden, sondern aus dem reinen Verstand kommen.[351] Maßgabe für eine Aussage, der Gewißheit eignet, ist die reine Vernunft. Wissenschaftliche Aussagen über Gott sind nicht möglich, da diese den Rahmen des (wissenschaftlich) Aussagbaren sprengen. Damit ist das Phänomen Offenbarung als theologisches Phänomen für die Wissenschaft nicht mehr zugänglich. Es bleibt für Kant nur die Manifestation des Göttlichen im Sittlichen.

Die (deutsche) Aufklärung hat generell das geschichtliche Element der Offenbarung zugunsten der „Vernunftwahrheiten" massiv abgewertet. Lessing[352] sprach von der Geschichte als dem „garstigen Graben", der zwischen ihm und der Zeit der biblischen Autoren läge, und wollte Berichte von vergangenen Ereignissen, die „zufälligen Geschichtswahrheiten", nicht als Beweis für die „notwendigen Vernunftwahrheiten" akzeptieren, die ihm jenen überlegen zu sein schienen. Dagegen fragte er nach dem Beweis des Geistes und der Kraft, nach der aktuellen Ereignung der Kraft, die den Menschen zu einem tugendhaften Menschen macht. Das geschichtliche Element – Jesus Christus – ist dann nicht die Heilswirklichkeit, sondern ist ein Exempel für diese: Gott hat die Menschen in einer geistig noch weniger vorangeschrittenen Epoche durch Lehre und Beispiel Jesu auf das vorausgewiesen, was sie sich einst durch selbständigen Gebrauch ihrer Vernunft aus eigener Überzeugung sollten sagen können. Offenbarung wird als Erziehung des Menschengeschlechts zur wahren und einen Vernunftreligion verstanden.[353] Der aktuelle „Beweis des Geistes und der Kraft" übernahm die Rolle der Offenbarung. Das heißt auch, daß der aufgeklärte Mensch sich selbst als Zeugen der Offenbarung sehen wollte, bevor er überhaupt an so etwas wie Offenbarung glauben mochte. Das erkennende Subjekt schob sich in den Offenbarungsbegriff hinein. Es wollte selbst empirisch feststellen und beweisen. Doch was

---

[350] Kant, *Prolegomena*, S. 247.

[351] Kant, *Prolegomena,* S. 124 f, 134.

[352] Lessing, G.E. *Der Beweis des Geistes und der Kraft*, vgl. *KThGQ* IV/1, S. 122.

[353] Vgl. Joest, *Fundamentaltheologie*, S. 34.

vordergründig wie ein Gewinn an Wirklichkeit aussah, war nichts anderes als der Verlust der geschichtlichen Offenbarung.

Der Mensch als Geschöpf befindet sich gegenüber dem Schöpfer immer in einer Position der Unterlegenheit. Er kann den Schöpfer nicht zwingen, sich zu manifestieren, sondern ist darauf angewiesen, daß der Schöpfer sich überhaupt offenbart, und wenn, dann auf *seine* Weise und zu *seinen* Bedingungen. Der Mensch kann hier keine Bedingungen setzen, wie er es im Labor tut. Er kann darum auch den experimentellen Beweis nicht willkürlich vorschreiben oder zur Maßgabe erheben. Wenn Gott also den Bericht über die erfüllte Verheißung – um mit Lessing zu reden – als Gestalt seiner Offenbarung wählt, dann hat Lessing nicht das Recht, diese als zufällige Geschichtswahrheit abzutun.

Wie bei Lessing wird auch bei J.G. Fichte (1762-1814)[354] dem Historischen die heilschaffende Funktion ausdrücklich versagt. Die Rettung des Menschen besteht nicht in geschichtlichen Fakten, sondern in der ohne äußere Mittel zu erreichenden geistigen Einkehr in „Gott" oder die Gottesidee. Diese erübrigt eine geschichtliche Offenbarung und deren Vermittlung, so daß das Geschichtliche eigentlich überflüssig wird.

G.F.W. Hegel (1770-1831)[355] hat die Geschichte freilich auf seine Weise rehabilitiert. Für ihn ist die Geschichte insgesamt die Manifestation des absoluten Geistes, der sich durch den Dreischritt von These – Antithese – Synthese in einer stetigen, dynamischen Aufwärtsbewegung befindet. Gott geht in diesem Prozeß auf. Er ist eine geistige Größe, die sich prozessual in der Welt realisiert. Das bedeutet, daß eine einzelne, geschichtliche Person oder Erscheinung immer relativ ist und nie die Fülle des göttlichen Geistes in sich faßt. Nur das Ganze der Geschichte ist die Manifestation Gottes. Gott ist dagegen in allen Dingen zu erkennen. Im menschlichen Bewußtsein, das Gott in der Geschichte erkennt, kommt Gott zu sich selbst, und in seinem Geist ist sich der erkennende Mensch Gottes gewiß. Gottes Offenbarsein manifestiert sich in seinem Gewußtwerden.[356] Gott offenbart sich gerade nicht im Sinne einer speziellen Offenbarung. Im menschlichen Bewußtsein fällt überdies der Unterschied zwischen Mensch und Gott hin. Mit dieser spekulativen Philosophie ist das inkarnatorische Element der biblischen Offenbarung aufgeho-

---

[354] Vgl. Fichte, J.G. *Die Anweisung zum seligen Leben, oder auch die Religionslehre*, in: *Ausgewählte Werke* 5, hg. F. Medicus. Darmstadt: Wiss. Buchges. 1962, S. 197.

[355] Vgl. Hegel, G.W.F. *Phänomenologie des Geistes*. Hamburg: Meiner, 1988.

[356] Vgl. Hegel, *Phänomenologie des Geistes*, S. 488-515.

ben, denn auch die biblischen Personen und Ereignisse sind Teil dieses
allumfassenden Prozesses.

4.6 Die neuere Theologie seit Schleiermacher

4.6.1 Friedrich D.E. Schleiermacher (1768-1832)

Die Wende in der Geisteswelt hatte einen nachhaltigen Einfluß auf die
Theologie. Die Stoßrichtung hinsichtlich des Offenbarungsverständnisses ist
klar erkennbar: Offenbarung ereignet sich nicht in der äußerlich-
geschichtlichen Dimension. Schleiermacher, der geistesgeschichtlich der
Romantik zuzuordnen ist, meinte, das menschliche Bewußtsein sei der Ort,
an dem Gott sich manifestiere. Das entsprach der Hochschätzung der
menschlichen Geistigkeit im Rahmen der intellektualistischen Tradition des
Abendlandes. So hat die neuere Theologie Offenbarung an die menschliche
Erkenntnis gebunden, und diese steht im Horizont der individuellen menschlichen Existenz. Schleiermacher sprach von den christlich frommen Gemüts-
zuständen als dem Medium der Selbstbekundung Gottes.[357] Die Bedeutung
der Bibel als autoritativer Offenbarungsurkunde und der von ihr berichteten
Geschichte tritt zurück. Weil sich an Jesus das christlich-fromme Selbstbewußtsein erstmals und urbildlich ereignet hat, ist vor allem das Neue Testament bedeutsam, weil es die historisch ursprünglichste Kunde von der Gestalt
und der Wirkung Jesu vermittelt.

Der Begriff *Offenbarung* bezeichnet nach Schleiermacher

> „... die Ursprünglichkeit der einer religiösen Gemeinschaft zum Grunde lie-
> genden Tatsache, insofern sie als den individuellen Gehalt der in der Gemein-
> schaft vorkommenden frommen Erregungen bedingend selbst nicht wieder
> aus dem früheren geschichtlichen Zusammenhang zu begreifen ist."[358]

Schleiermacher sagt damit, daß Offenbarung dort gegeben ist, wo die Manifestation einer neuen, bisher nicht vorhandenen und aus der vorhandenen
Religiosität nicht ableitbaren religiösen Bewegung auf eine zugrunde liegende Tatsache weist. Diese „Tatsache" sei von Gott gewirkt, aber die Wirkung
ist wesentlich faßbar als Wirkung auf das Selbstbewußtsein. Es geht ihm
nicht um von Gott gewirkte offenbarungsgeschichtliche Fakten, sondern um
die vorfindliche Frömmigkeit, wie sie sich urbildlich in einem Menschen

---

[357] Vgl. Redeker, M., „Die Entstehung der Glaubenslehre Schleiermachers" in: Schleiermacher, F. *Der christliche Glaube* (1830). Hg. M. Redeker, Berlin: de Gruyter, 1960, S.
XXXII.

[358] Schleiermacher, F. *Der christliche Glaube*, S. 71-72.

gestaltet. Diese Art der Manifestation Gottes im menschlichen Bewußtsein ist immer subjektiv. Sie kann ihre Richtigkeit, Überlegenheit oder Absolutheit gegenüber anderen Glaubensweisen nicht beweisen. Ganz im kantischen Sinne sagt Schleiermacher:

> „Eine Kundmachung Gottes, die an und in uns wirksam sein soll, kann nur Gott in seinem Verhältnis zu uns aussagen; und dies ist nicht eine untermenschliche Unwissenheit über Gott, sondern das Wesen der menschlichen Beschränktheit in Beziehung auf ihn."[359]

Gott „offenbart" sich also nicht als eine dem Menschen gegenübertretende Person und so wie er wirklich ist, sondern er manifestiert sich im subjektiven menschlichen Bewußtsein. Infolgedessen muß der religiöse, sich von Gott schlechthin abhängig fühlende Mensch sich selbst ansehen, um Gott zu erkennen. Das ist neben der Bibelkritik ein Kernelement der modernen Theologie.

Diese Grundlinie wurde in der neueren Theologie seit Schleiermacher nicht mehr verlassen. Sie besagt, daß Offenbarung definitiv nicht mehr im objektiven, offenbarungsgeschichtlichen Faktum steht, sondern in der Bewegung des menschlichen Bewußtseins. Damit ist eine kategoriale Wende im Offenbarungsverständnis eingeläutet. Sie bedeutet nichts weniger, als daß der Offenbarungscharakter der heiligen Schrift und der von ihr berichteten Geschichte nicht mehr zum gegenständlichen Bezug der Offenbarung gehören. Der Begriff der Offenbarung wird anders gefüllt. Er beinhaltet nur das subjektive Erkennen von etwas Neuem. Dieser Offenbarungsbegriff ist freilich nicht mehr mit der heiligen Schrift in Einklang zu bringen. Hier zeigt sich, mit welcher Wucht der kantische Wissenschaftsbegriff in der Theologie wirksam wurde. Er bedeutete nichts weniger als daß die Theologie zur Rettung ihrer Wissenschaftlichkeit bereitwillig den Ast absägte, auf dem sie saß.

4.6.2 Der existentiale Offenbarungsbegriff in der modernen Theologie

Bei allen Unterschieden, die zwischen den einzelnen Theologen bestehen, ist die Bindung des Offenbarungsgeschehens an den Menschen das Hauptmerkmal im Offenbarungsbegriff der modernen Theologie. Es ist offensichtlich, daß sich darin die von Schleiermacher bestimmte Linie fortsetzt. Indem ich diese Dinge darstelle, bewege ich mich eigentlich schon in dem beabsichtigten dritten Teil der Fundamentaltheologie, der unter dem Stichwort Erkenntnis zu behandeln ist. Ich muß aber hier insofern darauf eingehen, als es

---

[359] Schleiermacher, F. *Der christliche Glaube*, S. 74.

zum Verständnis der Offenbarung wichtig ist. Ich gebe im folgenden eine Reihe von repräsentativen Beispielen.

4.6.2.1 Paul Althaus (1888-1966) und Emil Brunner (1889-1966)

P. Althaus war Systematiker in Erlangen und ist dem konservativen Luthertum zuzurechnen. Er hatte auch im lutherischen Pietismus großen Einfluß. E. Brunner, reformierter Systematiker in Zürich, teilte ebenfalls viele konservative Positionen. Obwohl beide nicht zu den Vätern der modernen Theologie zählen, behandle ich sie an erster Stelle, weil hier die Grenzlinie zwischen einer bibeltreu-reformatorischen und einer konservativ-pietistischen Interpretation exemplarisch gezeigt werden kann.

Althaus beschreibt in seiner Dogmatik[360] das Wesen der Offenbarung als personhaftes Geschehen:

> „Aber nicht das gegenständliche Geschehen als solches ist schon die Offenbarung. Gottes Offenbarung ist nicht eine Naturwirkung als solche, nicht eine Geschichtstatsache als solche, die gleichsam hinter unserem Rücken uns betreffen. ... Sie ergeht so, daß durch das naturhafte und geschichtliche Geschehen Gott als Geist sich meinem Bewußtsein, meinem Geiste bezeugt, daß ich im Geiste von Geistesmacht ergriffen werde. ... Offenbarung meint weder eine Wirkung als solche noch eine Tatsache als solche, sondern die in und an ihr mich treffende Wahrheit Gottes meines Herrn. Die eigentliche Gewalt der Offenbarung ist noch nicht die Gewalt von Naturwirkungen oder von Geschichtstatsachen, sondern die in und an ihnen mich ergreifende Geist-Gewalt der Wahrheit, die Gott ist.“[361]

Althaus leugnet die geschichtliche Dimension der Offenbarung, die „Tatsachen der Geschichte“, nicht. Auch sei darauf hingewiesen, daß er mit der zitierten „Naturwirkung“ an die Uroffenbarung erinnert, die er ja nachhaltig reklamiert. Aber ausdrücklich stellt er diesen die Macht des Geistes gegenüber, die zur eigentlichen Offenbarung führt, nämlich zu einem Ereignis beim Menschen. Diesem gegenüber hat das geschichtliche Ereignis nur instrumentale Funktion. Er koppelt also Offenbarung nicht von den äußerlichen Elementen im allgemeinen und von der biblischen Geschichte im besonderen ab, aber er gesellt ihr das geistig-existentielle Element zu und schiebt sie damit entschieden in die Existenz des individuellen Menschen. Sie ist ein Ereignis, bei dem der Mensch in seiner Existenz von Gott getroffen und beansprucht wird. Sie besteht in der Herstellung einer personalen Beziehung zwischen

---

[360] Vgl. Althaus, P. *Die christliche Wahrheit. Lehrbuch der Dogmatik.* 8. Aufl., Gütersloh: Mohn, 1969, § 3; S. 21-34.

[361] Althaus, *Die christliche Wahrheit*, S. 26.

Gott und dem individuellen Menschen. Offenbarung ist also erst dann geschehen, wenn sie als subjektiver Bewußtseins- oder Erkenntnisakt und
persönlich-existentielles Ereignis geschehen ist. Das aber heißt auch: Der
individuelle Mensch ist für das Ereignis der Offenbarung erforderlich. Der
Christ kann nie sagen, daß er in der Begegnung mit der Bibel zu der ein für
allemal geschehenen Offenbarung kommt, sondern er muß sich bei sich
selbst eines existentiellen Erlebnisses vergewissern.

Man möchte nun meinen, daß dies nur ein Streit um Worte wäre, denn nach
der Schrift muß doch der Christ auch selbst zur Erkenntnis der Wahrheit
kommen, und die Schrift nennt auch dies Offenbarung. Auch ist es so, daß es
des Wirkens des Heiligen Geistes bedarf, um zur Erkenntnis Christi zu
kommen. Doch bei genauerem Hinsehen müssen wir feststellen, daß hier
Äpfel mit Birnen verglichen werden. Nach der Schrift kommt der Mensch
immer nur zur geschehenen und vorliegenden Offenbarung, eben zur Schrift;
er versteht sie, glaubt ihr und hat so an Christus teil. Auch kann nur eine
vollständige und abgeschlossene Offenbarung wirklich *Glauben* begründen.
Der subjektive Erkenntnisakt ist nicht ein Geschehen, bei dem zu einer
Satzwahrheit noch eine personale Wahrheit hinzutritt und etwas sachlich
Neues kommuniziert. Das aber wird von Althaus als Offenbarung reklamiert
als das „mich Angehen, mich Kennen, mich Meinen, Rufen, Richten."[362]
Damit wird die Offenbarung psychologisiert. Im diesem Fall muß sich der
„Glaube" erst der Existenzbewegung vergewissern, um an *dieser* sein
Christsein abzulesen. Zugleich ist damit der Orientierung des Glaubens am
biblischen Wort eine im Grunde gnostisch-mystische Erkenntnisweise zuge-
schaltet. Die religiöse Erfahrung wird instrumentalisiert, um selbst Erkenntnisgrund zu sein und die personale Dimension wird zur Substanz der Offenbarung.

Das *sola scriptura* (allein die Schrift) und *sola fide* (allein durch den Glauben) des reformatorischen Glaubens ist mit diesem Offenbarungsbegriff
aufgegeben. Neben der Schrift und dem Glauben steht die existentielle
Bewegung. Althaus erweitert entsprechend auch den Glaubensbegriff, indem
er Glauben zunächst allgemein bestimmt als „personhaftes Empfangen
personaler, personbezogener Wahrheit".[363] Daß christlicher Glaube immer
auch eine personale Dimension in sich birgt, nämlich die des Vertrauens auf
den, der das biblische Wort und die Verheißungen des Evangeliums geredet
hat, ist von der Schrift her selbstverständlich. Diese Dimension wird aber

---

[362] Althaus, *Die christliche Wahrheit*, S. 27.
[363] Althaus, *Die christliche Wahrheit*, S. 29.

nach der Schrift nicht zu einem Faktor der Offenbarung. – Gräbt man noch eine Schicht tiefer, dann stellt sich heraus, daß diesen Anschauungen ein defizitäres Schriftverständnis unterliegt: das äußere Wort ist nicht eigentlich geistlich, sondern der Geist kommt neben dem Wort und über das Wort hinaus in der existentiellen Bewegung.[364]

E. Brunner stellt durchaus im Sinne der unter 3. vorgetragenen Sicht das biblische Verständnis von Offenbarung heraus. Er sieht die mannigfaltigen Weisen der Manifestation Gottes und selbstverständlich auch die Person und das Werk Jesu Christi als Offenbarung.[365] Richtig ist auch seine grundlegende Feststellung, daß es Gott selbst ist, der sich offenbart, mithin also eine Person. Doch er zieht den Verweis auf die Personalität Gottes heran, um Offenbarung zu einem existentiellen, unerwarteten, freien und gemeinschaftsstiftenden Ereignis zu machen.

In einem eigenen Abschnitt geht Brunner auf die geschichtliche Offenbarung ein.[366] Hier sieht er richtig, daß Gott sich neben dem Wort auch durch seine Taten in der Geschichte offenbare, ebenso sieht er die vorbereitende Funktion des Alten Testaments und die abschließende Offenbarung in Christus im Neuen Testament. Es ist derselbe Offenbarer, der die beiden Testamente umgreift, auch wenn die Gestalt der Offenbarung unterschiedlich ist. Zugleich betont Brunner das grundlegend Neue, das mit der Christusoffenbarung im NT gegeben ist. Doch bei allen formal richtig und schriftgemäß klingenden Sätzen reklamiert Brunner die alttestamentliche Offenbarungsgeschichte nicht in der Konkretion, wie es das AT tut. Er spricht wohl vom Wort, der Tat, dem Namen und dem Angesicht Gottes, die im AT offenbar werden und nun in Christus ihre Einheit gefunden haben, aber die konkreten geschichtlichen Bezüge wie etwa die Erzvätergeschichten, die Offenbarung durch Mose am Sinai, das Handeln Gottes in den konkreten geschichtlichen Zusammenhängen des Volkes Israel, die Abstammung Jesu von Abraham und seine Rechtsnachfolgerschaft Davids verblassen in seiner Darstellung oder werden nicht gewürdigt. Es besteht ein zwar mit der Geschichte verbundener, aber nicht wirklich diesseitiger Zusammenhang zwischen der alt- und neutestamentlichen Offenbarung. Generell kann man im Blick auf Brunner (und eine große Zahl positiver Theologen) sagen, daß die Offenbarung nach seinem Verständnis zwar nicht mit beiden Beinen auf der Erde steht, aber daß

---

[364] Vgl. Kaiser, B. *Luther und die Auslegung des Römerbriefes*, S. 206-209.

[365] Brunner, E. *Offenbarung und Vernunft. Die Lehre von der christlichen Glaubenserkenntnis*. Zürich: Zwingli-Verlag, 1961, S. 31-33.

[366] Brunner, E. *Offenbarung und Vernunft*, S. 98-136.

sie auch nicht in gnostischer Geschichtslosigkeit schwebt. Geschichtliches und Geistiges bilden eine eigentümliche Synthese im menschlichen Erkennen.

4.6.2.2 Karl Barth (1886-1968)

Für K. Barth, den Basler Systematiker und Begründer der dialektischen Theologie, ist Gottes Wort Gott selbst in seiner Offenbarung. Gottes Sein ist also nicht ein jenseitiges, metaphysisches Sein, sondern es ist im „Wort". Damit aber ist er zugleich der Offenbarer, die Offenbarung und das Offenbarsein[367], wobei in dieser Dreiheit Barths Trinitätslehre gründet. Die Ineinssetzung von Offenbarung und Offenbarer ist im Licht der Bibel schon problematisch. Sie setzt voraus, daß es ein Sein Gottes nur im Offenbarungsakt gibt, mithin daß Gott mit dem Offenbarungsakt identisch ist.[368] Man möchte die Gegenfrage stellen: Wo war Gott, bevor er sich offenbarte? Wo ist er, wenn er sich nicht offenbart? Würde man darauf antworten, er wäre im Himmel, dann würde man eine supranaturalistische, metaphysische und damit nicht statthafte Aussage machen, falls man „Himmel" nicht ohnehin als mythologischen Begriff versteht. Daß Gott Schöpfer ist, und daß die Welt ebenso Schöpfung ist, und daß beide auch dann, wenn Gott schweigt, einander gegenüberstehen, ist für die Bibel keine Frage. Es kann bei dieser kritischen Frage an Barth nicht um die Rehabilitierung eines wie auch immer gearteten philosophischen Gottesbegriffes gehen, sondern um die Berechtigung der biblischen Perspektive, daß Gott nicht in unbestimmten Offenbarungsakten aufgeht, sondern von Ewigkeit zu Ewigkeit da ist. Darum ist Barths Offenbarungsbegriff schon vom Gottesbegriff her problematisch.

Ein weiteres Kennzeichen des barthschen Offenbarungsbegriffs ist die Christozentrik, oder, um es polemisch zu sagen, der Christomonismus. Christus ist für Barth das Wort Gottes schlechthin. In ihm werde offenbar, was in Gott sei, das, was kein Mensch aus sich heraus wissen könne. Er sei zugleich das Subjekt der Offenbarung, die sich als Anspruch beim Menschen ereigne. Auf ihn als die Wirklichkeit der Offenbarung weise die Schrift. Die Schrift selbst sei nicht die Offenbarung, sondern sie enthalte sie.[369] Sie sei das direkte

---

[367] Barth, K. *Kirchliche Dogmatik I/1. Die Lehre vom Wort Gottes. Prolegomena zur Kirchlichen Dogmatik.* Zollikon: Evang. Verlag, 1955, S. 311 (These zu § 8); vgl. ders., *Das christliche Verständnis der Offenbarung.* München, Kaiser, 1948.

[368] Barth, *KD I/1*, S. 312.

[369] Barth, *Das christliche Verständnis der Offenbarung*, S. 14.

Zeugnis von der Offenbarung in Christus[370], wobei das Alte Testament auch schon prophetisch-verhüllend von Jesus rede.

Barth grenzt sich gegen die Vereinnahmung der Offenbarung durch das menschliche Bewußtsein ab, wenn er sie zu einem jeweils punktuellen, „senkrecht von oben" kommenden, autoritativen Ereignis macht, in welchem der erhöhte Christus in die jeweils aktuelle Situation hineinspreche, in dem er seinen Herrschaftsanspruch setze und Gehorsam wirke. In diesem für den Menschen unverfügbaren Geschehen ereigneten sich zugleich die Ausgießung des Heiligen Geistes und die Rechtfertigung. Aus ihm komme der Glaube, und dieser finde seine Gestalt in der Erinnerung und der Erwartung dieses jeweils aktuellen Geschehens, in dem Gott sich offenbare.

Barth reklamiert auch die biblische Geschichte, indem er dieser zugesteht, „von einem dort und nur dort, damals und nur damals, zwischen Gott und gewissen ganz bestimmten Menschen sich abspielenden Geschehen" zu sprechen.[371] Er verwahrt sich dagegen, den die Geschichte verneinenden Mythosbegriff auf die biblischen Berichte anzuwenden.[372] Es spiele aber sonst keine Rolle, ob die biblische Geschichte sich wie berichtet zugetragen habe oder ob sie eine Legende mit einem historischen Kern sei; die Substanz der „Geschichte" sei die an sich unanschauliche und unaussprechliche Gottesoffenbarung im Bewußtseinsakt der biblischen Protagonisten. Im Blick auf die Offenbarungsgeschichte ergibt sich so als weiteres Problem, daß Barth die Offenbarung Gottes zwar als Ereignis in der Geschichte stehen läßt, daß aber die Offenbarung als Geschehen nur punktuelle Bezüge zur Geschichte hat und daß das Handeln Gottes in der Geschichte keine Offenbarungsqualität besitzt.

Offenbarung geschehe in jeweils punktuellen Ereignissen. Sie stelle eine effektive Begegnung zwischen Gott und dem jeweiligen Menschen dar. Die Protagonisten der Schrift würden von solchen Begegnungen berichten. Das Wort (Singular!) Gottes, das sich so ereignet habe, komme nun in den Wörtern (Plural!), in der Bibel, zu uns, doch so, daß es sich gleicherweise auch beim Menschen ereigne und ihn in Anspruch nehme, wann immer Gott dies verfüge. Die Hervorkehrung des „Wortes" – und dies in einem unaussprechlichen Offenbarungsgeschehnis – ist eine massive Reduktion des biblischen Offenbarungsbegriffes. Weder die Geschichte als diesseitige Wirklichkeit, auch die von mir so bezeichnete Offenbarungsgeschichte, die die Bibel

---

[370] Barth, *Das christliche Verständnis der Offenbarung*, S. 16
[371] Barth, *KD* I/1, S. 344.
[372] Barth, *KD* I/1, S. 346-348.

berichtet, noch die durch Theopneustie zustande gekommene Bibel haben bei Barth *per se* Offenbarungsqualität.

Mit dem Satz, „Gott offenbart sich als der Herr"[373] beschreibt Barth Form und Inhalt der Offenbarung. Das heißt, daß sich Offenbarung schlußendlich immer als Anspruch ereignet, den der Mensch wahrnimmt. Er beinhalte, daß der Mensch den Wahn seiner Selbstmächtigkeit erkenne und einsehe, daß er einer schlechthin überlegenen, absoluten Instanz gegenüberstehe, die ihn nun neu bestimme als Gerechtfertigten und zur Liebe Befreiten. Damit wird der Glaubensgrund faktisch doch wieder psychologisiert. Er ist nicht *extra nos* in Christus und kommt nicht in Gestalt des äußeren Wortes, sondern er ist im Menschen. Das verbindet Barths Theologie mit der existentialen Interpretation.

4.6.2.3 Rudolf Bultmann (1884-1976)

Bultmann[374] war Neutestamentler in Marburg und hat die Theologie des 20. Jahrhunderts in einer Barth vergleichbaren Wirksamkeit geprägt. Er versteht Offenbarung als „diejenige Erschließung von Verborgenem ..., die für den Menschen schlechthin notwendig und entscheidend ist, soll er zum ‚Heil', zu seiner Eigentlichkeit gelangen."[375] Eine Offenbarung an sich, also eine solche, die vorläge, wie etwa bei dem klassischen Verständnis der Bibel als Offenbarung Gottes oder in einem Jesus, der wesenhaft Gott wäre, gibt es für ihn nicht. Offenbarung ist „... nur je als aktuelles Ereignis, nämlich dort, wo er (d.h. Jesus; B.K.) mit dem, was er verkündigte und was er ist, als die Tat Gottes an mir oder an uns, je mir begegnet."[376] Relevant wird Jesus als Chiffre für eine geistige Bewegung am Menschen. Der sich in der Predigt ereignende Anspruch – Bultmann spricht vom *Kerygma* (= Predigt, Verkündigung) – ist das Eigentliche, die Substanz des Wirkens Gottes, die Offenbarung. Für ihn ist Offenbarung „*Wissensmitteilung* durch das Wort, Belehrung, durch welche bisher Unbekanntes bekannt gemacht wird"[377]. Dementsprechend spielt denn auch der historische Jesus bei Bultmann eine untergeordnete Rolle. Im Blick auf diesen reicht ihm das „Daß" seines Gekommenseins. Er zögert auch nicht zu sagen, daß ihn der sichtbare, irdische Christus, der

---

[373] Barth, *KD* I/1, S. 350.

[374] Vgl. Bultmann, R. „Der Begriff der Offenbarung im Neuen Testament", in: *GuV* III, S. 1-34. Vgl. Herms, E. „Offenbarung V", in: *TRE* 25, 196-198.

[375] Bultmann, „Der Begriff der Offenbarung im Neuen Testament", *GuV* III, S. 2.

[376] Bultmann, R. „Das christologische Bekenntnis des ökumenischen Rates", *GuV* II, S. 258.

[377] Bultmann, „Der Begriff der Offenbarung im Neuen Testament", *GuV* III, S. 1.

Christus κατὰ σάρκα (*kata sarka* = nach dem Fleisch), der fleischgewordene Christus, nichts angehe.[378] Überdies hat er alle jene Teile der Bibel, die vom Eingehen Gottes in die geschöpflich-geschichtliche Dimension und von seinem Handeln in derselben sprechen, insbesondere die Wunderberichte, als Mythen etikettiert.[379]

Die Stoßrichtung ist klar: Weg von der Offenbarungsgeschichte, hin zu einem geistigen Geschehen, dessen der Mensch bei sich inne wird. Der Offenbarungsbegriff wird existentiell vereinnahmt. Offenbarung sei ein Ereignis an der menschlichen Existenz, es sei direkte „Anrede", die in die Entscheidung stelle, ob man sich der darin sich dargebenden Einsicht verschließe oder nicht. Inhaltlich geht es Bultmann um das neue Daseinsverständnis oder das neue Selbstverständnis, das der Mensch gewinnen müsse. Es sei gekennzeichnet durch die Einsicht in die Begrenztheit der eigenen Existenz und damit die Einsicht, daß es eine Dimension „jenseits" dieser Grenze gebe, zu der der Mensch in Beziehung stehe. Die Sünde des Menschen nämlich bestehe in der Verneinung dieser Grenze, darin, daß man sich absolut setze, an die Stelle Gottes trete und sich aus einem selbst heraus begründe. Diese Selbstmächtigkeit werde durch die „Offenbarung" aufgebrochen. Deren praktische Bedeutung bestehe also darin, sich selbst nicht zu verabsolutieren, sondern sich als vorläufig und begrenzt anzusehen. Im übrigen werde im Neuen Testament der Tod schlechthin als die Grenze des Menschen angesehen, und Offenbarung sei das Geschenk des Lebens, das den Tod überwinde.[380]

Dieses Denken wird dem Neuen Testament untergeschoben. Bultmann hat bekanntlich die Wunder Jesu als Mythen apostrophiert, mithin also die Manifestation Gottes und seiner Kraft in der leiblich-geschichtlichen Dimension nicht als Offenbarung erkannt, sondern aktiv geleugnet. Die entsprechenden neutestamentlichen Texte deutet er auf dieses existentiale Geschehen hin, das sich in der Verkündigung ereigne. „Die Offenbarung muß also ein uns unmittelbar betreffendes, an uns selbst sich vollziehendes Geschehen sein, und das Wort, das Faktum des Verkündigtwerdens, gehört selbst zu ihr."[381] Daß diese Art von Offenbarung „Glauben" erheische und auch nur im „Glauben" wahrgenommen werde, ist wohl Bultmanns Meinung, doch sein

---

[378] Bultmann, R. „Zur Frage der Christologie", *GuV* I, S. 101.

[379] Vgl. Bultmann, R. „Zum Problem der Entmythologisierung", *GuV* IV, S. 128-137; und „Jesus Christus und die Mythologie", ebd., S. 141-189.

[380] Bultmann, „Der Begriff der Offenbarung im Neuen Testament", *GuV* III, S. 15.

[381] Bultmann, „Der Begriff der Offenbarung im Neuen Testament", *GuV* III, S. 21.

Glaubensbegriff ist anders als der der Schrift. Nach dieser ruht der Glaube auf dem objektiv und äußerlich gesprochenen Wort Gottes, das auch von geschichtlicher Wirklichkeit redet, bei Bultmann hingegen auf dem nur subjektiv vernommenen Wort, dessen gegenständlicher Bezug nicht mehr auszumachen ist. Angesichts der starken Betonung der subjektiven Wahrnehmung kann man berechtigterweise fragen, ob eine solche Art von Offenbarung wirklich *ab extra*, also von außen kommt, oder ob sie nicht doch eine zwar zufällige und darin unverfügbare, sachlich aber doch im Horizont des natürlichen menschlichen Vermögens stehende Kenntnisgewinnung ist.

4.6.2.4 Wilfried Joest (1914-1995)

Für W. Joest[382] ist die Person Jesu als Offenbarer Gottes der theoretische Ausgangspunkt seiner Offenbarungslehre. Der praktische Ausgangspunkt jedoch ist der sich beim Menschen ereignende Zuspruch und Anspruch Jesu, der den Glauben begründe. Dementsprechend lautet seine Definition von Offenbarung:

> „Es ist aber geschehen, daß in der Begegnung mit Jesus Christus die Tragkraft dieser Zusage erfahren wurde, und es geschieht dies auch heute. Indem dies geschehen ist und geschieht, vergegenwärtigt Gott sich selbst als der von uns gedanklich nicht abzuleitende und tätig nicht zu beschaffende Lebens-, Wirk- und Hoffnungsgrund. Dieses Geschehen nennen wir ‚Offenbarung'."[383]

Mit dieser Definition steht auch Joest im Horizont der modernen Theologie: Offenbarung ist für ihn ein Ereignis beim Menschen. Offenbarung ist ferner etwas, was der Mensch sich nicht selber sagen kann, sondern es ist

> „... Gericht, Aufrichtung und Ausrichtung des Menschen in dem, wovon und wozu er mit seinem Wissen und Können lebt, durch die Präsenzzusage des Gottes, der ihn mit sich selbst und seiner Welt nicht allein läßt."[384]

Im Akt der subjektiven Wahrnehmung sei Gott für den Menschen präsent. Der Akt der subjektiven Wahrnehmung sei identisch mit der Gottesereignung. Diese sei freilich ein Ereignis, das jedem Menschen zukommen könne, und ein Ereignismuster, das bei Jesus seinen Anfang genommen habe. Da er Jesus als den Offenbarer Gottes ansieht, ist es natürlich interessant zu wissen, was denn an Jesus offenbar wird. Es sei dies alles das, was Jesus in seiner Person vertreten und als sein Geschick übernommen habe, was allem

---

[382] Joest, W. *Fundamentaltheologie. Theologische Grundlagen- und Methodenprobleme.* Stuttgart u.a.: Kohlhammer, 1974. Das Buch ist nach wie vor ein Standardwerk.

[383] Joest, *Fundamentaltheologie,* S. 56.

[384] Joest, *Fundamentaltheologie,* S. 56-57.

menschlichen Leben Grund und Ausrichtung gebe.[385] Jesus sei also Urbild jener besonderen Gegenwart Gottes, die den christlichen Glauben kennzeichne. Doch Jesus in seiner Person wird ausdrücklich nicht als Offenbarer angesehen, sondern immer als aktuell ergehender Anruf, der Menschen treffen müsse und treffe und in ihnen Glauben wecke. Der Mensch ist bei der Offenbarung immer mit von der Partie. Das gilt auch für das Alte Testament, das Joest als „Glaubensgeschichte Israels"[386] auffaßt und aus seinem geschichtlichen Kontext heraus verstanden wissen will. Unter der Maßgabe der Christusoffenbarung könne es als „glaubende Aufnahme einer Vorausbezeugung Gottes"[387] und als „begleitendes Offenbarungszeugnis"[388] für den christlichen Glauben angesehen werden.

4.6.2.5 Gerhard Ebeling (1912-2001)

Deutlich stärker als Bultmann und in einer kritischen Distanz zu ihm ist dessen Schüler Ebeling am historischen Jesus interessiert; das gilt übrigens auch für andere Bultmannschüler. „Historisch" ist für Ebeling soviel wie wirklich. Der historische Jesus ist der wirkliche Jesus, so wie er als Mensch den Menschen zugänglich war und wie er sich der historischen Forschung präsentiert. Der historische Jesus wird reklamiert gegenüber den nachträglichen Interpretationen des Lebens Jesu, gegenüber jenen Überlieferungsaussagen, die nicht als historische Aussagen in Betracht kommen können, wie die von der Auferstehung und der Himmelfahrt, und gegenüber Bekenntnisaussagen über Jesu Person und Werk, also gegenüber dogmatischen Aussagen.[389] Allerdings entzieht sich der historische Jesus einem sicheren Urteil, weil die historische Forschung immer nur wechselnde Bilder von Jesus zeichnen kann. Historische Urteile sind aus moderner Sicht eben prinzipiell Wahrscheinlichkeitsurteile und können keine Gewißheit begründen. Ein historisches Urteil kann damit auch nicht Glaubensgrundlage sein. Immerhin aber ist für Ebeling das Historische eine Kategorie für das Wirkliche.

Ebeling fragt angesichts dieser Aporie im Blick auf das Historische nach dem, was an der geschichtlichen Erscheinung „zur Sprache gekommen"[390] ist. Er möchte damit den Historismus überwinden, also die Reduktion des

---

[385] Joest, *Fundamentaltheologie*, S. 57.

[386] Joest, *Fundamentaltheologie*, S. 69.

[387] Joest, *Fundamentaltheologie*, S. 69.

[388] Joest, *Fundamentaltheologie*, S. 72.

[389] Ebeling, G. „Historischer Jesus und Christologie" (1959), *WuG* I, S. 304.

[390] Ebeling, „Historischer Jesus und Christologie" (1959), *WuG* I, 308 ff.

christlichen Glaubens auf das rein Historische, das Vorfindliche und Faktische. Er lenkt damit allerdings von der geschichtlichen Wirklichkeit ab auf die geistige Dimension. Die geistige Bewegung, die am Historischen sichtbar wird, ist das, was offenbar wird. Offenbarung ist nicht die Enthüllung der überweltlichen Wirklichkeit Gottes, sondern sie ergeht in Christus als das Wort, das die Wirklichkeit, in der der Mensch sich vorfindet, im existentiellen Sinn neu interpretiert. Im Blick auf die Offenbarung heißt dies, daß das Historische bloßes Vehikel ist für das Sichereignen einer geistigen Bewegung. Niemals aber kann im Historischen selbst Offenbarung gesehen werden. Konsequenterweise bestimmt Ebeling Offenbarung als „Wortgeschehen."[391]

Offenbarung ereigne sich beim Menschen als „... das Hereinbrechen eines ganz Anderen, die Unverfügbarkeit und das Ereignishafte des Geschehens, das Ergriffensein in kaum aussagbarer Weise, das Getroffensein an der Wurzel der Existenz das Widerfahrnis von etwas Allumfassenden und Unbedingten."[392] Offenbarung komme nicht gegenständlich, als Inhalt, der von der Heiligen Schrift her gegeben sei und in der Predigt weitergegeben und seitens des Menschen geglaubt werde, zum Menschen, sondern Offenbarung sei nur als Ereignis im Horizont der individuellen Existenz zu sehen und schaffe das Bewußtsein einer neuen Beziehung zu Gott. Sie verändere sein Sein, und zwar von einem selbstmächtigen Sein zu einem Sein in der Gemeinschaft mit Gott. Sie bringe Gott und Mensch zusammen: „Offenbarung im theologischen Sinne ist ein Geschehen, welches das Zusammensein Gottes und des Menschen betrifft, und zwar des Menschen in seinem Zusammensein mit der Welt."[393]

Soteriologisch gesprochen sei Offenbarung das Ereignis der Rechtfertigung aus Glauben. Joest weist zu recht darauf hin, daß Ebeling das Gewissen als den anthropologischen Ort des Wortgeschehens sehe.[394] Im Gewissen liege der gegenständliche Bezug zur Rede von einem neuen Sein. Wenn das Gewissen aufgerichtet sei, sei der Mensch aufgerichtet, gerechtfertigt und lebendig gemacht.[395] Wohlgemerkt: Daß der Christ nach der Schrift „in

---

[391] Ebeling, „Historischer Jesus und Christologie", *WuG* I, S. 307. Dieser Begriff erscheint in der 1979 erschienenen Dogmatik Ebelings so weit ich sehen kann, nicht mehr; allerdings ändert Ebeling seine Sicht der Sache nach nicht.

[392] Ebeling, G. *Dogmatik des christlichen Glaubens.* Bd. 1., 3. Aufl., Tübingen: Mohr / Siebeck, 1987, S. 248.

[393] Ebeling, *Dogmatik des christlichen Glaubens* I, S. 249.

[394] Joest, *Fundamentaltheologie*, S. 87.

[395] Ebeling, G. „Theologische Erwägungen über das Gewissen", *WuG* I, S. 432.

Christus", dem historischen Jesus Christus, lebendig gemacht ist, kann nicht mehr aufgewiesen werden. Das Heilsgeschehen verflüchtigt sich in das Wortgeschehen; die biblische Geschichte ist nur von Bedeutung, als sie selbst ein Wortgeschehen dokumentiert. Im übrigen verweist Waldenfels auf den ästhetischen Charakter des Offenbarungsbegriffs bei Ebeling: Offenbarung ist „... das unverfügbare Geschehen, daß einem etwas einfällt, etwas aufgeht, daß man intuitiv etwas erfaßt, ohne es diskursiv zu begreifen, oder daß einem eine Vision zuteil wird, die in verworrenen Zusammenhänge Licht bringt und nur unklar Empfundenes Gestalt werden läßt."[396]

4.6.2.6 Wilfried Härle (* 1941) und Eilert Herms (*1940)

Auf einer im Prinzip ähnlichen Linie liegen schließlich die Dogmatiker W. Härle und E. Herms. Härle definiert Offenbarung in seiner Dogmatik als „Erschließungsgeschehen":

> „... dann zeigt sich, daß Offenbarung ihrem Wesen nach ein Erschließungsgeschehen ist, durch das einem Menschen (dem Offenbarungsempfänger) einer Person oder eine Sache in einer Weise zugänglich gemacht wird, die ihm bisher verschlossen war und die er sich auch nicht selbst erschließen konnte."[397]

Dies ist wie bei Bultmann ein rein geistiges Geschehen. Es bestehe darin, daß einem Menschen etwas klar werde, und zwar, daß er ein neues Wirklichkeitsverständnis bekomme. Dieses beinhalte ein neues Verständnis von Gott, der Welt und einem selbst und sei mit dem Glauben als daseinsbestimmendem Vertrauen identisch. Der Glaube sei die Wirkung der Offenbarung.[398] Es gibt nach Härle keine Offenbarung „an sich", als eine vorliegende Größe, sondern Offenbarung geschieht immer nur in der subjektiven und individuellen Zuordnung. Das ist das uns bereits bekannte existentiale Element in diesem Offenbarungsbegriff. Zwar gesteht Härle zu, daß die Offenbarung die Gestalt der Bibel brauche, aber die Bibel sei nicht an sich Offenbarung.

Die geistige Bewegung, von der Härle spricht, hat natürlich etwas mit Jesus Christus zu tun. Wir lesen:

---

[396] Ebeling, G. *Dogmatik des christlichen Glaubens.* Bd. 1., S. 247; vgl. Waldenfels, H. *Einführung in die Theologie der Offenbarung.* Darmstadt: Wiss. Buchges., 1996, S. 156, der auf das ästhetische Element in Ebelings Offenbarungsbegriff hinweist.

[397] Härle, W. *Dogmatik.* Berlin: de Gruyter, 1995, S. 82.

[398] Härle, *Dogmatik,* S. 89.

„Gottes Selbstoffenbarung in Jesus Christus geschieht (auch) heute, wo sich einem Menschen (auf mittelbare Weise) durch das Zeugnis von Jesus Christus ein neues Verständnis der Wirklichkeit erschließt."[399]

Das Zeugnis von Jesus, also die Bibel, sei nur ein Mittel, durch das die individuelle und subjektive Offenbarung geschehe. Hier liege nun eine geschichtliche Wurzel, aber die Offenbarung als solche geschehe nicht ein für allemal in der Geschichte, sondern jeweils aktuell in der individuellen Existenz.

Ausführlich hat sich E. Herms zum Thema Offenbarung geäußert.[400] Dies soll der Anlaß sein, hier ausführlicher auf seine Anschauungen einzugehen. Gegen Ende seines Artikels zum Thema *Offenbarung* in der *TRE* formuliert er als Aufgabe einer systematisch-theologischen Lehre von der Offenbarung, daß diese sich auf ihren Gegenstandsbezug besinnen müsse. Dabei sieht er es allerdings als eine Gefahr an, daß „überlieferte (vertextete) – philosophische oder theologische – Gedanken bzw. Aussagen über Offenbarung" zum Gegenstand werden anstatt der Offenbarung selbst.[401] Das liegt nun ganz auf der Linie Lessings, der Nachrichten über erfüllte Prophetien nicht als Erfüllung der Prophetien ansah und forderte, daß erst die *vor seinen Augen* erfüllten Weissagungen tatsächlich wirkten.[402] Es bedeutet zugleich die Ausklammerung der heiligen Schrift als Bestandteil der Offenbarung. Sie ist nach Lessing allenfalls Bericht von vor langer Zeit geschehener und darum für die Gegenwart unwirksamer Offenbarung. Hinsichtlich der Offenbarung weist Herms auf die Dimension des Glaubens. Der Glaube selbst ist für ihn wenigstens Teil der Offenbarung, wenn nicht die Offenbarung selbst. Das aber führt ihn dahin, den Glauben zu beschreiben, wie er sich menschlicherseits und menschlicherweise vorfindet. Mit anderen Worten: Er fragt nach der Wirklichkeit des Glaubens und bietet eine Art Phänomenologie des Glaubens, um Offenbarung zu beschreiben.[403]

---

[399] Härle, *Dogmatik*, S. 88.

[400] Herms, E. *Offenbarung und Glaube. Zur Bildung des christlichen Lebens.* Tübingen: Mohr/Siebeck, 1992; ders. „Offenbarung V. Theologiegeschichte und Dogmatik", in: *TRE* 25,146-210.

[401] Herms, „Offenbarung V.", TRE 25, 199.

[402] Vgl. Lessing, *Der Beweis des Geistes und der Kraft.* In: *KThGQ* IV/1, S. 120.

[403] Herms, *Offenbarung und Glaube*, S. 161-167. Dabei formuliert er vier Thesen: 1. Die Frage nach der Wirklichkeit des Glaubens hat sich am Wirklichkeitsverständnis des Glaubens selbst zu orientieren. 2. Das Wirklichkeitsverständnis des Glaubens definiert den Glauben selber in die welthafte Wirklichkeit hinein und ermöglicht damit eine von Einseitigkeiten freie Anerkennung der verschiedenen genannten Aspekte der Glaubens-

Ähnlich wie Härle bestimmt er Offenbarung als Erschließungsgeschehen im Horizont der menschlichen Existenz. „Offenbarung" bezeichne „das Zustandekommen des Gegenstandsbezugs des Glaubens"[404]. Herms beschreibt zunächst Erschließungsgeschehnisse durchaus richtig und detailliert unter allgemeinphilosophischen beziehungsweise erkenntnispsychologischen Gesichtspunkten, um dann über religiöse Erschließungsgeschehnisse zu sprechen. Hier sei seine Definition zitiert:

> „Wir nennen nur diejenigen passiv erlebten Erschließungsvorgänge eine religiöse Offenbarung, deren Inhalt die alle Welt begründende und zusammenhängende Macht ist, der alle menschliche Macht in der Welt sich verdankt."[405]

Das führt sachlich nicht über Schleiermachers „Anschauung des Universums" hinaus. Es ist die Einsicht, daß eine unsichtbare und übergreifende Größe die Existenz des Menschen und aller Dinge bedingt; man möchte sagen: die Einsicht in das, was die Welt im Innersten zusammenhält. Im Grunde genommen ist es eine Variante der allgemeinen Offenbarung, wie sie der Mensch mit seinem (verfinsterten) Verstand wahrnehmen kann. Das wird auch daran erkennbar, daß das Erschließungsgeschehen, das als ein solches verstanden wird, das zum christlichen Glauben führt, dahin führt, „Gott" anzunehmen als den Urheber für das Erschließungsgeschehen und für die Offenbarung des Sinnes und der Wahrheit der christlichen Botschaft von Jesu Leben. Jesu Leben ist für Herms die leibhafte Manifestation der gegenwärtig kommenden Gottesherrschaft und für die noch ausstehende Offenbarung der Vollendung der menschlichen Existenz.[406] Dieser Vorgang entspricht in gewisser Weise den Schlüssen, die der Mensch im Rahmen der allgemeinen Offenbarung zieht. Daß nun diese Art religiöser Offenbarung, diese faktisch natürliche Einsicht, sowohl der Gegenstand des Glaubens ist als auch Inhalt und Urheberin des Glaubens, ist die dürftige Ausbeute dieses Verständnisses

---

wirklichkeit. 3. Die sich am christlichen Wirklichkeitsverständnis orientierende theologische Arbeit ist nicht so sehr daran interessiert, die empirischen Humanwissenschaften zu überbieten, als kritisch von ihnen zu lernen. 4. Durch Orientierung am christlichen Wirklichkeitsverständnis wird die Frage nach der Wirklichkeit des Glaubens vor dem Abgleiten in Technizismus und Selbstbespiegelung bewahrt.

Das Wirklichkeitsverständnis des Glaubens ist nichts anderes als das neue Selbst- und Wirklichkeitsverständnis. Es ist die Anschauung, daß die empirische Welt als Gottes Schöpfung angesehen wird und daß sie unverfügbar ist. Diese Einsichten bewegen sich ganz im Horizont der von Kant markierten Grenze. Ob die Einsicht in die Unverfügbarkeit der Welt zwingend ist, sei allerdings dahingestellt.

[404] Herms, *Offenbarung und Glaube*, S. 175.

[405] Herms, *Offenbarung und Glaube*, S. 180.

[406] Herms, *Offenbarung und Glaube*, S. 212.

von Offenbarung, das analog auch in nichtchristlichen Religionen vorkommen kann.

Die Wirklichkeit der Offenbarung – des Erschließungsgeschehens – stehe in der Erfahrung.[407] Ihr Inhalt bestehe darin, daß eine Beziehung hergestellt werde zwischen dem Empfänger der Offenbarung und dem Inhalt der Offenbarung.[408] Der Inhalt ist freilich nicht Gott als personales Gegenüber, sondern allenfalls als gedachtes, bewußtgemachtes oder gefühltes personales Gegenüber, dessen man gewiß wird. Die Theologie gebraucht dafür die Kategorie „Wort Gottes", um das im Erschließungsgeschehen Vermittelte formal zu bestimmen. Wichtig und charakteristisch für dieses „Wort Gottes" sei nun, daß sein Inhalt existenzbestimmend werde. Inhaltlich gehe es bei dem Erschließungsgeschehen darum, daß der Mensch erkenne, Geschöpf zu sein, sein Dasein einem anderen zu verdanken und *coram Deo* (= vor Gott) zu existieren.[409] Dabei bewirke das spezifisch christliche Offenbarungsgeschehen die „Wiederherstellung derjenigen Selbstgewißheit", „die dem Geschöpf den geforderten Gehorsam der Einstimmung in den Willen des Schöpfers ermögliche".[410] In dieser subjektiv-menschlichen Selbstgewißheit sei Gott da.

Der so dimensionierte Offenbarungsbegriff gewährleiste die Uniformität der Erfahrungswelt.[411] Auf den ersten Blick klingt das so, als wäre damit die neuzeitliche Annahme von der Naturgesetzlichkeit allen Geschehens festgeschrieben. Doch Herms sieht durchaus „überraschende, von der Regel abweichende Ereignisse", die man gemeinhin als Wunder bezeichnet, als möglich an.[412] Doch angewendet wird diese Einsicht nur auf das Offenbarungs- oder Erschließungsgeschehen, das unverfügbar sei und sich nicht aus den Gesetzmäßigkeiten der Welt ableiten lasse. Die Wunder, die die Bibel berichtet, namentlich die Wunder Jesu, sind damit noch nicht als solche ausgewiesen,

---

[407] Herms legt Wert darauf, daß der Erfahrungsbegriff, der hier anvisiert ist, ein anderer ist als der, der sich aus der Philosophie Kants ergibt. Dieser beschränkt die Erfahrung auf die empirische Wirklichkeit. Jener aber denkt das Ganze des Wirklichen, das den Menschen bestimmen kann (vgl. *Offenbarung und Glaube,* S. 260). Allerdings wird durch Herms' Erfahrungsbegriff die kantische Scheidung von Gott und Welt nicht aufgehoben. Faktisch ist Gott in der Erfahrung Herms' auch nur ein Noumenon wie bei Kant. Die Erfahrung, die Herms hier anvisiert, ist also eine noetische Erfahrung, die Erfahrung einer neuen Einsicht ohne sinnliche Wahrnehmung.

[408] Herms, *Offenbarung und Glaube,* S. 249.

[409] Herms, *Offenbarung und Glaube,* S. 251 f.

[410] Herms, *Offenbarung und Glaube,* S. 252.

[411] Herms, *Offenbarung und Glaube,* S. 265.

[412] Herms, *Offenbarung und Glaube,* S. 265 f.

die wirklich so geschehen sind. Die unverfügbare und damit wundersame Offenbarung gehöre vielmehr ebenso zur Wirklichkeit, wie die alltägliche Erfahrung. – Es ist ein Ausweis der Gründlichkeit, in der Herms seine Position durchdacht hat, daß er das Problem sieht, daß Offenbarung als Erfahrung inhaltlich zwar allen Menschen zugänglich ist, aber daß sie als Offenbarung unverfügbar bleibt, mithin also doch nicht allen zuteil wird. Die Lösung, die er anbietet, läuft darauf hinaus: Offenbarung geschieht in, mit und unter der alltäglichen Erfahrung, dort wo der Mensch handelt, und beinhaltet, daß er sich vor Gott als frei handelnder Mensch verstehen kann. Der Erfahrungswelt wird damit „der Rang der eigentlichen definitiven Wirklichkeit zugesprochen"[413].

Das für den christlichen Glauben relevante Erschließungsgeschehen bestimmt er als Sonderform jener allgemein-menschlichen Offenbarungsgeschehnisse. Diese Sonderform gelte auch bei Jesus. Jesus selbst habe – bei seiner Taufe – ein Erschließungsgeschehen hinsichtlich seines Verständnisses der Königsherrschaft Gottes erlebt.[414] Jesus ist bei Herms nicht der fleischgewordene Gottessohn und als solcher Offenbarer im Sinne der klassischen Christologie, sondern er empfängt Offenbarungen, wie jeder Mensch sie sonst auch empfangen kann. Ob die von ihm verkündete Gottesherrschaft wirklich einen Gott im Himmel hat, der von dort her regiert, darf bezweifelt werden; beschrieben wird die Gottesherrschaft nur vom menschlichen Bewußtsein beziehungsweise vom menschlichen Lebensvollzug her. Das Werk Jesu am Kreuz wird dahingehend interpretiert, daß er „bis zum Tod" für die von ihm verkündete Gottesherrschaft eingetreten sei.[415] In ihm habe sich die Gottesherrschaft manifestiert. Seine Bedeutung für den Christen gewinnt Jesus darin, daß er seine Jünger auffordert, ihr Leben dem Anspruch der Gottesherrschaft zu unterstellen. Konsequenterweise stellt Herms denn auch aus der Kirchengeschichte bekannte Erschließungserlebnisse in eine Linie mit jenem aus dem Leben Jesu.

Mit dem Begriff der Offenbarung verbindet sich naturgemäß auch der Begriff der Wahrheit. Was offenbar wird, ist, wenn es und weil es von Gott kommt, auch wahr. So jedenfalls dachte die Kirche in der sogenannten vorkritischen Zeit. Doch wie verhält es sich mit der Wahrheit bei einem Offenbarungsbegriff, wie er hier beschrieben wird? Herms erklärt zunächst, was echte Offenbarung sei. Sie sei ein leibhaftes Erleben – und konstatiert: „... im Erleben

---

[413] Herms, *Offenbarung und Glaube*, S. 268.

[414] Herms, *Offenbarung und Glaube*, S. 189.

[415] Herms, *Offenbarung und Glaube*, S. 193.

sind uns unsere Erlebnisse als sie selber gegenwärtig ..." Im Erleben seien wir uns selbst als erlebende Individuen erschlossen. Erleben sei eine Art Prozeß, bei dem Erlebnismöglichkeiten realisiert würden.

> „Das Erschließungsgeschehen, die Offenbarung, selbst vollzieht sich als dasjenige Ereignis, welches den durch diese ‚frohe Botschaft' leibhaft bestimmten Personen den *Sinn* und das *Wahrsein* dieser Botschaft erschließt. Dies ist das Osterereignis, das am Anfang der Christentumsgeschichte steht, und das österliche Ereignis, das der Anfang jedes einzelnen christlichen Lebens ist."[416]

Die Wahrheit dessen, was in dem Erschließungsgeschehen erschlossen werde, ergebe sich aus dem Erschließungsgeschehen selber. Herms präzisiert, daß die Wahrheit in diesem Erschließungsgeschehen darin erkennbar werde, daß die im Evangelium bezeugte Lebensgegenwart der Gottesherrschaft mit der eigenen Erfahrung übereinstimme.[417] Das aber heißt praktisch: Ich höre das Evangelium und es erschließt sich mir dabei eine neue, existenzbestimmende Perspektive. Ich erinnere mich an dieses Erschließungsgeschehen und erwarte, daß das, was sich mir erschlossen hat, sich in meinem Lebensvollzug bestätigt. Wenn dies geschieht, wenn ich das Wirklichkeitsverständnis aus dem anfänglichen Erschließungsgeschehen aktuell nachvollziehe, werde ich dessen inne, daß das Erschlossene wahr ist. – Wir haben hier ein postmodernes Verständnis von Wahrheit: Wahrheit ist nicht orientiert an objektiven und äußerlichen Gegebenheiten, so daß sie empirisch aufgewiesen oder durch Zeugenaussagen gesichert werden könnte. Sie ist innerlich, und zwar als subjektive Einsicht, daß das in der Bibel vorgetragene Selbstverständnis Jesu mit dem eigenen Selbstverständnis übereinstimmt. Jeder, der ein Erschließungsgeschehen hatte, hat auf diese Weise ‚seine' Wahrheit. Bezeichnend ist, daß Herms hier auch das in den Evangelien berichtete Osterereignis als ein solches Erschließungsgeschehen versteht. Nach der Schrift aber ist es ein äußerliches. Die Auferstehung geschah „am dritten Tage", das Grab war leer, der auferstandene Jesus wurde gesehen und hatte gesellschaftlichen Umgang mit seinen Jüngern. Diese äußerliche, ‚objektive' Dimension wird von Herms ausgeblendet. Das Osterereignis wird zu einem geistigen Akt degradiert, den der heutige Mensch am Anfang seines Christseins ebenso erleben kann wie die biblischen Osterzeugen. Im Prinzip ist alle Wahrheit in dieser innerpsychisch-subjektiven Weise zu bestimmen, so wie auch der Offenbarungsbe-

---

[416] Herms, *Offenbarung und Glaube*, S. 286.
[417] Herms, *Offenbarung und Glaube*, S. 287.

griff nicht auf religiöse Erschließungsgeschehnisse beschränkt ist, sondern für Erschließungsgeschehnisse aller Art Anwendung finden kann.[418]

Nun kann man das Erschließungsgeschehen, das dem christlichen Glauben zugrunde liegt, noch weiter inhaltlich spezifizieren. In seinem Artikel in der *TRE* führt Herms aus, daß es darin bestehe, daß der Heilige Geist im Herzen der Christen diejenige Helligkeit schaffe, in der für sie auf dem Angesicht des Gekreuzigten die Herrlichkeit Gottes sichtbar werde.[419] Das will sagen: Der Mensch erkennt am Lebenszeugnis Jesu, daß ‚Gott' – von Herms als „Ursprungsmacht" bezeichnet – in seinem Wesen schöpferischer, versöhnender und vollendender Wille ist. Mit dieser Definition wird selbstverständlich ein formaler Bezug zu Christus gewahrt, aber auch nicht mehr. Es ist ein Erschließungsgeschehen hinsichtlich des Verständnisses Jesu, eine Einsicht in das, was angeblich im Bewußtsein Jesu erschlossen war, was die Apostel erfuhren und was sich auch dem heutigen Empfänger von Offenbarung erschließt.

In seinen Ausführungen über den Glauben[420] läßt Herms erkennen, daß Glaube aus seiner Sicht eine „Lebensform"[421] ist; der Glaube erkenne sich als „das christliche Leben"[422]. Formal bedeutet das für ihn, zur „interaktionellen Selbstbestimmung" bestimmt zu sein. Das ist im Grunde nichts anderes als die von der existentialen Theologie immer wieder vorgetragene heideggersche Anschauung, zur Existenz, zur Entscheidung, zu freiwilligem, leibhaftem Verhalten bestimmt zu sein, in der Welt vorgegebene Handlungsmöglichkeiten zu realisieren und damit mit anderen Menschen und Sachverhalten zu interagieren. Diese Lebensform resultiert aus dem Erschließungsgeschehen, in dem dem Menschen angesichts seiner Bedingtheit aufgeht, daß er sein Dasein nicht sich selbst verdanke, sondern einem „jenseitigen", keiner Bedingung unterliegenden Ursprung[423] – wie immer auch dieses Wort „jenseitig" bestimmt sein mag.

Dieses Verständnis von Glauben geht an der der heiligen Schrift vorbei. Für die Schrift ist Glaube das Vertrauen auf eine Verheißung Gottes, die in

---

[418] Herms, *Offenbarung und Glaube*, S. 288-298.
[419] Herms, „Offenbarung V", in: *TRE* 25,147.
[420] Herms, *Offenbarung und Glaube*, S. 457-483.
[421] Herms, *Offenbarung und Glaube*, S. 458.
[422] Herms, *Offenbarung und Glaube*, S. 460.
[423] Herms, *Offenbarung und Glaube*, S. 466-467.

propositionaler Form, also als Satz mit einem bestimmten Inhalt, vorliegt.[424] Diese aber ist im Rahmen der speziellen Offenbarung gegeben. Mithin geht dem Glauben nach der Schrift formal die spezielle Offenbarung voraus; diese wiederum wird nach dem Gebot Jesu verkündigt, und aus der Verkündigung kommt der Glaube. Herms' Art von „Glauben" hingegen ist ausschließlich anhand weltlich-diesseitiger Gegebenheiten und unter Ausblendung der biblischen Offenbarung zustande gekommen. Er ist mithin eine Form der natürlichen Theologie oder der natürlichen Religiosität, in die aufgrund der christlichen Verkündigung einzelne Elemente der christlichen Tradition bewußtseinsmäßig aufgenommen werden.

Es wird aus den Aussagen Herms' erkennbar, daß Theologie für ihn nichts anderes ist als Reflexion über Bewußtseinszustände. Seine in hohem Maße abstrakte Sprache ist zwar respekteinflößend, doch sie ist selbst für den im Umgang mit abstrakten und philosophischen Texten geübten Leser eine Herausforderung. Der hohe Abstraktionsgrad seiner Rede entspricht der Tatsache, daß seine Theologie auch inhaltlich nichts von der oben dargestellten Offenbarungsgeschichte und dem inkarnierten Christus weiß. Offenbarung wird philosophisch bestimmt. Er stellt dar, wie Erschließungsvorgänge ablaufen, und wendet die so gewonnenen Einsichten auf religiöse und dann auf die dem christlichen Glauben eigenen Erschließungsvorgänge an. Wenn also Offenbarung nichts anderes als eine geistige Bewegung beim Menschen zum Inhalt hat, wenn es nur noch um subjektive Wahrnehmungen und Verständnisse geht, dann wird die von Kant postulierte Grenze der (wissenschaftlichen) Aussage zum Todesstoß rechter Theologie. Nicht sachgemäß ist überdies auch die Behauptung, daß Luther und Augustin dieses Offenbarungsverständnis geteilt hätten. Beide waren bekanntermaßen keine Existentialisten und beide glaubten an die vorgängige Offenbarung, die ihnen in der heiligen Schrift vorlag.

4.6.2.7 Heinrich Ott (* 1929)

H. Ott, der Nachfolger Barths auf dessen Lehrstuhl in Basel, steht mit seiner Fundamentaltheologie[425] ebenfalls in diesem Horizont. Ausgangspunkt für

---

[424] Vgl Röm 4,17-21. In Röm 9,9 benennt Paulus ausdrücklich eine solche Verheißung: „Um diese Zeit will ich kommen, und Sara soll einen Sohn haben." Hier geht es um konkrete, verbal bestimmte Gegenstände. Der Glaube Abrahams wird als ein solcher beschrieben, der diese Verheißung wörtlich nahm, ihre Erfüllung erwartete und diese auch so, wie die Worte lauteten, in äußerlicher, leiblicher Wirklichkeit erfuhr.

[425] Ott, H. *Apologetik des Glaubens. Grundprobleme einer dialogischen Fundamentaltheologie.* Darmstadt: Wiss. Buchges., 1994.

seine apologetische Arbeit ist die dialogische Situation, in der sich der
Mensch befindet und in der er seinen Glauben verantwortet. Das heißt zugleich: Ausgangspunkt ist nicht die Offenbarung Gottes als Vorgabe und
auch nicht als ein Depot von Glaubenswahrheiten, wie er mit einem polemi-
schen Unterton sagt. Offenbarung ist für Ott immer ein personales Geschehen
und besteht im sich aktuell ereignenden Anruf Gottes, in dem Gott sich selbst
dem Menschen schenkt. Durch sie komme eine vorsprachliche, innerliche
und personale Beziehung zustande.[426] Sie schließe den individuellen Menschen als Empfänger der Offenbarung immer mit ein: „Der Adressat der
Offenbarung ist ja im Begriff ‚Offenbarung' immer schon mitgesetzt und
damit auch die Auswirkung der Offenbarung auf ihren Adressaten."[427]
Offenbarung bedeutet auch für ihn Selbsterschließung Gottes, so daß Gott
und Mensch in Gemeinschaft treten. Auf menschlicher Seite bedeute dies,
daß der Mensch innerlich verändert werde, ein neues Selbstverständnis und
ein neues Existenzverständnis bekomme und so eine neue Grundbefindlich-
keit gewinne. Ausdrücklich lehnt Ott den Vorgabecharakter der Offenbarung
ab. Die *fides quae creditur*, also das, was der Mensch glaubt, ist gegenüber
der *fides qua creditur*, also dem Glaubensakt, sekundär.[428] Mit anderen
Worten, Offenbarung als objektive Vorgabe, als Selbsterschließung Gottes in
der von der Bibel berichteten Geschichte und in deren verbindlicher Mitteilung und Kommentierung in der Bibel gibt es auch hier nicht.

4.6.3 Offenbarung als Geschichte

Bewußt im Gegensatz zur Kerygma-Theologie Bultmanns und der Wort-
Gottes-Theologie Barths versteht W. Pannenberg (* 1928) Offenbarung als
Geschichte. In dem bekannten Sammelband *Offenbarung als Geschichte*
entfaltet er unter sieben Thesen seine Sicht, daß Gott sich durch Geschichtstaten offenbare.[429] Gegenüber der bultmannschen Reduktion auf das „Daß"

---

[426] Ott, *Apologetik des Glaubens*, S. 52.

[427] Ott, *Apologetik des Glaubens*, S. 41.

[428] Ott, *Apologetik des Glaubens*, S. 47.

[429] Pannenberg, W. „Dogmatische Thesen zur Lehre von der Offenbarung", in: *Offenbarung als Geschichte* (1961) Hg. W. Pannenberg u.a. 5. Aufl., Göttingen: Vandenhoeck &
Ruprecht, 1982. (Die 7. These findet sich in der Erstausgabe noch nicht.) Die Thesen
lauten:
1. Die Selbstoffenbarung Gottes hat sich nach den biblischen Zeugnissen nicht direkt,
etwa in der Weise einer Theophanie, sondern indirekt, durch Gottes Geschichtstaten,
vollzogen. (91)
2. Die Offenbarung findet nicht am Anfang, sondern am Ende der offenbarenden Geschichte statt. (95)

des Gekommenseins Christi und der Reduktion des Offenbarungsbegriffs auf ein Erlebnis subjektiver Inspiration stellt Pannenberg die Frage nach dem „Was": Er fragt nach der Manifestation Gottes. In der Begründung seines Offenbarungsbegriffs geht Pannenberg denn von allgemein-religiösen Vorstellungen von Offenbarung aus und sieht die altisraelitischen bzw. alttestamentlichen Offenbarungszeugnisse und -vorstellungen in Relation zu jenen. Die spezielle Offenbarung erscheint so als etwas, was im Licht der Religionsphänomenologie geradezu üblich oder gar alltäglich ist. In der Aufnahme idealistischer Anschauungen – Geschichte als Verwirklichung der Idee Gottes – kann er das Ganze der Geschichte als Manifestation Gottes ansehen.

Allerdings seien die Geschichtstaten als *progressive* Enthüllung des Ratschlusses Gottes zu verstehen. Die eigentliche und volle Offenbarung stehe als Enthüllung seiner Herrlichkeit und als Heil für die Erwählten erst am Ende der Geschichte. Dieses Ende habe sich in Christus vorweg ereignet. Im übrigen aber beansprucht Pannenberg bewußt das Ganze der Weltgeschichte als Offenbarung, weil nur in dieser Dimension die Gottheit Jahwes erwiesen werden könne.[430] Gottes Taten seien also nicht auf Christus begrenzt, sondern bildeten einen Prozeß, der zunächst in Israel stattfinde und in Christus seinen Höhepunkt erreiche. Dieser Prozeß sei begleitet durch das prophetische Wort, das sich in der Geschichte erfülle. Pannenberg anerkennt die biblische Geschichte in einer sich positiv von der existentialen Interpretation der Schrift abhebenden Weise als Offenbarungsgeschichte. In diesem Zusammenhang stellt Joest die Frage:

> „Wie kann für ein einzelnes Phänomen im Strom historischer Erscheinungen, und sei es denn nicht der Vollmachtsanspruch Jesu für sich genommen, son-

---

3. Im Unterschied zu besonderen Erscheinungen der Gottheit ist die Geschichtsoffenbarung jedem, der Augen hat zu sehen, offen. Sie hat universalen Charakter. (98)

4. Die universale Offenbarung der Gottheit Gottes ist nicht in der Geschichte Israels, sondern erst im Geschick Jesu von Nazareth verwirklicht, insofern darin das Ende alles Geschehens vorweg ereignet ist. (103)

5. Das Christusgeschehen offenbart nicht als isoliertes Ereignis die Gottheit des Gottes Israels, sondern nur, sofern es Glied der Geschichte Gottes mit Israel ist. (107)

6. In der Ausbildung außerjüdischer Offenbarungsvorstellungen in den heidenchristlichen Kirchen kommt die Universalität des eschatologischen Selbsterweises Gottes im Geschick Jesu zum Ausdruck. (109)

7. Das Wort bezieht sich auf Offenbarung als Vorhersage, als Weisung und als Bericht. (112)

Vgl. zum ganzen auch Pannenberg, W. *Systematische Theologie*, Band 1, Göttingen: Vandenhoeck & Ruprecht, 1988, S. 207-282.

[430] Pannenberg, *Offenbarung als Geschichte*, S. 97; vgl. *Systematische Theologie* I, S. 251.

dern so wie hier Jesus als Endpunkt einer Ereignisreihe besonderer Gottesta-
ten, eine aus diesem Strom und aus der Analogie und Relativität seiner einzelnen Elemente herausgehobene Bedeutung als Offenbarung beansprucht
werden?"[431]

Diese Frage ist vom Geschichtsverständnis Troeltschs[432] motiviert. Sie folgt
aber auch der hegelschen Sicht, daß eine Idee sich niemals in ihrer ganzen
Fülle in einer einzigen geschichtlichen Gestalt darbiete. Pannenberg antwortet auf diese Frage, indem er darauf verweist, daß die Geschichte ein zielge-
richteter Prozeß sei, in dem zwar Relatives und Überholbares einander
folgten, aber nicht in unendlicher Abfolge. In der Auferweckung Christi habe
Gott das Telos vorweggenommen und sich eben als der Gott offenbart, der
die Toten auferwecke. An Jesus selbst also lasse sich die Erfüllung der
Verheißungen Gottes erkennen.[433] So werde Jesus zum Paradigma für das
Eschaton, und von diesem Paradigma her könne Geschichte als Offenbarung
interpretiert werden.

Ein wichtiger Aspekt im Offenbarungsverständnis Pannenbergs ist die Zuordnung geschehener und geschehender Offenbarung auf eine künftige
Offenbarung, die die endgültige Wahrheit erst noch offenbar mache: „Das
Offenbarungserlebnis wird damit zu etwas Vorläufigem, dessen Wahrheit an
der Zukunft des Selbsterweises der Wahrheit Gottes hängt."[434] Zwar gesteht
Pannenberg zu, daß Christus und die apokalyptischen Seher der Meinung
waren, schon jetzt im Besitz der göttlichen Wahrheit zu sein, aber im Grundsatz ist der definitive Charakter des in der Zeit geredeten biblischen Wortes
Gottes aufgebrochen. Offenbarung ist dann doch wieder bloß das Aufleuch-
ten einer geistigen Struktur, eine menschliche Vorstellung, die in der Geschichte offenbar wird: daß Gott der Gott aller Menschen ist. Wo und wie
dies geschieht und welche greifbaren Implikationen dies hat, bleibt ungesagt.

Pannenberg kann in seinen Ausführungen einen breiten Strom biblischen
Denkens darstellen. Deutlich sieht er, daß eine Kontinuität in der Offenbarungsgeschichte besteht, indem neue Offenbarungen nicht isolierte Selbst-
kundgaben sind, sondern an bereits vorhandene Traditionen anknüpfen, wie
etwa bei der Berufung des Mose, wo Gott sich als der Gott Abrahams, Isaaks

---

[431] Joest, *Fundamentaltheologie*, S. 44.

[432] Vgl. Troeltsch, E. „Über historische und dogmatische Methode in der Theologie", in:
Ges. Schriften II, S. 729-753; (2. Aufl.: 1922) Aalen: Scientia, 1962. Troeltsch versteht in
diesem Aufsatz Geschichte als ein innerweltliches Beziehungsgeflecht, in dem alles
Geschehen zueinander analog ist und eins das andere kausal bedingt.

[433] Vgl. Pannenberg, *Systematische Theologie* I, S. 272-273.

[434] Pannenberg, *Systematische Theologie* I, S. 234.

und Jakobs vorstellt.[435] Besonders hervorheben möchte ich, daß er die Bezogenheit der Christusoffenbarung auf die alttestamentliche Prophetie herausstellt.[436] Es trifft zu, daß erst durch den „Weissagungsbeweis aus den Schriften der Propheten" erkennbar wird, „daß in Jesus Christus die Offenbarung des göttlichen Heilsplanes stattgefunden hat."[437] Es ist ebenso richtig, daß er die Gerechtigkeit Gottes in Christus als realisiert ansieht. Solcherlei Aussagen finden sich häufig, so daß biblische Aussagen in weit größerem Maße zur Geltung kommen, als es in der neueren Theologie gemeinhin der Fall ist. Man kann wohl sagen, daß Pannenberg ein dem Wortlaut nach schriftgemäßes Verständnis der biblischen Aussagen vertritt.

Doch es müssen drei Aspekte kritisch angemerkt werden:

(1) Es ist eine durchaus subjektive Setzung, die Pannenberg mit seiner Position vornimmt. Er nimmt den idealistischen Geschichtsbegriff auf, also die Vorstellung, daß Gott sich in der Geschichte verwirkliche, bildet ihn im Sinne biblischer Eschatologie um und kommt so zu der Perspektive, daß *alle* Geschichte zum Selbsterweis Gottes wird und nicht nur „wunderhafte Ausnahmeereignisse."[438] Auch daß Jesus als Antizipation des Eschatons gesehen wird, ist im Grunde nur eine – formal biblische – Behauptung. So kann Jesus eine große Bedeutung gewinnen, aber Pannenberg kann ihn nicht beschreiben als wirklichen Gottessohn, der Fleisch geworden ist, um die Welt mit Gott zu versöhnen. Damit ist Offenbarung durchaus von einem *menschlichen* Ausgangspunkt – dem idealistischen Geschichtsbegriff – aus bestimmt worden, und dieser ist an die biblischen Aussagen herangetragen worden. Indem grundsätzlich alle Geschichte als Offenbarung angesehen wird, wird das Zueinander von Gott und Welt nicht im schriftgemäßen Sinne aufgenommen. Zwar ist Gott nach seiner Offenbarung der Herr der Geschichte, doch bei Pannenberg ist er es kraft der Verfügung in dem von einem Theologen gemachten System.

Der biblische Begriff der speziellen Offenbarung einschließlich seiner räumlichen und zeitlichen Grenzen und der „wunderhaften Ausnahmeereignisse", biblisch gesprochen: der Zeichen und Wunder, die ihn kennzeichnen, wird

---

[435] Pannenberg, W. „Offenbarung und ,Offenbarungen' im Zeugnis der Geschichte", in: *Handbuch der Fundamentaltheologie. Band 2 Traktat Offenbarung.* Hg. Kern, W., Pottmeyer, H.J. und Seckler, M. 2., verb. und akt. Aufl., Tübingen / Basel: A. Francke, 2000, S. 69.

[436] Pannenberg, *Systematische Theologie* I, S. 221-234.

[437] Pannenberg, *Systematische Theologie* I, S. 232.

[438] Pannenberg, *Systematische Theologie* I, S. 251.

damit nicht zu Geltung gebracht. Das idealistische Konzept prägt bei allen biblischen Begriffen und Anschauungen das Ganze des Offenbarungsverständnisses. Indem Pannenberg Offenbarung auf diese Weise begründet, relativiert er den biblischen Offenbarungsanspruch. Der Offenbarungsbegriff ruht nicht auf der Schrift allein, sondern auf einem idealistischen Grundkonzept, das biblische Aussagen in sich aufnimmt.

(2) Auch das Verständnis der biblischen Autoren ist nach Pannenberg Sache des subjektiven Bewußtseins. In ihren Schriften werden Offenbarungs*vorstellungen*[439] erkennbar. So gesehen bleibt Pannenberg auf der Linie Kants und hält die von der Bibel berichteten Ereignisse nicht für die Offenbarung selbst. Indem er hinsichtlich der Offenbarung auf die Geschichte verweist, sind Offenbarungserlebnisse im Grunde religiöse Deutungen von bestimmten geschichtlichen Ereignissen. Dementsprechend spiegeln auch die biblischen Aussagen die menschliche Interpretation bestimmter geschichtlicher Ereignisse als Offenbarung wider.

(3) Generell kann man sagen, daß bei ihm die spezielle Offenbarung entprofiliert wird. Charakteristisch ist die Aussage:

> „Andererseits läßt sich vielen der sonst terminologisch als ‚Offenbarung' bezeichneten Erlebnisse nicht ohne weiters entnehmen, daß dem Offenbarungsthema eine so fundamentale Relevanz für die Theologie zukommen muß, wie sie ihm von der theologischen Tradition zumindest seit dem Mittelalter zugeschrieben worden ist. Hinzu kommt, daß auch im Neuen Testament unterschiedliche Offenbarungsvorstellungen aufgetreten sind, deren theologisches Gewicht verschieden ist. Man mag ferner bezweifeln, ob es der Offenbarungsvorstellung wirklich bedarf, um die zentralen Inhalte der Botschaft Jesu und der Christusbotschaft der Apostel zu beschreiben und zu begründen."[440]

Im Blick auf den letzten Satz dieses Zitats muß man energisch auf den oben dargestellten biblischen Offenbarungsbegriff verweisen. Er ist vielgestaltig, wie wir gesehen haben und wie auch Pannenberg beobachtet, aber zugleich ist er doch auch sehr spezifisch, als es der Schrift gerade nicht um eine Einbettung der von ihr vorgetragenen Religion in die allgemein-menschliche Religiosität geht, sondern explizit um deren Abgrenzung.[441] Die Bibel gibt

---

[439] Pannenberg, *Systematische Theologie* I, S. 214-215 und 217 ff. Man mag hinzufügen: auch Offenbarungsgedanken (ebd.), und selbst Jesus hat den „Anspruch" erhoben, daß in ihm die Gottesherrschaft anbreche (S. 234), ohne daß sich damit schon ein Seinsurteil über die tatsächliche Ereignung der Gottesherrschaft in ihm ergebe.

[440] Pannenberg, *Systematische Theologie* I, S. 212.

[441] Zu verweisen ist hier auf die kardinale Bedeutung des ersten und zweiten Gebots, auf die scharfe Polemik der Propheten gegen den Synkretismus – man denke hier an die

keinen Anlaß, das Ganze der Geschichte als Offenbarung zu sehen. Im Gegenteil, die götzendienerischen Anschauungen der Völker außerhalb der Offenbarung in Israel werden als Gottesfinsternis bewertet.[442]

Der Offenbarungsbegriff Pannenbergs bleibt darum blaß und abstrakt, nicht zuletzt deswegen, weil der gegenständliche Bezug der Offenbarung im Grunde auf das Ganze der Wirklichkeit und ihrer Geschichte ausgedehnt wird. Das Spezielle und Einmalige der Offenbarung wird so in fließenden Übergängen zur Welt der Religionen gesehen. Der Offenbarungsbegriff wird auf diese Weise aufgeweicht. Deshalb muß Pannenberg widersprochen werden, wenn er behauptet, daß der Offenbarungsgedanke formal nur sehr selten als Formalprinzip der Glaubenserkenntnis geltend gemacht werde.[443] Er führt zwar unter Verweis auf Röm 3,21 und 16,25-27 und weiterer Parallelstellen an, daß erst im Sühnetod Christi die Gerechtigkeit Gottes offenbar und in Christus das Mysterium des Heilsplanes Gottes enthüllt werde.[444] Aber man muß darüber hinaus betonen, daß Jesus selbst sich als Offenbarer verstand und als Offenbarer verstanden wurde[445]. Die Inkarnation Jesu, sein stellvertretendes Sühnopfer, seine leibhaftige Auferstehung und seine Himmelfahrt stehen analogielos im Raum und sind jeweils als Ereignis schon Offenbarung. Petrus und andere Jünger erhalten ihre Erkenntnis Christi aus Offenbarung[446], und Paulus betont, daß er das Evangelium durch Offenbarung empfangen habe[447]. Im Alten Testament ist es nicht anders, denn auch dort ist das Wort des Herrn, das Menschen zuteil wird, durch eine spezifische und nichtalltägliche Gottesrede ausgewiesen, und zwar beim Empfänger der Offenbarung formal durchaus anders als die prophetische Rede in der Welt

---

zahlreichen Ausführungen des Propheten Jesaja – , und an die Exklusivität der Person und der Botschaft Jesu. Es ist zwar unstreitig, daß sich in den Formen, die die biblische „Religiosität" findet, Parallelen zu der heidnischen Umwelt finden. Als Beispiel mag hier genügen, daß es in Jerusalem einen Tempel gab, in dem geopfert wurde. Doch die Funktion der Formen ist gerade nicht im Zeichen menschlicher Religiosität zu sehen, sondern im Rahmen der Offenbarung, der gnädigen Zuwendung Gottes zu seinem Volk. Die alttestamentlichen Opfer entsprechen gerade nicht dem aus der Umwelt bekannten „do-ut-des"-Denken (= ich gebe, damit du gibst), sondern sie sind mit der Verheißung der Vergebung verbunden, die an sich auch ohne menschliches Opfer gewährt wird.

[442] Vgl. Jes 60,2; Röm 1,21-23; Eph 4,18-19.

[443] Pannenberg, *Systematische Theologie* I, S. 212.

[444] Pannenberg, *Systematische Theologie* I, S. 230-231.

[445] Mk 16,12.14; Joh 2,11; 7,4; 9,3; 17,6.

[446] Mt 11,25-26; 16,17.

[447] 1Kor 2,10; Gal 1,12.

der vorderorientalischen Religionen. Allemal einzigartig ist die Mitteilung des Gesetzes an Mose.

4.6.4 Neuere römisch-katholische Positionen

Für den modernen Katholizismus ist die „Dogmatische Konstitution über die göttliche Offenbarung" (*Dei Verbum = DV*) des Zweiten Vatikanischen Konzils von grundlegender Bedeutung. Es war dies übrigens das erste Mal, daß ein Konzil sich mit dem Thema Offenbarung überhaupt beschäftigte.[448] Indem hier die Offenbarung als „Ökonomie" oder als eine Art Offenbarungsgeschichte gesehen und als „Tat und Wort, die innerlich miteinander verknüpft sind"[449] bestimmt wird, wird dem Wortlaut nach ein durchaus biblischer Aspekt zur Geltung gebracht, nämlich eben der auch von mir betonte Zusammenhang von geschichtlicher Offenbarung und heiliger Schrift. Das Konzil betont, daß die Werke Gottes die Lehre tragen und bekräftigen und umgekehrt die Worte die Werke Gottes verkündigen. Der christologische Inhalt und die soteriologische Zielsetzung der Offenbarung werden ausdrücklich hervorgehoben. Ebenso wird betont, daß die Offenbarung mit der Sendung Christi abgeschlossen und keine neue öffentliche Offenbarung vor der Wiederkunft Christi zu erwarten sei.

Indes interpretiert die moderne römische Fundamentaltheologie die Äußerungen des Zweiten Vaticanums keineswegs im Sinne ihres Wortlauts, sondern aktualistisch. Sie hebt besonders den personalen Aspekt hervor und sieht Offenbarung wie die moderne protestantische Theologie als aktuelles Geschehen beim Menschen. In diesem Sinne denkt auch H. Fries, der dem Thema Offenbarung einen breiten Teil seiner eindrucksvollen Fundamentaltheologie[450] gewidmet hat. Daß auch er im Horizont der Neuzeit fragt, wird daran deutlich, daß er sein Buch mit der Diskussion des Glaubens als eines personalen Aktes eröffnet, mithin also ganz im Horizont der modernen Theologie auch das Fundament der Theologie beim Menschen sieht. Dann

---

[448] Vgl. Schmitz, J. „Das Christentum als Offenbarungsreligion im kirchlichen Bekenntnis", in: *Handbuch der Fundamentaltheologie 2. Traktat Offenbarung.* Hg. v. Kern, W., Pottmeyer, H.J., Seckler, M. 2., verb. und akt. Aufl., Tübingen/Basel: Francke, 2000, S. 2.

[449] *Dei verbum* 2. – „Haec revelationis oeconomia fit gestis verbisque intrinsece inter se connexis, ita ut opera, in historia salutis a Deo patrata, doctrinam et res verbis significatas manifestent ac corroborent, verba autem opera proclament et mysterium in eis contentum elucident. Intima autem per hanc revelationem tam de Deo quam de hominis salute veritas nobis in Christo illucescit, qui mediator simul et plenitudo totius revelationis exsistit." DH 4202.

[450] Fries, H. *Fundamentaltheologie.* 2. Aufl., Graz/Wien/Köln: Styria, 1985.

bespricht er unter der Überschrift *Die Offenbarungsdimension der Wirklichkeit* das, was aus römischer Sicht zur allgemeinen Offenbarung zu sagen ist. Leitvorstellung ist hier, daß alles Irdische ein Symbol Gottes sei. Die irdische Wirklichkeit könne in ihrer Ganzheit und Tiefe nicht ohne ihren tragenden und bestimmenden Grund beschrieben werden.[451] Der Symbolcharakter der Welt komme in der Sprache der Dichtung zum Ausdruck, aber auch unbegriffliche, sprachlose Meditation sei ein Zugang zum Symbolsein der Dinge.[452] Es ist daher konsequent, wenn er ausführlich auf die natürliche Gotteserkenntnis eingeht, wie sie sich von Ps 19,1-5 und Röm 1,20 ff. her nahelegt. Er macht dabei viele lesenswerte Aussagen, die freilich einschließen, daß er auch den Menschen als Geschöpf, seine Sprache, sein Gewissen und seine Geschichte im Detail als Offenbarung der ihn umgreifenden, göttlichen Wirklichkeit wahrnimmt. Indem er fordert, daß der Mensch die in der Schöpfung offenbare Wahrheit anerkennen müsse, folgt er der römischen Sicht, daß der Mensch die Fähigkeit besitze, sich von der erkannten Wahrheit auch bestimmen zu lassen.[453]

Den Themenkreis der speziellen Offenbarung beginnt Fries mit einer Untersuchung der Möglichkeiten einer solchen Offenbarung. Auch hier setzt er beim Menschen an, den er als Suchenden, Fragenden und als „auf das über die Natur Hinausgehende angelegt und offen" wahrnimmt.[454] Dies sind Beobachtungen, die eigentlich in den Bereich der Allgemeinen Offenbarung gehören. Richtig wäre hier eine schöpfungstheologisch begründete Lehre von der Erscheinung Gottes in der Welt. Fries setzt jedoch bei der Sinnerfahrung des Menschen an, die dem Menschen als „die alles bestimmende Wirklichkeit" und als „Gott" erscheint.[455] Das Konzept einer Offenbarungsgeschichte inmitten der Profangeschichte sucht man bei ihm vergeblich. Doch er macht deutlich, daß Offenbarung in der Geschichte geschieht und sich durch folgende Kennzeichen ausweist:

> „.... Momente der Freiheit, des nicht Manipulierbaren, des Unverfügbaren, die Erfahrung des Widerständlichen, eines menschlich nicht restlos erklärbaren Gefügtseins und Gelingens, die Diskrepanz zwischen Ursache und Wirkung,

---

[451] Fries, *Fundamentaltheologie*, S. 159.

[452] Fries, *Fundamentaltheologie*, S. 160-161.

[453] Vgl. Fries, *Fundamentaltheologie*, S. 171.

[454] Fries, *Fundamentaltheologie*, S. 222.

[455] Fries, *Fundamentaltheologie*, S. 206-209.

das darin liegende Ahnen und Verspüren einer anderen Macht als nur politischer, militärischer Faktoren ...".[456]

Unter dieser Perspektive kann er die Geschichte des jüdischen Volkes bis hin
zu Christus, wie ihn die Evangelien darstellen, positiv würdigen. Im übrigen
erwartet Fries auch ein endliches Offenbarwerden Gottes in der Vollendung.

Fries' Fundamentaltheologie kann, was den Wortlaut angeht, als konservativ
bezeichnet werden. Sie bietet eine Fülle von nachvollziehbaren Gedanken.
Sie wird aber durch die Ergebnisse der historisch-kritischen Bibelwissenschaft beeinträchtigt[457], namentlich in Datierungsfragen, aber auch in der
Bewertung der biblischen Urgeschichte und der Erzvätergeschichte als
retrospektive Prophetie sowie der Wunderberichte. Seine Bewertung von
Bultmann ist ebenfalls symptomatisch. Einerseits folgt er Bultmann, indem er
dessen aktualistisches Verständnis des Wortes Gottes übernimmt und es in
einem aktuellen Geschehen am Menschen sieht, als das Heute und Jetzt des
Kerygmas, andererseits aber kritisiert er ihn mit Recht wegen seiner Ausblendung des Geschichtlichen.[458] Der bibeltreue Leser wünschte sich freilich
mehr Eindeutigkeit in der Prädikation eines Ereignisses als Offenbarung.
Indem Fries die Vergewisserung der Offenbarung in einem nichtrationalen
Erkenntnisakt beim Menschen sieht, ist er modern.

Der Jesuit H. Waldenfels nennt seine Darstellung der Fundamentaltheologie
„kontextuell".[459] Damit ist gemeint, daß er die Fundamentaltheologie im
Kontext sowohl der aktuellen, postmodernen Fragestellungen als auch der
gesamten Welt der Religionen und Weltanschauungen schreibt. Man könnte
seinen Zugang religionsphänomenologisch nennen, denn er beschreibt, was
Christen und Anhänger anderer Weltanschauungen und Religionen glauben
und schlägt Brücken zwischen seiner christlichen Überzeugung und den
außerchristlichen Anschauungen. Dabei bezieht er einen durchaus postmodernen Standpunkt: Die biblische Offenbarung ist für ihn ebensowenig
verbindliche Norm wie die Tradition seiner Kirche, jedenfalls interpretiert er
beide „kontextuell". Für die Fundamentaltheologie heißt das, daß er im
Prinzip alle Erscheinungsformen des Religiösen in der Welt in seine Darstellung einbezieht und daß es für ihn keine Normativität der christlichen Offen-

---

[456] Fries, *Fundamentaltheologie*, S. 236.

[457] Fries, *Fundamentaltheologie*, S. 277.

[458] Fries, *Fundamentaltheologie*, S. 257-259.

[459] Waldenfels, H. *Kontextuelle Fundamentaltheologie*. 3. akt. u. durchges. Aufl., Paderborn: Schöningh, 2000. Ders. *Einführung in die Theologie der Offenbarung*. Darmstadt:
Wiss. Buchges., 1996.

barung im klassischen Sinne mehr gibt. Er fordert ein elliptisches Denken, ein Denken in zwei Brennpunkten, das das normative Christusgeschehen als den einen Brennpunkt in Korrelation zur pluralistischen Welt der Religionen als dem anderen Brennpunkt setzt.[460] Er legt Wert darauf, den Offenbarungsbegriff im Plural zu gebrauchen, so daß prinzipiell eine Vielzahl religiöser Erlebnisse als Offenbarung qualifiziert werden kann.[461]

Indem er Ebelings existentialen Offenbarungsbegriff aufnimmt, geht er davon aus, daß Religion in Ereignissen besteht, die am Menschen geschehen, die ihm aber von einem Anderen her widerfahren.[462] In seiner Einführung konstatiert er zu Recht, daß der singuläre Charakter der christlichen Offenbarung im Rahmen des pluralistischen Denkens der Gegenwart in Zweifel gezogen werde.[463] Doch er macht keine Anstalten, die biblische Offenbarung im allgemeinen und die Christusoffenbarung im besonderen in ihrer Normativität aufzuzeigen. Natürlich spricht er von dem Christusereignis, aber er stellt es als immanentes Geschehen dar ohne wirkliche Beteiligung Gottes.

Wie es scheint, betont die römische Theologie die Person Jesu im Rahmen einer Theologie der Offenbarung stärker als die protestantische. Das ist formal sicherlich richtig, denn Jesus ist der Gipfel der Selbstoffenbarung Gottes. Doch zugleich ist hinzuzufügen, daß Jesus auch im Katholizismus in die Mühlen einer historisch-kritischen Bibelauslegung geraten ist. Auch der römisch-katholische Exeget begegnet nur dem Menschen Jesus und den Glaubensbekenntnissen der Urgemeinde. Damit hängt auch das christologische Dogma „in der Luft", es ist eben nur Glaube, subjektive oder kollektiv-ekklesiologische Überzeugung, aber ohne Wurzel in der inkarnatorischen Offenbarung.

K.H. Neufeld hat eine zweibändige Fundamentaltheologie[464] vorgelegt, in der das Thema Offenbarung weder im Inhaltsverzeichnis noch im Sachregister vorkommt. Der Ausgangspunkt Neufelds ist die Frage, woher christlicher Glaube komme. Diese Frage weise auf Jesus von Nazareth als Basis und Ursprung des Glaubens. Der historische Jesus tritt an die Stelle „mythische(r)

---

[460] Waldenfels, *Einführung in die Theologie der Offenbarung*, S. 151-155.

[461] Vgl. Waldenfels, *Einführung in die Theologie der Offenbarung*, S. 156.

[462] Waldenfels, *Einführung in die Theologie der Offenbarung*, S. 157.

[463] Waldenfels, *Einführung in die Theologie der Offenbarung*, S. 2

[464] Neufeld, K.H. *Fundamentaltheologie I. Jesus – Grund des christlichen Glaubens*. Stuttgart u.a.: Kohlhammer, 1992; *Fundamentaltheologie II. Der Mensch – Bewußte Nachfolge im Volk Gottes*. Stuttgart u.a.: Kohlhammer, 1993.

Vorstellungen eines Offenbarungsgeschehens."[465] Also: Offenbarung als spezielle Manifestation Gottes in der Welt, als Eingreifen Gottes in die Geschichte und als Fleischwerdung Gottes in Jesus Christus gibt es nicht. Es gibt nur Wirkungen, die von Jesus ausgingen, die von diesen betroffene Menschen dann in den Evangelien niedergeschrieben haben. Auch Neufeld legt alles, was sonst als Offenbarung bezeichnet wird, in den existentiellen Akt der Einsicht in den Anspruch, der von Jesus ausgehe. Seine These, „Es begann mit Jesus von Nazareth" läßt zudem erkennen, daß es für ihn eine die beiden Testamente umgreifende Offenbarungsgeschichte nicht gibt. Er hat zwar einen redenden, handelnden und sein Schicksal tragenden Jesus als innerweltliche Gegebenheit und als historischen Grund des Glaubens. Aber einen leibhaftig auferstandenen Christus hat er nicht. Die Jünger hätten wohl vor einem leeren Grab gestanden und bestimmte Begegnungen und Wider-fahrnisse mit dem Auferweckten gehabt, aber diese hätten darin bestanden, daß sie den Anspruch Jesu als einen solchen erfahren hätten, der über seinen Tod hinausginge.[466] Der Anspruch selbst sei zum historischen Faktum ge-worden. Diesen Anspruch hätten sie auch nur deswegen erfahren können, weil ihnen Jesus wichtig geworden wäre. Die Widerfahrnisse mit dem Auf-erweckten beschreibt er mit dem Begriff der *Konfrontation*, jedoch ohne zu spezifizieren, ob diese Konfrontation eine leiblich-äußerliche Begegnung war oder ein bloßer geistiger Eindruck. Auch die Begriffe „Wort, Geste und Umgang"[467] schaffen hier keine Klarheit. Damit kaschiert Neufeld die feh-lende Aussage über die leibhaftige Auferstehung und die leiblich-äußerliche Dimension der Offenbarung des Auferstandenen. So gleicht Neufelds Sicht im Grunde der seiner protestantischen Kollegen.

Auch in dem von K. Müller herausgegebenen Sammelband zur Fundamental-theologie[468] wird „Offenbarung" überhaupt nicht thematisiert. Zwar nehmen einzelne Autoren auf den Begriff und die damit verbundenen Vorstellungen bezug, aber Offenbarung, die Tatsache, daß Gott sich im Sinne der speziellen Offenbarung mitgeteilt hat, wird nicht in betracht gezogen. Ganz im Sinne der Neuzeit wird das traditionelle Verständnis von Offenbarung als extrinse-zistisch[469] abgewertet: etwas Äußerliches werde dabei verabsolutiert und

---

[465] Neufeld, *Fundamentaltheologie* I, S. 10.

[466] Neufeld, *Fundamentaltheologie* I, S. 60-61.

[467] Neufeld, *Fundamentaltheologie* I, S. 67.

[468] *Fundamentaltheologie – Fluchtlinien und gegenwärtige Herausforderungen*. Hg. Müller, K., Regensburg: Pustet, 1998

[469] Essen, G. „Neuzeit als Thema katholischer Fundamentaltheologie", in: *Fundamental-theologie*, hg. K. Müller, S. 30-32.

dann an den Menschen herangetragen. Daß dies dem emanzipierten modernen und postmodernen Menschen zuwider ist, liegt auf der Hand. Diesem
Denken paßt sich das genannte Werk an und versucht, die Theologie unter
den Maßgaben des neuzeitlichen Denkens vom Menschen her zu begründen,
so wie es im Prinzip die protestantische Fundamentaltheologie auch tut.

Im Zusammenhang dieses Abschnitts sei auch E. Drewermann erwähnt. Er
denkt nicht existential, sondern tiefenpsychologisch. Er vergleicht die geschichtliche Existenz einer Religionsgemeinschaft mit einem Volksstamm,
der von einem Brunnen in der Wüste aufbricht und sich immer weiter davon
entfernt. Zunächst lebt er von dem mitgenommenen, später vom überirdisch
transportierten Wasser. Dann aber entfernt er sich so weit, daß eine Verbindung zum Brunnen nicht mehr möglich ist. Drewermann fordert nun, auf dem
Wege einer Tiefenbohrung den Anschluß an die unterirdische Wasserader
herzustellen, aus der auch der Brunnen gespeist wurde. Auf der Sachseite
heißt dies für ihn:

> „Wohl wird auch eine bestehende Religion als erstes versuchen, durch ein
> ausgeklügeltes Transportsystem und durch die Bildung bestimmter Versor-
> gungsknoten den lebenswichtigen Kontakt zu ihrem historischen Ursprung
> aufrechtzuerhalten; Tradition und Dogmenbildung stellen das zunächst uner-
> läßlich scheinende Verfahren zu diesem Zwecke dar. Aber je länger die Zeit-
> strecke sich dehnt, desto mehr entschwinden ihr die Ausgangserfahrungen der
> Gründerzeit, und dann ist der Augenblick gekommen, wo sie entweder durch
> die Äußerlichkeit einer rein historischen Vermittlung zu ihrem Ursprung sich
> selbst dazu verurteilt, von der Vergänglichkeit alles Historischen eingeholt zu
> werden, oder wo sie entdecken muß und kann, daß jenes Brunnengeschenk
> des Anfangs nicht nur die Bedingung ihres Lebens, sondern vor allem ein
> Vorbild, eine Anleitung zum Leben darstellt: es zeigt, in welche Tiefen man
> selber hinabsteigen muß, um das Wasser des Lebens zu finden ... In der Tiefe
> fällt die Entfernung vom Brunnen dahin – *ursprünglich* gelangt man an jeder
> Stelle der Wüste zum ‚Wasser'."[470]

Die historisch überlieferte Religion, wie sie sich in der Bibel und den kirchlichen Dogmen findet, ist bei Drewermann eine äußerliche und geistlose
Sache. Sachlich ist hier wieder an Lessings garstigen Graben zu erinnern.
Dagegen sei der wirkliche Kontakt mit Gott in den Tiefenschichten der Seele
zu haben. Was bei der existentialen Interpretation in dem existentiellen
Ereignis stattfindet, ist nach Drewermann in den Tiefenschichten der Seele zu
finden. Indem er diese „anbohrt", kommt er zugleich zu Gott und zu sich
selbst. Er sucht eine Religion, die im unmittelbaren Erleben besteht, das nicht

---

[470] Drewermann, E. *Tiefenpsychologie und Exegese* I, Olten: Walter, 1984, S. 14-15.

abhängig ist vom Erleben der Ursprungsgeneration und von äußeren Mitteln, die mit jenem verbinden. Offenbarung im biblischen Sinne ist hier überflüssig, denn der Mensch hat ja das Göttliche in sich und braucht dieses nur freizusetzen. Die Geist-Religion, die Drewermann lehrt, äußert sich in der Befreiung von den äußeren Tabus und Zwängen, im Wagnis, man selbst zu sein, das aus den Tiefen der menschlichen Seele komme („Tiefenbohrung"). Bekanntermaßen wird hier die Psychologie C. G. Jungs in die Theologie importiert.

Schließlich sind auch im Katholizismus Positionen vertreten worden, die die Offenbarung als geschichtlichen Prozeß verstehen. P. Teilhard de Chardin SJ († 1956)[471] sprach von einer Entwicklung, die von der Lithosphäre (der unbelebten Materie) über die Biosphäre (Lebewesen) und die Noosphäre (Geistwesen) zum Punkt Omega führe und zeichnete die gesamte Erdgeschichte in dieses Schema ein. Hier ist das geschichtliche Element vom Evolutionsgedanken getragen und umfangen und man wird an die Vorstellung eines kreativen Universums erinnert. Das spezifisch Religiöse findet Teilhard in der Mystik. – Auch A. Darlap meint, außerhalb der von der Schrift bezeugten Offenbarungsgeschichte eine „geschichtlich in Erscheinung tretende *allgemeine Heils- und Offenbarungsgeschichte* durch die ganze Zeit der Menschheit"[472] ausmachen zu können, so daß es auch in nichtchristlichen Religionen gar Rechtfertigung gebe. K. Rahner meint, daß alle Schöpfungsgeschichte getragen sei von der Selbstmitteilung Gottes in der Schöpfung, und jeder Mensch sei gleichsam auf die Ereignung des göttlichen Heils hin disponiert, und wo immer er in Freiheit handele, ereigne sich dieses Heil.[473] Heil ist auch hier ein Ereignis beim individuellen Menschen, und es hat im Unterschied zur existentialen Interpretation die konkrete Gestalt des äußerlichen, geschichtlichen Handelns.

Das moderne, aktualistische Verständnis von Offenbarung im Katholizismus geht klar über das überkommene „instruktionstheoretische" Offenbarungsverständnis hinaus. Dies zeigt auch der Katechismus der Katholischen Kirche.[474] Bei dem instruktionstheoretischen Verständnis geht es bei der Offenbarung nur um „Belehrung über natürliche und vor allem übernatürliche

---

[471] Vgl. Neuenschwander, U. *Denker des Glaubens II.* Gütersloh: Mohn, 1974, S. 89-116.

[472] Darlap, A. „Fundamentale Theologie der Heilsgeschichte", in: *Mysterium Salutis* I. Einsiedeln u.a.: Benziger, 1965, S. 52.

[473] Rahner, K. *Grundkurs des Glaubens. Einführung in den Begriff des Christentums.* 5. Aufl. der Sonderausg. Freiburg u.a.: Herder, 1984, S. 143-147.

[474] *Katechismus der Katholischen Kirche*, Artt. 50-73.

Sachverhalte durch den göttlichen Lehrer", und das Produkt sind geoffenbarte Wahrheiten.[475] Man könnte dieses Verständnis auch als scholastisch bezeichnen: Offenbarung ist nichts anderes als ein von Gott gegebenes Depot von Wahrheiten, die dem Menschen zu glauben vorgelegt werden. Nach dem neuen Verständnis hingegen offenbart Gott nicht einfach Wahrheiten von sich, sondern er gibt sich selbst. Offenbarung und Heil fallen zusammen. Insofern also die Selbsterschließung Gottes in Christus zugleich die Heilswirklichkeit ist, auf die der Glaube baut, hat die römische Theologie durchaus eine Wende hin zu einer biblischen Perspektive vollzogen. Problematisch ist jedoch das aktualistische Element.

Die römische Kirche lehrt zwar richtig: „... es ist keine neue öffentliche Offenbarung mehr zu erwarten vor der glorreichen Kundwerdung unseres Herrn Jesus Christus"[476]. Aber es werden offen Überlegungen angestellt, die eine Fortsetzung der Offenbarung annehmen. In Fortsetzung alter Traditionen seines Selbstverständnisses versteht der moderne Katholizismus das Christentum selbst in seiner Existenz als Offenbarung. Er hat das vom Vaticanum II vorgetragene Offenbarungsverständnis bereitwillig aufgenommen und dahingehend interpretiert, daß das ereignishafte religiöse Erleben unter bestimmten Kautelen generell Offenbarungsqualität besitze und die Offenbarung nicht nur in der Schrift und in der von ihr berichteten Offenbarungsgeschichte bestehe. Seckler sagt ganz offen: „... die Selbstmitteilung Gottes ist ein lebendig andauerndes Geschehen, das nicht auf die biblische Vergangenheit zu begrenzen ist."[477] Der an die Bibel und die von ihr berichtete Geschichte gebundene Offenbarungsbegriff wird so zwar nicht geleugnet, aber relativiert, weil dann, wenn Offenbarung Selbstmitteilung Gottes ist und diese letztere auch in der Heilserfahrung des Menschen besteht, jene zwangsläufig auch ein aktuelles Geschehen beschreibt.

Waldenfels interpretiert DV und auch die Aussagen Secklers überhaupt nicht mehr im Sinne einer speziellen Offenbarung in der Bibel und in der von ihr berichteten Geschichte, sondern ganz in einem aktualistischen Sinn. Die „radikale Selbstmitteilung Gottes" ist hier ein sich ständig vollziehendes Geschehen am Menschen. Ästhetik, also so etwas wie „Empfinden" als anthropologische Kategorie spielt eine wesentliche Rolle für die Wahrneh-

---

[475] Seckler, M. „Der Begriff der Offenbarung", in: *Handbuch der Fundamentaltheologie. Band 2. Traktat Offenbarung,* S. 45.

[476] DH 4204 (Vaticanum II, DV 4). Auch das Dekret des Hl. Offiziums „Lamentabili" 21 unter Pius X. weist den Satz „Revelatio, obiectum fidei catholicae constituens, non fuit cum Apostolis completa" als Irrtum der Modernisten aus.

[477] Seckler, M. „Der Begriff der Offenbarung", S. 49.

mung der Offenbarung. Er leugnet selbstverständlich nicht, daß die Männer der Bibel Träume, Visionen und Auditionen hatten, doch als von einem persönlichen Gott gegebene und gebrauchte Modi der Offenbarung werden sie nicht ausgewiesen. Die theologische Rede geht vom Menschen aus und von dem, was er bei sich an religiösen Erlebnissen und Einsichten vorfindet.

Waldenfels behauptet darüber hinaus, „daß die wachsende Einsicht in das Geheimnis selbst noch einmal als Ergebnis von Offenbarung angesehen wird."[478] Auf diese Weise kann die für die moderne Theologie wesentliche dialogische Struktur der Offenbarung begründet werden, wobei dialogisch meint, daß der Mensch sich von Gott angesprochen fühlt und darauf antwortet. Wenn nun die Wirklichkeit Gottes als etwas bestimmt wird, was uns alle angeht, als die „alle und alles bestimmende, richtende und erlösende Macht",[479] dann wird der Offenbarungsbegriff nicht nur anthropologisch interpretiert, sondern die Wirklichkeit Gottes auch an den Menschen gebunden; „Gott" ist dann wirklich und aussagbar im (erneuerten) Menschen als dessen Wesensbestimmung, und der neue Mensch ist ein Teil der Offenbarungswirklichkeit des so verstandenen Gottes. So gesehen bewegt sich der römische Offenbarungsbegriff in der Nähe dessen, was ich bereits zu Pannenberg gesagt habe. Sichtbarer Ausdruck dieser Nähe ist, daß Pannenberg als protestantischer Theologe einen wesentlichen Beitrag zu dem in der Anlage katholischen Handbuch der Fundamentaltheologie geliefert hat.[480]

Aus dem Gesagten wird deutlich, daß auch im Katholizismus die sogenannte moderne Theologie nachhaltigen Einfluß gewonnen hat. Daß sie trotzdem konservativer erscheint und dadurch gar manchem Protestanten attraktiver, liegt daran, daß die verbal-lehrmäßige Bindung der römischen Kirche deutlich stärker ist als im Protestantismus. Doch das darf nicht darüber hinwegtäuschen, daß auch für eine Vielzahl von römischen Theologen und Priestern das Dogma, der Glaube, eine im Menschen gründende Sache ist.

Im übrigen läßt sich unter Verweis auf die römische Lehre von der apostolischen Tradition eine generelle Offenheit für die Fortsetzung der Offenbarung als wachsende Einsicht in die geschehene Offenbarung ausmachen. Aber sie beansprucht, daß sie unter dem Beistand des Heiligen Geistes die von den Aposteln mündlich überkommene Tradition weiterzugeben und im Lehramt

---

[478] Waldenfels, *Einführung in die Theologie der Offenbarung*, S. 47.

[479] Seckler, M. „Der Begriff der Offenbarung", in: *Handbuch der Fundamentaltheologie. Band 2. Traktat Offenbarung*, S. 57.

[480] Pannenberg, W. „Offenbarung und ‚Offenbarungen' im Zeugnis der Geschichte", in: *Handbuch der Fundamentaltheologie. Band 2. Traktat Offenbarung*, S. 63-82.

beide zu erklären und auszubreiten habe. Dabei schreite sie in Richtung der Fülle der göttlichen Wahrheit fort, so daß der Heilige Geist in der Kirche zu der biblischen Offenbarung hinzutretende und normative Traditionen bilde. Dies hat zum Beispiel dazu geführt, daß das sakramentale Geschehen bei der Messe faktisch an die Stelle des einmaligen Werkes Christi gesetzt wird. DV konstatiert: „... so ist Gott, der einst gesprochen hat, ohne Unterlaß im Gespräch mit der Braut seines geliebten Sohnes ..."[481]. Im Rahmen der Kirche findet also unter dem Etikett „Auslegung" eine Weiterentwicklung der Offenbarung statt. Bekanntlich hat diese sowohl mit dem Papstanspruch als auch mit den Mariendogmen eine Dimension erreicht, die über die heilige Schrift hinausgeht. Der Heilige Geist ist nach römischer Vorstellung so sehr in der Kirche anwesend, daß die im Laufe der Jahrhunderte formulierten Dogmen eine solche Normativität gewinnen, daß sie noch nicht einmal anhand der Schrift bewährt werden müssen, wie das Vorgehen bei der Dogmatisierung der Himmelfahrt Mariens zeigt. Das heißt: Für die römische Fundamentaltheologie gilt, daß Gott sich auch im Horizont der Kirche offenbart.

Hinzu kommt noch ein weiteres: Die römische Lehre läßt grundsätzlich die Tür offen für sogenannte Privatoffenbarungen, also weitere Kundgebungen Gottes im Laufe der Kirchengeschichte. Sie hätten keine autoritative Geltung, vervollständigten auch nicht die geschehene Offenbarung, aber sie „sollen helfen, in einem bestimmten Zeitalter tiefer aus ihr (d.h. der autoritativen Offenbarung; B.K.) zu leben."[482] Das heißt praktisch, daß etwa eine Marienerscheinung zur Vertiefung der in der Bibel gründenden Frömmigkeit dienen soll. Dem Menschen wird damit die Möglichkeit eröffnet, neben der geschehenen Offenbarung doch auch selbst Empfänger von Erscheinungen zu sein, die neben die Schrift treten, *per definitionem* zu ihr hinführen, *de facto* aber geeignet sind, das *sola scriptura* zu relativieren und außer Kraft zu setzen. Solche Erscheinungen aber sind entweder menschliche Projektionen religiöser Erwartungen oder spiritistische Phänomene. Die Schrift jedenfalls weist nicht auf solche Erscheinungen als künftige Bestätigungen der geschehenen Offenbarung hin und empfiehlt sie nicht zur Vertiefung des Glaubenslebens. Es kann also nicht daraus abgeleitet werden, sie seien trotzdem von Gott, weil sie im Rahmen der Kirche stattfänden oder einen formalen biblischen Bezug hätten.

---

[481] DH 4211 (Vaticanum II, DV 8).
[482] *KKK* 67.

4.6.5 Evangelikale Theologie

Zum Thema Inspiration und Offenbarung hat E. Schnabel[483] eine lesenswerte Arbeit vorgelegt. Doch sie bezieht sich, wie der Untertitel erkennen läßt, ausschließlich auf das Zustandekommen der Bibel. Ohne Frage ist auch Inspiration – ich spreche von dieser unter dem Begriff der Theopneustie – ein Element der Offenbarung, geht es doch bei ihr um die Weise, wie Gott durch Menschen geredet hat, also um die zweite Säule der Offenbarung. Es ist aber bezeichnend, daß Schnabel das Element der geschichtlichen Offenbarung eigentlich nur in der Auseinandersetzung mit der modernen Theologie erwähnt. Er sieht richtig, daß diese aufgrund ihres unsachgemäßen Geschichtsverständnisses den Offenbarungsbegriff so modifiziert, daß er nicht mehr dem biblischen entspricht. Ebenso sieht er richtig, daß Gott sich fortschreitend in der von ihm so bezeichneten Heilsgeschichte offenbart hat.[484] Man muß wohl zugestehen, daß es seine Absicht war, ein Buch über die heilige Schrift zu schreiben und daß die geschichtliche Offenbarung deswegen nicht im Horizont seines Themas lag.

Aus dem Umfeld des Arbeitskreises für Evangelikale Theologie, der der Evangelischen Allianz zuzuordnen ist, ist vor kurzem ein Sammelband erschienen, der als der erste von dreien zu dogmatischen Fragen gedacht ist.[485] Er bietet bewußt keine geschlossene Dogmatik, sondern Beiträge verschiedener Autoren zu Themen im Horizont des im Buchtitel anvisierten Gegenstandsbereiches. Die in der evangelikalen Szene zur Zeit virulenten Fragen werden behandelt: Bibeltreue, Kanonfrage, Hermeneutik, interdisziplinäre Fragen und praktisch-theologische Fragen. Das Zueinander von Bibel und Erfahrung steht im Mittelpunkt, was für sich genommen positiv ist. Auffällig ist aber, daß auch hier das Thema Offenbarung nicht vorkommt außer in Gestalt der Schriftoffenbarung, die aber in Relation zu Glauben und Vernunft gesehen und behandelt wird. Selbst die Theopneustie als Element der Offenbarung wird nicht thematisiert. Ansonsten findet sich ein Aufsatz über Natürliche Theologie.[486] Die Dimension der biblischen Offenbarungsgeschichte wird nicht bedacht. Das ist gerade in diesem Buch eine bedauerliche

---

[483] Schnabel, E. *Inspiration und Offenbarung. Die Lehre vom Ursprung und Wesen der Bibel*. Wuppertal: Brockhaus, 1986.

[484] Schnabel, E. *Inspiration und Offenbarung*, S. 137-140.

[485] Herrmann, Chr. (Hg.) *Wahrheit und Erfahrung. Themenbuch zur Systematischen Theologie*. Band 1: *Einführende Fragen und Gotteslehre*. Wuppertal: Brockhaus, 2004.

[486] Kubsch, R. und Schirrmacher, Th. „Natürliche Theologie: was kann die Vernunft über Gott wissen?" in: Herrmann, Chr. *Wahrheit und Erfahrung*, S. 119-131.

Lücke, denn die Kategorie der Offenbarung ist eine ganz grundlegende und wesentliche, die für die Begründung der Schriftautorität notwendig ist.

Die Frage sei erlaubt, warum die deutschsprachige evangelikale Theologie diese Dimension der Offenbarung nicht zum Gegenstand einer Untersuchung macht, um so mehr, als die geschichtliche Dimension der Offenbarung von größter fundamentaltheologischer Bedeutung ist und praktisch in allen Bereichen der Theologie spezifische Folgen hat, nicht zuletzt auch für die in der evangelikalen Szene vieldiskutierte Hermeneutik. Haben die Autoren des letztgenannten Werkes diese Dimension vergessen oder gar bewußt vernachlässigt?

Ein flüchtiger Seitenblick auf einzelne wichtige evangelikale Werke aus dem angelsächsischen Raum[487] führt leider auch zu keinen neuen Erkenntnissen. Es finden sich dort viele schriftgemäße Aussagen über die heilige Schrift, in der – zu Recht – die Offenbarung Gottes gesehen wird. Aber die Dimension der Geschichte, von der die Schrift spricht und in der das andere Element der Offenbarung steht, wird nicht weiter thematisiert. Daß damit die Offenbarung in der Geschichte nicht geleugnet ist, liegt auf der Hand. Insofern wird also der Bibel entsprochen, als sie ja tatsächlich von geschichtlichen Ereignissen spricht, durch die Gott sich offenbart hat. Auch die Einsicht, daß die Offenbarung in Wort und Tat geschehen ist, wird explizit dargestellt. Findet sich bei L. Berkhof, der überdies nicht eigentlich evangelikal zu nennen ist, sondern reformiert, eine nicht geringe Orientierung am traditionellen instruktionstheoretischen Konzept von Offenbarung, so läßt sich bei den neueren Autoren eine breite Offenheit für eine fortgesetzte personale Offenbarung erkennen. Das heißt aber, daß die Exklusivität der biblischen Offenbarungsgeschichte nicht ausreichend gewürdigt wird. Generell gilt, daß in den vorliegenden Werken die Dimension der Offenbarungsgeschichte in der Regel nur sehr knapp behandelt wird. Es ist dann nur konsequent, daß der Offenbarungsbegriff existentiale Züge trägt. Als Beispiel sei P. Jensen erwähnt, der Offenbarung unter der Perspektive der (subjektiven) Erkenntnis Gottes behandelt und die Bibel, insbesondere Jesus und das Evangelium als Mittel für die sich beim Menschen ereignende Offenbarung sieht.

In der neupietistischen Frömmigkeit ist die Vorstellung weit verbreitet, daß Gott auch heute noch rede. Ernstmeinende Christen erwarten insbesondere

---

[487] Berkhof, L. *Introduction to Systematic Theology* (1932). Grand Rapids: Baker, 1979; Morris, L. *I Believe in Revelation*. London u.a.: Hodder & Stoughton, 1976; Grudem W. *Systematic Theology. An Introduction to Biblical Doctrine*. Leicester: Inter-Varsity Press, 1994; Jensen, P. *The Revelation of God*. Leicester: Inter-Varsity Press, 2002.

die „Führung durch den Heiligen Geist". Hierbei beansprucht der Gläubige, durch innere Stimmen oder Eindrücke oder durch besonders unter die Haut gehende Bibelworte Gottes Stimme direkt zu vernehmen. Resultat solcher „Offenbarungen" sei, daß der Christ erfahre, was sein Auftrag sei oder was er in einer spezifischen Situation tun solle. Doch nicht mehr die Freiheit, die aus dem Hören und Anwenden des biblischen Wortes kommt, sondern die knechtische, im Prinzip auf den einzelnen Augenblick fixierte Frage „Was soll ich tun?" kennzeichnet das Leben eines solchen Christen. Enttäuschung macht sich breit, wenn die gedachte göttliche Informationsquelle nicht so sprudelt, wie man es sich erhofft hat. Zur Lösung dieses Problems scheint sich die Pfingst- oder charismatische Bewegung anzubieten. Diese Gruppen glauben in schwärmerischer Weise an die Gottesunmittelbarkeit des Christen und lehren, daß Gott durch den Heiligen Geist auch heute noch prophetisch rede, sei es durch die Gabe der Prophetie oder die der Zungenrede. Zwar könne und müsse alles an der Bibel geprüft werden, aber doch gebe Gott der Gemeinde durch die genannten Gaben Wegweisung. Damit ist das biblische Offenbarungskonzept aufgebrochen zugunsten aktueller Mitteilungen, für die der Heilige Geist und seine Gaben beansprucht werden.

4.7 Bemerkungen im Anschluß an die neuere Theologie

4.7.1 Offenbarung und Wirklichkeit

Der Offenbarungsbegriff ist in der neueren Theologie zur Chiffre geworden für die bewußte Wahrnehmung des Allgemeinen, Umfassenden und die Existenz als ganze Betreffenden. Sie ereignet sich wieder und wieder und wird als existentielle Anrede oder als Existenzwandel erlebt und beschrieben. Die Bindung an den Menschen ist ein wesentliches Kennzeichen dieses Offenbarungsverständnisses. Diese Sicht ergibt sich zwangsläufig, weil Offenbarung in ihrer theologischen oder, um mit Kant zu reden, metaphysischen Dimension nicht wissenschaftlich aussagbar ist. Infolgedessen bleibt nur der Mensch mit seinem religiösen Bewußtsein, seinem Handeln oder seinem Erleiden übrig, um einen gegenständlichen Bezug der Offenbarung zu gewinnen. Falls man noch von der Existenz Gottes ausgeht, kann Offenbarung nur als eine Art Abdruck gesehen werden, den die Manifestation Gottes im menschlichen Bewußtsein hinterläßt. Ein Ereignis aber objektiv als Manifestation *Gottes* auszusagen oder einen Menschen (Jesus) als Gott zu prädizieren, ist mit den Mitteln einer auf die Immanenz beschränkten Wissenschaft nicht möglich. Auf diese Problematik ist bei der Besprechung des Verhältnisses zwischen Theologie und Wissenschaft in einem späteren Teil ausführlich einzugehen.

Die moderne Theologie ist zum größten Teil Schleiermacher gefolgt, die Wirklichkeit Gottes im religiösen Bewußtsein des Menschen zu lokalisieren. Hier fand sie eine empirische Größe, an der sie ihre wissenschaftliche Tätigkeit ausüben konnte. Sie hat freilich auch ihr wissenschaftliches Instrumentarium an der Bibel betätigt, doch inhaltlich war dies vorwiegend Bibelkritik, die dahin führte, die von der Bibel berichteten Fakten der Offenbarung zu bestreiten oder zu relativieren, und den erwähnten Erschließungsgeschehnissen den Vorzug zu geben. In diesen hat die neuere Theologie die Offenbarungswirklichkeit. Das theologische Element in diesen Erschließungsgeschehnissen verortet sie in deren Unverfügbarkeit. Indem sie sagt, daß die in ihnen vermittelte Erkenntnis für den Menschen eine solche sei, die er sich nicht selbst erschließen könne[488], möchte sie herausstellen, daß diese Erkenntnis von außen komme. Wäre sie eine Erkenntnis, über die der Mensch verfügen könnte, wie etwa das Verstehen der Bruchrechnung, dann wäre sie eine natürliche und machbare Erkenntnis. Dazu ist zu sagen:

(1) Es entspricht ganz dem kantischen Verständnis von Wissenschaft, daß die neuere Theologie auch unter dem Postulat der Unverfügbarkeit ein Geschehen anvisiert, das man empirisch feststellen kann. Will sagen: Man kann beobachten, daß es dem einen gegeben ist, religiöse Erschließungserlebnisse zu haben, dem anderen nicht.

(2) Die Unverfügbarkeit empfiehlt sich als die sichtbare Seite des Göttlichen. Über das Göttliche oder Gott selbst kann man keine positive oder „wissenschaftliche" Aussage machen. Allenfalls sind dazu Glaubensaussagen möglich. Wohlwollend interpretiert läßt sich also hier eine Offenheit für das Reden von Gott feststellen.

(3) Kritisch betrachtet muß man aber feststellen, daß selbst dann, wenn diese Erkenntnis dem Anschein nach vom Menschen ungesucht ist, sich ihm aufdrängt oder ihn gegen seinen Willen überzeugt, sie deswegen noch nicht von außen kommen muß. Sie ist nach wie vor eine Potenz des natürlichen Menschen und kann in dieser Weise verstanden werden. Daß ‚Gott' oder ‚das Göttliche' oder die ‚Ursprungsmacht' oder das ‚Urprinzip' allen Seins in diesem Sinne verstanden werden kann, zeigt die Philosophiegeschichte zuhauf: Wo immer das Aktualistische oder Prozessuale, wo immer ‚Geschehen', das zu Höherem führt, als das Göttliche dechiffriert wurde, haben wir eine philosophische und dem natürlichen Menschen gemäße Deutung der Wirklichkeit zu sehen. Das „Erschließungsgeschehen" selbst ist dabei nichts anderes als das, was im Rahmen der Existenzbedingungen der Welt und des

---

[488] Vgl. Härle, *Dogmatik*, S. 82.

Menschen möglich ist. Mithin ist seine Unverfügbarkeit nur Deutung, aber noch keine begründete Aussage über die Wirklichkeit Gottes und seines Handelns.

4.7.2 Offenbarung und Geschichte

Lessings abwertende Äußerung über die „zufälligen Geschichtswahrheiten" und seine bekannte Aussage über den „garstigen Graben", der zwischen ihm und der Niederschrift des Neuen Testaments liege, weist auf den Bereich, den der moderne Mensch als Problem empfindet: die Geschichte. Es liegt im Wesen der Geschichte, einmalig zu sein. Hinzu kommt, daß der zeitliche Abstand zu einem Ereignis immer größer wird und das Ereignis damit in immer größere Ferne rückt, was einen Beweis und ein sachgemäßes Verstehen erschweren kann. Zwar finden sich immer wieder Muster, nach denen Geschichte abläuft, aber die individuellen Protagonisten und die spezifischen Umstände sind doch bei jedem Ereignis anders. Geschichtliche Ereignisse sind nicht reproduzierbar. Sie sind grundlegend anders als chemische oder physikalische Geschehensabläufe, die im Labor jederzeit reproduzierbar und kontrollierbar sind. Weil sich Geschichte einer so beschaffenen empirischen Überprüfbarkeit entzieht, können mit den Mitteln der Geschichtswissenschaft nur Wahrscheinlichkeitsurteile gefällt werden. Daher möchte man meinen, Gott habe bei der Wahl der Geschichte als Ort und Mittel der Offenbarung Pech gehabt: Wußte er nicht, daß Geschichte nicht bewiesen werden kann wie der Satz des Pythagoras? Wußte er nicht, daß historische Urteile nur Wahrscheinlichkeitsurteile sind? Wußte er nichts von Lessings garstigem Graben? Joest bringt auch hier die Problematik auf den Punkt, wenn er fragt:

> „Wie kann für ein *einzelnes* und *vergangenes* Ereignis dieses Stromes menschlicher Geschichte eine *unbedingte*, jede Gegenwart und Zukunft bestimmende Bedeutung für alle behauptet werden? ... Wie kann auf ein Ereignis vergangener Geschichte, zu dem wir nur über *historische* Nachrichten Zugang haben, deren Verifizierung grundsätzlich nicht über Wahrscheinlichkeitsurteile hinauskommt, eine unbedingte *Gewißheit* des Glaubens gegründet werden?"[489]

Ich kann der von der Aufklärung herkommenden Sicht der Geschichte ein Teilrecht zubilligen, denn tatsächlich eignet der Geschichte ein Element der Relativität. Auch Lessings Beobachtung, daß Nachrichten von erfüllten Prophezeiungen nicht die Erfüllung einer Prophezeiung seien, mag stimmen, auch wenn das Argument nicht sticht, denn eine Nachricht von einem Ereignis berichtet von einem Ereignis, das stattgefunden hat. Das Problem liegt

---

[489] Joest, *Fundamentaltheologie*, S. 48.

nicht in der Zuordnung von Ereignis und Nachricht, auch nicht im stets zunehmenden zeitlichen Abstand zwischen Ereignis/Nachricht und dem Empfänger der Nachricht. Das Problem kann in der Fähigkeit des Menschen zur Lüge liegen, also in der Möglichkeit der bewußten Vortäuschung eines Ereignisses, das so, wie es die Nachricht sagt, nicht stattgefunden hat, oder eben in der grundsätzlichen Abwertung des Geschichtlichen aufgrund der philosophischen Voraussetzung der Priorität des Geistigen (der zeitlosen Vernunftwahrheit) vor dem Geschichtlichen.

Doch nur wenige werden ernsthaft bestreiten, daß Geschichte ein Element der Faktizität und damit der Objektivität besitzt. Ein Geschehen kann nicht einfach hinwegdiskutiert, geleugnet oder gar rückgängig gemacht werden. Es spricht für sich. Man kann es nur im Geist der Lüge verneinen. Es wird dadurch, daß es eine Geschichtstatsache ist, nicht ungewisser. Wenn nun Gott in die Geschichte eingeht und sich in Geschichtstatsachen manifestiert, dann sind wir angewiesen, die bezeugte Geschichte zur Kenntnis zu nehmen. Daß diese Geschichtstatsachen unser kausales Geschichtsbild sprengen, weil Gott sich nicht an die deistische Vorschrift seiner Abwesenheit hält, sondern in der Geschichte handelt, so daß Ereignisse geschehen, deren Ursachen sich der kritischen Erforschung entziehen, ist zunächst nicht widersinnig. Es macht ferner die Zeugen nicht unglaubwürdig, wenn sie solche Ereignisse berichten. Der moderne Mensch hat auch kein Recht, seine strukturell atheistische Auffassung von der Wirklichkeit zum Maßstab für die Stimmigkeit einer biblischen Aussage zu machen. Gott hat sich eben so und nicht anders offenbart.

Wenn die kritische Vernunft sich unter Verweis auf die Geschichtlichkeit der Offenbarung (einschließlich der Bibel) über diese stellt, dann rettet sie zwar ihre Souveränität, doch sie verliert, wie Schaeffer gezeigt hat[490], die Begründung von Rationalität, Sinn, Werten, Normen und jeglicher Gewißheit. Der Pluralismus der Postmoderne mit seiner Frontstellung gegen Wahrheitsansprüche generell und gegen propositionale Wahrheit im besonderen zeigt dies ebenso deutlich wie der Kult des Irrationalen, der seit mehreren Jahrzehnten unsere Kultur prägt. Ich denke hier auch an den Einfluß des Menschenbildes von S. Freud und C.G. Jung und an den daran anschließenden Protest gegen die Rationalität von seiten der Frankfurter Schule.

---

[490] Schaeffer, F.A. *Preisgabe der Vernunft.* Genf u.a.: Haus der Bibel, 1970.

4.7.3 Offenbarung und der Mensch

Die Verquickung der Offenbarung mit dem Menschen, wie sie in der neueren Theologie postuliert wird, wird unterschiedlich aufgefaßt. Bei Schleiermacher ist es das Gefühl der schlechthinnigen Abhängigkeit, der Sinn und Geschmack fürs Unendliche. In der existentialen Theologie Bultmanns ist sie das Betroffenwerden der menschlichen Existenz vom Anspruch Jesu, die Erkenntnis, daß man von Gott als der alles bestimmenden Wirklichkeit abhängig ist. Lutherisch gewendet geschieht Offenbarung in der Erfahrung, aus Gnaden gerechtfertigt zu sein. In den Genitivtheologien des 20. Jahrhunderts ereignet sich Gott in der mit dem Genitiv bezeichneten Bewegung: der Geschichte (Pannenberg) der Befreiung von Unterdrückung (Gutiérrez), des Schmerzes Gottes (Kitamori), in der Hoffnung (Moltmann) im feminin vertieften Empfinden und Handeln (Feminismus). So sehr Karl Barth das Eingehen Gottes in das menschliche Bewußtsein ablehnte, so wenig ist auch er frei von der Bindung der Offenbarung Gottes an die menschliche Existenz: Das punktuelle, unverfügbare und im Grunde unaussprechliche Ereignis der Offenbarung steht unzweideutig im Horizont der menschlichen Existenz und wird in Erinnerung und Erwartung zum Gegenstand des menschlichen Bewußtseins.

Die Einbeziehung des Menschen entspricht nicht weniger der Intention der Aufklärung, daß der individuelle Mensch selbst wahrnehme, verstehe und beurteile. Wenn Lessing[491] sagt, daß zufällige Geschichtswahrheiten der Beweis für notwendige Vernunftwahrheiten nie werden könnten und daß nur die vor seinen Augen erfüllten Prophezeiungen echte Prophezeiungen seien, dann spiegelt diese Forderung die Hybris des modernen Menschen wider, in der sich das erkennende Subjekt der Geschichte entzieht, jener Dimension, in der es Gott gefallen hat, sich zu offenbaren. Ohne zwingenden Grund verneint er historische Evidenz und akzeptiert nur das als sicheres Wissen, was sich vor seinem leiblichen oder geistigen Auge ereignet und was er rational einordnen kann. Diesen auf Kant zurückgehenden Kriterien unterliegt denn auch der Offenbarungsbegriff, der auf diesem Wege philosophisch umklammert wird.

Diese Umklammerung gewinnt eine noch tiefere Dimension dadurch, daß – wiederum gemäß der Philosophie Kants – das Ding an sich, der Erkenntnisgegenstand, nie erkannt wird, sondern daß ein Erkenntnisgegenstand immer nur in seiner Erscheinung beim Menschen zugänglich ist. Demzufolge könnte Gott sich noch so sehr in äußerlicher Form offenbaren, der erkennende

---

[491] Lessing, *Der Beweis des Geistes und der Kraft,* in: *KThGQ* IV/1, S. 120.

Mensch könnte die Offenbarung immer nur in der Weise erkennen, wie sie ihm subjektiv erscheine und daher nie sicher sein, sie so zu haben, wie sie wirklich ist. Er könnte nie sicher sein, sie richtig verstanden zu haben. Diese Sicht ergibt sich im Anschluß an Kant in einer besonders radikalen Form bei J.G. Fichte sowie im modernen Konstruktivismus. Hier zeigt sich einerseits die geistige Autonomie, die der Mensch beansprucht, in der er geradezu unangreifbar wird und in der er sich vor dem Zugriff durch äußere Gegebenheiten „schützt", andererseits zugleich die Ungewißheit im Blick auf das Erkannte oder Gewußte als negative Folge dieser Anschauung.

Ist Offenbarung erst dann wirklich gegeben, wenn der Mensch sie verstanden hat? Ist der subjektive Verstehensakt Teil des Offenbarungsgeschehens? Es ist keine Frage, daß die Offenbarung das subjektive Verstehen intendiert. Ich unterscheide dieses aber von der vorgegebenen Offenbarung und bezeichne es mit dem Begriff *Erleuchtung*[492]. Bei dieser geht es nicht um Offenbarung, sondern um das Verstehen der bereits vorliegenden Offenbarung. Zwar erscheint der Akt der Erleuchtung aus menschlicher Sicht bisweilen wie eine Offenbarung und wird nicht selten so erfahren, doch der sachlichen Klarheit wegen muß er von der Selbstkundgabe Gottes in der Geschichte und in der heiligen Schrift unterschieden werden. Es ist darum in der geplanten Studie über das Zueinander von Gott und Mensch, in der die Erkenntnisproblematik behandelt wird, auf diesen Sachverhalt und vor allem auf seine für den Glauben fatalen Folgen noch einmal einzugehen. Hier jedenfalls soll festgehalten werden, daß die nach der heiligen Schrift vorliegende und abgeschlossene Offenbarung relativiert wird, wenn Offenbarung zu einem Ereignis beim Menschen gemacht wird. Offenbarung ist nicht mehr Fundament des Glaubens, sondern Implikat oder gar Produkt menschlicher Religiosität. Oder, um es aus einer anderen Perspektive auf den Punkt zu bringen: Der Mensch macht sich zur notwendigen Bedingung für die Gottesereignung. Das aber ist eine neue Form des Wie-Gott-sein-Wollens. Ich widerspreche damit allen modernen Konzeptionen, die die Offenbarung zu einem Ereignis beim Menschen oder unter Verweis auf die angeblich dialogische Struktur der Offenbarung den hörenden und antwortenden Menschen zur *conditio sine qua non* (notwendigen Bedingung) der Offenbarung machen.

Angesichts der Tatsache, daß der Mensch aus sich heraus die Offenbarung nicht verstehen kann[493], bedarf es des Heiligen Geistes, um diese subjektive Erkenntnis der Offenbarung zu ermöglichen. Der Heilige Geist aber wirkt

---

[492] Vgl. 2Kor 4,6; Eph 1,18; Hebr 6,4.
[493] 1Kor 2,14.

nicht neben dem biblischen Wort, sondern mit diesem[494], allerdings nur bei dem, dem Gott es nach seinem gnädigen Rat gibt. Die stete Sorge der existentialen Theologie, daß man Gott und sein Wort nicht in unzulässiger Weise verobjektiviere und in die Verfügungsgewalt des Menschen stelle, ist daher vollkommen unbegründet. Der Mensch kann nicht sich selbst mit Hilfe der als Wort Gottes verstandenen und irrtumslosen Bibel ins Heil stellen. Mir erscheint diese Sorge vielmehr ein Feigenblatt zu sein für die nicht vorhandene Bereitschaft, die Bibel in ihrer äußerlichen Gestalt als Wort Gottes anzuerkennen.

Im übrigen ist es ohnehin so, daß das Wort, das Gott in und mit der heiligen Schrift geredet hat, immer schon sein Wort ist, also das Wort eines persönlichen Gottes, das darum nie eine von der Person Gottes isolierte, rein denkerische Wahrnehmung zur Folge haben kann. Das menschliche Denken ist stets personal-werthaft. Darum geschieht die Begegnung des Menschen mit der Bibel nie von der Warte des neutralen Beobachters aus, sondern immer unter der Vorgabe der Erwählung oder des Nicht-Erwähltseins, wobei der Nichterwählte sowohl ein bibeltreuer Schriftgelehrter als auch ein liberaler Bibelkritiker als auch ein ganz normaler Agnostiker sein kann.

4.7.4 Offenbarung und Heil

Es besteht eine Art Konsens in der neueren Theologie existentialer Interpretation, daß die Wahrheit des Evangeliums *hinter* ihrer konkreten Erscheinungsform zu finden sei. Darum wird heute auf dem Wege der Hermeneutik versucht, das Zeit- und Kulturgebundene der Bibel vom Überzeitlichen zu trennen. Gesucht wird das Wort in den Wörtern, das Kerygma im Mythos oder die geistliche Wahrheit im Unterschied zu der geschichtlichen Gestalt. In der Regel wird dabei die Offenbarung in ihrer konkreten geschichtlichen Gestalt bedeutungslos. An ihre Stelle tritt das aktuelle Gotteserleben des Menschen, der Beweis des Geistes und der Kraft, wie ihn Lessing forderte.

Dabei ist zu bemerken, daß die neuere Theologie Offenbarung und Heilserfahrung ineinssetzt. Sie folgt damit dem Verständnis der Aufklärung, Gott manifestiere sich beim Menschen in Gestalt eines Existenzwandels, durch den der Mensch zu sich selbst oder seiner eigentlichen Bestimmung finde. Wenn Härle[495] Offenbarung als Erschließungsgeschehen versteht und dies inhaltlich so bestimmt, daß es zum Glauben als einem daseinsbestimmenden

---

[494] Vgl. Kaiser, B. „Wie empfange ich den Heiligen Geist?" in: *Bibel und Gemeinde* 2/1993, S. 107-120.

[495] Härle, *Dogmatik*, S. 84.

Vertrauen führt, dann wird das „Heil" des Menschen erst in der aktuellen Ereignung beim Subjekt wirklich. Das gleiche wird auch bei Barth[496] erkennbar. Die aktuelle Ereignung des Wortes Gottes beim Menschen ist für ihn zugleich Offenbarung, Reden Gottes, Ausgießung des Heiligen Geistes, Rechtfertigung und praktisch auch Heiligung. Die genannten Begriffe geben Aspekte ein und desselben Geschehens wieder. Nun ist es zwar richtig, daß die Offenbarung Gottes eine soteriologische Zielsetzung hat, doch ist die Identifikation beider von der heiligen Schrift her nicht statthaft. Offenbarung in Christus ist etwas anderes als die Zueignung des in Christus vollbrachten Heils. Nach der Schrift wird der Mensch zu dem in der Schrift offenbaren Christus gebracht, weil das Heil „in Christus" ist, und er durch den Glauben an ihn daran teilhat. In der neueren Theologie hingegen muß das individuelle Heil erst noch Ereignis werden, so daß man es gerade nicht im Glauben als etwas bereits Vorhandenes empfangen kann.

Indem Offenbarung immer als unmittelbare Ereignung Gottes beim Menschen gesehen wird, haben wir es mit einem schwärmerischen Element zu tun, denn Gottesunmittelbarkeit ist ein Charakteristikum der Schwärmerei.[497] Dies schließt auch ein, daß das Eschaton – der Begriff wird zur bloßen Chiffre für das Göttliche, das sich beim Menschen ereignet – hier und jetzt beim Menschen wirklich wird. Ich identifiziere dies als eine Spielart der Mystik.

‚Wirklich' ist – gerade im Blick auf die Heilswirklichkeit – nicht die Idee oder das Vernunftgemäße. ‚Wirklich' ist nicht die Moral als ein erst noch zu erfüllendes Soll, wie es die Aufklärung forderte. Die Heilswirklichkeit besteht auch nicht in einer geistigen Bewegung im religiösen Bewußtsein des Menschen, nenne man es existentielles Betroffensein (Bultmann), Bekehrung oder Entscheidung (Neupietismus), Gefühl der schlechthinnigen Abhängigkeit (Schleiermacher) Gottesliebe (Augustin), innere Heilung (charismatische Bewegung) oder Selbstfindung (Psychologie). „Wirklich" im Sinne der Heilswirklichkeit ist das von Gott Gesetzte, seine geschichtliche Offenbarung, insbesondere der gekreuzigte und auferstandene Christus.

4.7.5 Die unabgeschlossene Offenbarung

Die von der Bibel berichtete Offenbarung Gottes ist in ihrem Wesen einmalig. Gott will an *diesem* Geschehen erkannt werden. Deshalb darf man biblisches Geschehen nicht als Urbild für eine abbildliche Bewegung im indivi-

---

[496] Barth, *KD* I/1,114 ff., I/2,50 ff., IV/1,634 ff.

[497] Vgl. Kaiser, *Christus allein*, S. 141-158.

duellen oder kirchlichen Leben verstehen, wie es bei der im Pietismus häufig anzutreffenden „geistlichen" Auslegung der Schrift geschieht. Diese versucht auf dem Wege der Allegorese die biblische Geschichte in die individuelle oder kirchliche Existenz hinein zu projizieren und die Offenbarung in die individuelle oder kirchliche Existenz hinein auszudehnen. Das geschieht, wenn an Weihnachten über die Gottesgeburt in der Seele, an Karfreitag über den Kreuzweg des Christen und an Ostern über die geistliche Auferstehung in eine neue Existenz gepredigt wird. Sie verkehrt damit die indikativische biblische Aussage zu einer imperativischen. Diese Art des Schriftverständnisses beinhaltet, daß Christus, das Heil und Gottes Geschichte sich immer neu ereignen oder in abbildlicher oder zyklischer Wiederholung beim Menschen erlebt werden als Realisierung Christi in der Existenz von Menschen. Auch wenn die Geschichtlichkeit der biblischen Aussagen nicht geleugnet wird, werden sie doch gebraucht wie mythologische Texte: der Mythos erzählt bekanntlich, was immer geschieht. So wird die einmalige und unverwechselbare Offenbarung in das Christenleben hineingezogen und zu einem aktuellen Erkenntnisgrund gemacht: Der Christ macht seine Erfahrung zur Offenbarung und will an ihr Gewißheit gewinnen.

Aus den Vorstellungen der neueren Theologie ergibt sich schließlich die grundsätzliche Beobachtung, daß die spezielle Offenbarung nicht einmalig und in sich abgeschlossen ist. Wenn Offenbarung nur beim Menschen vorkommt oder gar nur in seinem Erkenntnisakt wirklich ist oder im Prinzip jedes geschichtliche Handeln Gottes als Offenbarung gesehen wird, dann liegt die Offenbarung selbstverständlich nicht als abgeschlossene Größe vor, sondern ereignet sich immer neu.

Wie ist die Frage der Abgeschlossenheit der Offenbarung in der Kirchengeschichte beantwortet worden? Waldenfels sagt im Blick auf Augustin und die Mehrzahl der altkirchlichen Theologen:

> „Mit den Theologen seiner Zeit ist für Augustinus die Geschichte ein in Christus sich konzentrierender, auf ihn hinführender und von ihm ausgehender Prozeß. ... die Autorität der Schrift ist Christus, der als verbindliche Instanz im Innern des gläubigen Menschen spricht. Das Offenbarungsgeschehen ist als gegenwärtiges Ereignis dialogisch mit der Existenz des jeweiligen Menschen verknüpft. ... Bei Augustinus ist wie bei den meisten Kirchenvätern die Offenbarung kein Ereignis, das abgeschlossen hinter uns liegt, sondern ein gegenwärtiges Geschehen, in das Menschen in ihrer konkreten Christusverbundenheit einbezogen sind. Diese Einbeziehung des Menschen aber ist dann keine rein äußerliche, insofern er in der geschichtlichen Welt lebt, in der auch

die Spuren und Wirkungen Jesu zu finden sind, sondern eine die Existenz innerlich verwandelnde."[498]

Diese Ansicht bejaht eindeutig die Unabgeschlossenheit der Offenbarung. Nun muß aber im Blick auf die Alte Kirche gefragt werden, ob sie wirklich in dem von Waldenfels dargestellten Sinn die von der Schrift bezeugte geschichtliche Offenbarung als bloßen „Startschuß" für eine weitere Selbstkundgabe in der Kirchengeschichte sah, oder ob sie nicht doch die Offenbarungsqualität jener von dem Handeln Gottes in der Kirche unterschied. J.N.D. Kelly[499] verdeutlicht, daß die Alte Kirche sich sehr wohl bewußt war, daß Gott in Jesus Christus maßgeblich geredet hatte. Daher war für sie die Heilige Schrift und das, was der Kirche von den Aposteln her übergeben war, die von Gott (in Christus) gesetzte Norm. Indem sie bekannte, daß der Heilige Geist durch die alttestamentlichen Propheten geredet hatte und Christus und seine Apostel als die schlechthinnige Autorität ansah, unterschied sie die Äußerungen der Kirche und die Ereignisse der Kirchengeschichte von der in der Bibel und der von ihr berichteten Geschichte. Auch wenn die Alte Kirche keine spezifische Offenbarungslehre entwickelt hat, muß doch erkannt werden, daß sie aufgrund der biblischen Evidenz eine spezifische Offenbarung Gottes anerkannte. Auch die Tatsache, daß im Laufe des zweiten Jahrhunderts von der apostolischen Tradition geredet wurde, weist auf den Vorgabecharakter der neutestamentlichen Botschaft. Gleiches beweist das Bemühen um den Kanon und die Normativität der apostolischen Schriften als authentische Kunde von Jesus. Freilich heißt das nicht, daß Gott in der Kirchengeschichte nicht auch handeln würde, nur hat dieses Handeln nicht Offenbarungsqualität. Dieser Sachverhalt wird im römischen Umfeld anders gesehen. Hier ist die Tradition durchaus eine zweite Quelle der Offenbarung Gottes.

Die Frage, ob die Offenbarung abgeschlossen ist oder nicht, ergibt sich auch aus der Ecke des Neupietismus und der Charismatik, insofern auch hier ein aktuelles kommunikatives Wirken Gottes über die heilige Schrift bzw. über die apostolische Zeit hinaus postuliert wird. Der Charismatiker J.R. Williams sagt:

> „Zusätzlich zur besonderen Offenbarung, die mit dem apostolischen Zeugnis vervollständigt ist, offenbart sich Gott denjenigen, die der christlichen Gemeinde angehören. Diese Offenbarung ist untergeordnet oder zweitrangig ge-

---

[498] Waldenfels, H. *Einführung in die Theologie der Offenbarung.* Darmstadt: Wiss. Buchges., 1996. S. 64-66.

[499] Kelly, J.N.D. *Early Christian Doctrines.* London: Harper & Row, 1960, S. 30 ff. („Tradition and Scripture")

genüber der besonderen Offenbarung, wie sie in der Schrift niedergelegt ist. ...
Sie ist lediglich eine tiefere Anerkennung des bereits Geoffenbarten oder das
Mitteilen einer Botschaft für eine gegenwärtige Situation, was im wesentlichen dem zuvor Erkannten nichts Neues hinzufügt. ... Aber daß es untergeordnete Offenbarung gibt, kann nicht geleugnet werden. Durch solche Offenbarung will Gott seinem Volk sowohl weitere Bereiche christlicher Erfahrung
eröffnen als auch das Leben der christlichen Gemeinde stärken. Es ist ein
Weg, auf dem Gott uns in ein ständig wachsendes Verständnis seiner Gnade
und Wahrheit führt."[500]

Williams wird nicht müde zu betonen, daß die Offenbarung mit Christus und
den Aposteln vollständig gegeben sei und in der Bibel vorliege. Hierin
unterscheidet er sich von der neueren Theologie. Doch indem die Schrift
generell als (normativer) Rahmen gesehen wird, innerhalb dessen einzelne
untergeordnete Formen der Offenbarung angenommen werden, wird zwar
formal die Bibeltreue gewahrt, aber praktisch der Schrift eine weitere Erkenntnisquelle nebengeordnet. Der Mensch wird darauf eingestellt, neben der
Schrift noch andere Informationen von Gott zu empfangen. Daß diese anhand
der Schrift geprüft werden müssen ist dabei unerheblich, denn es geht um das
Prinzip. Und diesem zufolge ist das reformatorische *sola scriptura* aufgebrochen und eine formal bibeltreue Konkurrenz zur Schrift etabliert.[501] Man
beachte bei diesen Anschauungen auch die Nähe zum römisch-katholischen
Offenbarungsverständnis.

Die sich ebenfalls breit auf direkte Gottesoffenbarungen in Gestalt von
Zungenreden und Weissagungen berufende alte Pfingstbewegung hat den
Christen – formal durchaus im Einklang mit der Schrift – zum Heiligungs-
ernst ermahnt. Doch indem der Christ nicht zum Glauben an Christus und zu
einem Leben im Glauben gerufen wird, wird der gesetzliche und unevangeli-
sche Charakter dieser Bewegung offenbar. Gleiches gilt für die Charismatik,
die die direkte Einwirkung Gottes auf den Menschen, die Heilung seiner

---

[500] Williams, J.R. *Systematische Theologie aus charismatischer Sicht.* Bd. 1. Wuppertal:
One Way, 1995, S. 57-59.

[501] Bibeltreue Charismatiker wie auch Williams betonen zu ihrer Rechtfertigung immer
wieder, daß diese untergeordneten Offenbarungen der Schrift nie widersprechen dürften.
Daß damit gleichwohl die Tür für Widerbibliches aufgestoßen wird, beweist der vor etwa
zehn Jahren aktuelle Toronto-Segen. Formal konnte man in dieser Bewegung, die mit
seltsamen und ekstatischen Erscheinungen auftrat, kaum Widersprüche zur Bibel finden,
denn die Schrift sagt an keiner Stelle, daß es solche Dinge nicht geben dürfte. Deswegen
konnten diese Phänomene von vielen als christlich und schriftgemäß angesehen werden,
obwohl nicht ersichtlich war, wie und wieso sie der Erkenntnis Christi dienten oder wie
sie eine Frucht derselben waren. – Gleiches ist auch in weniger spektakulären Strömungen
der charismatischen Bewegung zu finden.

inneren Verletzungen oder die Fähigkeit zur unmittelbaren Kommunikation mit Gott durch die Zungenrede zu einem Erlebnissoll macht. Hier wird die Betätigung der Gabe der Zungenrede zum Selbstzweck, wenn gesagt wird, daß sie der Weg sei, auf dem der Christ zu einer intensiveren Kommunikation mit Gott kommen könne. Die Betätigung der Gabe wird damit zum Erfahrungssoll. Für beide ist die menschliche Erfahrung eine Manifestation Gottes.

4.7.6 Offenbarung?

Zur Beurteilung des Offenbarungsbegriffs in der modernen Theologie möchte ich abschließend die Frage stellen, ob das, was uns die moderne Theologie als Offenbarung vorträgt, den Namen überhaupt verdient hat. Es sind folgende Elemente zu beobachten:

(1) Die moderne Theologie hat keinen redenden persönlichen Gott. Sie steht in der Umklammerung durch die Philosophie Kants, wenn sie sich der Aussage verweigert, Gott habe sich in der von der Bibel beschriebenen Geschichte und in der Bibel selbst offenbart. Diese Umklammerung ist fatal, weil sie das Wesen der Offenbarung zunichte macht.

(2) In der modernen Theologie hat Offenbarung keine objektive Dimension. Sie ereignet sich immer nur am Menschen und weist den Menschen immer an sein religiöses Erleben. Sie steht im Rahmen dessen, was der Mensch immer schon wissen oder erleben kann. Deshalb kann sie keine Gewißheit vermitteln.

(3) Die moderne Theologie hat inhaltlich einen philosophischen Gottesbegriff. Das diesem entsprechende Verständnis von Offenbarung entspricht am ehesten dem, was ich im Zusammenhang der allgemeinen Offenbarung gesagt habe. Es ist eigentlich ein Sonderfall der natürlichen Theologie.

(4) Wenn die moderne Theologie im Namen des modernen Weltbildes die vielgestaltige Offenbarung Gottes als mythologische Rede ablehnt, begibt sie sich der wirklichen und erkennbar von außen kommenden Offenbarung. Mit welchem Recht beansprucht das moderne, säkulare Weltbild Geltung gegenüber der Schrift? Wieso soll es Gott nicht möglich sein, aus der unsichtbaren Welt in der sichtbaren zu handeln oder in der letzteren zu erscheinen?

Daß eine solche Theologie sich in die Sackgasse der Bedeutungslosigkeit begibt, ist bedauerlich. Unerträglich ist, daß ein in einer solchen Theologie geschulter Pfarrer keinem Menschen den Weg zum Glauben an Christus und zum ewigen Leben zeigen kann, weil er nicht zur geschichtlichen Offenbarung Gottes und insbesondere nicht zu Christus, dem Gekreuzigten und leibhaftig Auferstandenen weist. Die Kirche verläßt mit einer solchen Theologie das Fundament der biblischen Offenbarung und wird zu einer falschen Kirche.

5 Schluß

5.1 Die Faktizität der Offenbarung

Nachdem ich die verschiedenen Aspekte der biblischen Offenbarung und ihre Deutung in der Kirchen- und Theologiegeschichte erörtert habe, kann ich nun eine Zusammenfassung geben. Der biblische Offenbarungsbegriff beinhaltet folgende Elemente:

(1) Offenbarung geschah im Laufe einer auf einen bestimmten Raum und eine bestimmte Zeit begrenzten Geschichte, die in der Bibel berichtet wird.

(2) Offenbarung besteht aus von Gott direkt gewirkten oder von ihm mittelbar verfügten Fakten.

(3) Diese von Gott gewirkten oder verfügten Fakten sind teilweise Zeichen und Wunder, die als solche die offenbare Botschaft bekräftigen oder den, der sie verkündigt autorisieren.

(4) Die Fakten stehen in einer sinnvollen Beziehung zueinander, indem sie sachlich-inhaltlich dasselbe oder einander Entsprechendes verdeutlichen und/oder als Verheißung und Erfüllung aufeinander bezogen sind.

(5) Die Fakten sind die Grundlage der sie begleitenden prophetischen bzw. apostolischen Rede, durch die sie mitgeteilt und in ihrer Bedeutung erklärt werden.

(6) Die Fakten stehen in sachlicher Relation zu Christus, der mit seiner Fleischwerdung zugleich das Faktum der Gottesoffenbarung und die Heilswirklichkeit schlechthin darstellt.

In diesen Parametern stellt sich die Offenbarung dar, und man muß zugleich sagen: Auf diese Weise und in diesen Parametern stellt sich Gott vor. Daß die Offenbarung auf diese Weise stattgefunden hat, daß sie in der Geschichte steht, daß sie zunächst einem bestimmten – dem jüdischen – Volk galt, um dann von diesem Volk in alle Welt auszugehen, daß sie in der Form einer heiligen Schrift weitergegeben wird, das alles kann zwar als sachgemäß angesehen werden, aber es kann weder begründet noch verneint werden. Es gehört zu den vielen Vorgaben, die die menschliche Existenz kennzeichnen.

Es sollte damit deutlich geworden sein, daß die Bibel eine breite Evidenz bietet, an das Vorgegebensein von Offenbarung zu glauben. Es wäre in der Welt der Religionen schon einzigartig, einen Religionsstifter wie Jesus

Christus zu haben, der den Berichten zufolge mit einer einzigartigen Botschaft, mit Zeichen und Wundern und mit seiner Tat die Menschen überzeugen könnte. Doch sein Auftreten könnte ebenso wie das Auftreten anderer besonderer Menschen oder Ereignisse abgetan werden. Der Gott Jesu Christi indes ließ es nicht mit der bloßen Sendung Jesu bewenden. Er machte sich die Mühe, das Kommen seines Sohnes über Jahrtausende hinweg vorzubereiten, um es erkennbar und verstehbar zu machen. Hier ist also die begründete Perspektive, daß Gott und Wahrheit keine Illusionen sind, sondern daß ein persönlicher Gott Wahrheit kommuniziert hat. Es bedarf einer enormen Kraft zur Verneinung, sich dieser Evidenz zu entziehen. Der Mensch hat diese Kraft, und wird sich ihr weiter entziehen. Doch er tut dies nicht ohne Schuld.

5.2 Die Erkennbarkeit der Offenbarung

Ich habe in der einleitenden Problemskizze die Frage aufgeworfen, wie die spezielle Offenbarung als solche erkennbar wird, wenn der Mensch nicht die Kategorien besitzt, sie zu identifizieren. Am Ende dieser Studie kann nur die Feststellung stehen, daß die Offenbarung in der Gestalt des Geschichtlichen und Faktischen vorliegt und sich selbst als Offenbarung ausweist. Damit wird dem Menschen der Ansatzpunkt für rechte Erkenntnis *gegeben*. Er wird damit von der Aufgabe entlastet, sich selbst oder eine Erkenntnisweise seiner selbst zum Ausgangspunkt gewisser Erkenntnis zu machen. Zwar hat er dies in der Geistesgeschichte regelmäßig versucht, aber es ist ihm, wie gerade das 20. Jahrhundert gezeigt hat, nicht gelungen. Aus biblischer Sicht kann es ihm auch nicht gelingen, denn seine Sündhaftigkeit macht es unmöglich.

Mit der vorgegebenen Offenbarung wird der Mensch angewiesen, in die ihm aus alltäglicher Erfahrung bekannte Welt zu schauen und in ihr die Offenbarung zu sehen. Er wird nicht angewiesen, auf dem Wege abstrakter Spekulationen, mystischer Erfahrungen oder esoterischer Weisheit seine Informationen zu gewinnen. Das, was ihm in der biblischen Offenbarung vorgeführt wird, ist sichtbar, greifbar und – vor allem im Blick auf das geredete Wort – auch verstehbar. Erkennbar wird die Offenbarung anhand mehrer Faktoren, die sie als Offenbarung „auffallen" lassen, anhand bestimmter Anomalien, die trotz der Geschichtlichkeit nicht als alltägliche Erfahrungen eingeordnet werden können. Ich nenne hier folgende Elemente:

(1) *Geschichtlichkeit*. Daß die Offenbarung in der Dimension der Geschichte steht, ist an sich schon auffällig. Die Geschichte generell läßt sich nur aufgrund einer weltanschaulichen Vorentscheidung als Offenbarung verstehen. Das ist etwa bei einer pantheistischen oder dem Pantheismus verwandten Sicht möglich. Wenn aber Gott in al-

len Dingen ist, dann ergibt sich das Problem, was denn an der Geschichte „offenbar" wird; Offenbarung läßt sich dann nicht spezifizieren. Man kann Offenbarung bescheidener als Manifestation Gottes ansehen, wenn man bestimmte Ereignismuster als solche bestimmt. Wenn die Theologie der Befreiung den Kampf gegen Unterdrückung und Ausbeutung oder die feministische Theologie die Befreiung vom Patriarchat und dem Sexismus als Verwirklichung der Gottesherrschaft ansehen, dann hat man zwar einen Bezug zur Geschichte. Aber diese Anschauungen folgen sehr spezifischen ideologischen Vorgaben und haben nichts mit Offenbarung zu tun, denn dem Menschen wird nichts gesagt, was er nicht schon von selbst wissen oder ersinnen könnte. – Andererseits wird Offenbarung häufig als das gegenüber der Geschichte Andersartige aufgefaßt, als existentielles Betroffensein, als mystische Schau, als spekulative Erkenntnis oder als esoterische Wahrheit, mithin als Gnosis. Daß die biblische Offenbarung hier einen Mittelweg vorstellt, der weder das Ganze der Geschichte als Offenbarung sieht, noch die Offenbarung geschichtslos auffaßt, und doch wirklich Neues, was keinem Menschen je in den Sinn gekommen ist, bietet, ist in der Welt der Religionen und Weltanschauungen ebenfalls auffällig.

(2) *Zeichen und Wunder.* Bei aller Unschärfe des Wunderbegriffs namentlich im Licht der Quantenphysik liegt es doch auf der Hand, daß Wunder wie die Geburt durch eine Jungfrau, die spontane Heilung eines Kranken, die Auferweckung eines Toten und ähnliche Ereignisse „Aufsehen erregen", weil sie der Erfahrung widersprechen. Daß die Wunder nicht als Schauwunder um ihrer selbst willen geschehen, sondern im Dienst der Botschaft und der Autorisierung des Boten, macht sie um so glaubwürdiger.

(3) *Verheißung und Erfüllung.* Diese sind, wie oben ausgeführt, ebenfalls auffällige Momente. Der Schluß liegt nahe, daß die vorhergesagten Ereignisse nicht zufällig eintreten, sondern durch die Verfügung Gottes.[502]

(4) *Die Einzigartigkeit der biblischen Botschaft.* Der biblische Gottesbegriff – dreieinig, persönlich und ewig – ist in der Welt der Reli-

---

[502] Vgl. DH 3009. Freilich ist aus reformatorischer Sicht zu sagen, daß selbst das vernünftigste Argument einen Menschen nicht überzeugen kann, wenn Gott es ihm nicht nach seinem Gnadenratschluß gibt. Die massenhafte Verneinung aller biblischen Evidenz zeigt die Kraft des Widerstandes gegen Gottes Wort.

gionen einzigartig. Ebenso einzigartig ist, daß Gott den Menschen liebt und ihn rettet, indem er sich selbst in seinem Sohn zu Opfer gibt und auf diese Weise die Sünden der Welt sühnt und sie mit sich versöhnt.

5.3 Die soteriologische Zielsetzung der Offenbarung

Im Unterschied zur allgemeinen Offenbarung, die zum Aufweis des Abfalls von Gott und des Darniederhaltens der Wahrheit dient und Grund für die Anklage und die Verurteilung im Gericht Gottes ist, hat die spezielle Offenbarung den Zweck, den Menschen zum Heil zu führen, weshalb wir sie billigerweise Heilsoffenbarung nennen. Dies geht aus den Zielsetzungen, die die Heilige Schrift im Blick auf die von ihr berichtete Geschichte generell erkennen läßt, und speziell aus der Zielsetzung, die sie ausdrücklich verfolgt, hervor. Sie leistet damit etwas, was die allgemeine Offenbarung im Ansatz nicht leisten kann. Aufgrund der allgemeinen Offenbarung könnte man erwarten, daß Gott den Sünder nach dessen Leistung beurteilt und bestraft. Dies spiegelt sich darin wider, daß der natürliche Mensch sein Verhältnis zu Gott in nomologischen Kategorien versteht und mit einer Vergeltung nach seinen Taten rechnet. Das tut der Heide in seinem Götzendienst und der Idealist in seiner Identifikation von Tugend und Gottesdienst; beide erwarten je auf ihre Weise einen Lohn für ihre Taten. Dies erscheint dem Menschen als einzige Wirklichkeit hinsichtlich seines Verhältnisses zu Gott. Wenn Gott also etwas von dieser Sicht Unterschiedenes sagen will, dann erscheint die spezielle Offenbarung auch aus inhaltlichen Gründen notwendig. Nun liegt es von der Bibel her auf der Hand, daß es bei der Heilsoffenbarung tatsächlich um etwas anderes und gänzlich Neues geht: um das Evangelium von Jesus Christus.

Daß Gott im Rahmen der speziellen Offenbarung nicht bloß redet, sondern auch Wirklichkeit schafft, habe ich besonders entfaltet. Ich meine damit die raumzeitliche, leibhaftige Wirklichkeit des gekreuzigten und auferstandenen Christus, die ich *Heilswirklichkeit* nenne. Aus dem Gesagten ergibt sich als Definition der speziellen Offenbarung:

Spezielle Offenbarung ist die geschichtliche Heilsoffenbarung, die Selbstverschließung Gottes in seiner Liebe zum gefallenen Menschen, die in der Rettung desselben durch seinen fleischgewordenen Sohn Jesus Christus gipfelt.

5.4 Die Bedeutung der Offenbarung

In der von der Bibel vorgetragenen Offenbarung stellt sich der unsichtbare, dreieinige Gott vor. Indem vom Vater im Himmel, dem Sohn, der im Fleisch gekommen ist, und dem Heiligen Geist, der vom Vater und vom Sohn gesandt wird, die Rede ist, wird uns ein zwar komplexer, aber doch in sich vollkommener Gott vor Augen geführt. Er steht in drei Personen, die personal handeln. Er stellt sich als der Schöpfer der Welt vor, der diese auch erhält und der in ihr handelt. Als Gott und Schöpfer ist er der Schöpfung in jeder Hinsicht überlegen. Er stellt sich als Gott vor, der den gefallenen Menschen liebt und rettet, der sich hier auf Erden ein Volk sammelt, dem er in Ewigkeit gnädig sein will. Mithin weist er sich durch das Evangelium aus, durch die gute Botschaft vom Heil. Was er sonst im einzelnen von sich zeigt, ist in der Gotteslehre und in anderen Bereichen der Dogmatik zu erheben. Auf jeden Fall ist dieser Gott einzigartig und in seinem Wesen und Handeln mit anderen Göttern nicht zu vergleichen. Ich interpretiere das als Hinweis darauf, daß dieser Gott nicht von Menschen erdacht ist, sondern daß die Offenbarung ihren Ursprung in Gott selbst hat.

Die Offenbarung tritt mit dem Anspruch auf, normative Offenbarung Gottes zu sein, und zwar in der Doppelheit von Offenbarungsgeschichte und heiliger Schrift, den beiden Säulen, auf denen sie im Raume steht. An den Exklusivitätsanspruch Jesu sei hier erinnert. Gott hat durch die Offenbarung Maßgebliches und für alle Zeiten Verbindliches gesagt. Dagegen zu argumentieren, die Bibel sei doch nur von Menschen geschrieben und folglich seien alle Ansprüche subjektive oder zeitbedingte und damit relative Setzungen, sticht nicht, denn dieses Argument folgt seinerseits der willkürlichen menschlichen Setzung, daß es Offenbarung nicht oder nicht in der vorliegenden Form gebe. Tatsache ist, daß der biblische Geltungsanspruch im Raum steht und an den unter 5.2 genannten Sachverhalten evident gemacht wird. Daraus ergibt sich im Gegenzug die Frage an den Menschen, ob er sich nicht im Namen seiner Vernunft oder seiner subjektiven Geistigkeit eine Autarkie anmaßt, die ihm nicht zusteht und deretwegen er nicht mehr durch äußere und damit notwendigerweise geschichtliche Dinge angesprochen und korrigiert, oder, biblisch gesprochen, zur Umkehr geführt werden möchte.

Das eigentlich Anstößige an der hier vorgestellten Art der Offenbarung ist ihre Diesseitigkeit. Das impliziert ihre äußerliche Schwäche. Damit meine ich, daß Gott sich nicht mit Gewalt aufdrängt und sich nicht mit sichtbarer Macht durchsetzt, sondern er redet, bietet Evidenz, argumentiert und überzeugt. Aber sie macht in diesem Äon dem Widerspruch gegen sie noch kein Ende. Sie ist auch insofern nicht vollkommen, als sie nicht alle Fragen beantwortet, die ein Mensch stellen kann. Sie ermächtigt auch keinen Menschen, keine Institution, keine Kirche, keinen Staat und keinen Papst, sich göttliche Autorität anzumaßen und bestimmte Offenbarungsinhalte mit menschlicher Macht zur Geltung zu bringen. Gott spricht in seiner Offenbarung für sich selbst. Dieser Aspekt ist im Zusammenhang der Autorität der heiligen Schrift noch einmal ausführlich zu bedenken. Doch soll hier so viel gesagt sein, daß die Diesseitigkeit der Offenbarung den Widerspruch gegen sie nicht beendet, sondern häufig dazu herausfordert. Ihr zu widersprechen ist freilich Ausdruck der Feindschaft des Menschen gegen Gott und bestätigt die biblische Aussage von der Sündhaftigkeit des Menschen nur zu augenfällig. Allerdings kann der Widerspruch gegen die Offenbarung ihre Faktizität nicht auslöschen; er kann aber, wie in der Moderne geschehen, ein Netz von falschen Annahmen um die Offenbarung herum spannen, so daß sie als Offenbarung im kulturellen Bewußtsein nicht mehr vorhanden ist.

Nichtsdestoweniger steht die Offenbarung in Raum und Zeit und ist eine außerhalb des Menschen stehende Wirklichkeit. Sie ist prinzipiell allen Menschen zugänglich. Sie zu leugnen, wäre gegen alle Evidenz. Die steht als Faktum da, das nicht ausradiert werden kann. Sie ist vorhanden, und der Mensch kommt immer zu der bereits geschehenen Offenbarung. Niemals wird er nach Abschluß der Offenbarung Teil derselben. Die Kirche, das Volk Gottes, hat in der Offenbarung das Medium ihrer Gotteserkenntnis und die Grundlage ihres Glaubens.

Die Offenbarung steht als vorliegende Größe im Dienst des *sola gratia* (= allein aus Gnaden) und *sola fide* (= allein durch den Glauben). Wäre sie nicht vollständig gegeben, müßte der Mensch immer noch auf weitere Offenbarung warten. Gott aber hat in seiner gnädigen Gesinnung alles gesagt, was zu sagen ist. Dem Menschen kommt es zu, ihn zu hören und ihm zu vertrauen.

Ich bin mir wohl bewußt, daß die hier vorgestellte Gestalt der Offenbarung vom neuzeitlichen Denken als Zumutung empfunden wird. K.R. Popper[503], der geistige Vater des kritischen Rationalismus, ging davon aus, daß menschliche Erkenntnis immer fehlbar ist. Er kämpfte gegen die Idee einer Letztbegründung von Erkenntnis und Wahrheit und lieferte damit dem Denken der Nachkriegszeit ein wesentliches Motiv. Der postmoderne Glaube, es gebe keine Wahrheit, wird oft sehr apodiktisch und intolerant vorgetragen. Doch indem eine Offenbarung im Raum steht, die den Anspruch erhebt, Gottes Wort und damit implizit auch Wahrheit zu sein und zu gelten, wird dieser Glaube herausgefordert. Dies betrifft insbesondere die aktuelle Wertediskus-

---

[503] Popper, K.R. *Logik der Forschung* (1934). 10. Aufl., Tübingen: Mohr/Siebeck, 1994.

sion und die Frage, wie das Phänomen Religion im allgemeinen und die vorhandenen Religionen im besonderen zu bewerten sind.

Wenn das Gesetz Gottes – gemeinhin bekannt in Gestalt der Zehn Gebote – Gottes Wort ist, dann heißt das, daß Gott nicht nur dem jüdischen Volk in seiner Frühzeit, sondern durch das jüdische Volk auf dem Wege der christlichen Verkündigung der ganzen Welt die Grundwerte offenbart hat, die vor ihm, dem Schöpfer, gelten. Es ist dabei unerheblich, ob ein Volk an den Gott der Bibel glaubt oder an einen anderen Gott – der Schöpfer selbst hat die Zehn Gebote verkündigt. Der sich mit ihnen verbindende Anspruch ist universal. Das soll heißen, daß sich die für unsere postmoderne Gesellschaft bitter notwendige Wertediskussion ebenso wie Gesetzgebung und Rechtsprechung billigerweise an den Geboten Gottes orientieren.

Gleiches gilt auch für die Heilsoffenbarung. In deren Licht ist es nicht beliebig, ob ein Mensch Gott im Namen Jesu anruft oder ob er zu Allah, Buddha Shiva oder einem anderen Götzen betet. Jesus selbst und die Apostel als Träger der Offenbarung machen klar, daß es keinen anderen Weg zu Gott gibt als Jesus allein.[504] Der Anspruch, der hier erhoben wird, ist nicht eine subjektive religiöse Projektion der ersten Christenheit, sondern er ist durch das Ganze der Offenbarung gedeckt.

Wenn der postmoderne Pluralismus beansprucht, richtig zu sein, indem er jeglichen Geltungsanspruch als fundamentalistisch oder gar inhuman verneint, wird er selbst fundamentalistisch. Dann steht Anspruch gegen Anspruch. Das aber bedeutet: Der Pluralismus als Weltanschauung, als gedanklicher Entwurf des Menschen, maßt sich Geltung an gegen die geschichtliche Evidenz der Offenbarung. Auf der einen Seite steht das Denkgebäude von der geistigen Autonomie des Menschen, auf der anderen Seite die leiblich-äußerliche Wirklichkeit der geschichtlichen Offenbarung. In diesem Gegeneinander steht die konkrete apologetische Herausforderung für die Christenheit unserer Zeit. Ich kann dieser apologetischen Herausforderung nicht anders begegnen als mit dem Verweis auf die geschehene Offenbarung. Wenn Gott sich tatsächlich in der oben beschriebenen Form in der Geschichte offenbart hat, dann bleibt dem Menschen nur die Anerkenntnis, daß die Offenbarung eben in dieser Gestalt vorliegt. Daß sie anders ist, als der Mensch es gerne hätte, entautorisiert sie nicht. Sie ist eben von Gott und nicht von Menschen. Es ist deswegen vermessen, wenn der moderne Mensch unter Verweis auf sein Wahrheits- und Wirklichkeitsverständnis zur Rettung

---

[504] Joh 14,6; Apg 4,12.

seiner Erkenntnissouveränität das Geschichtliche generell relativiert und insbesondere die Offenbarung in der Geschichte problematisiert. Der Mensch hat vielmehr nach allem, was die Bibel an Offenbarung vorstellt, genug Grund, dem Gott der Bibel zu glauben.

Es ist die Aufgabe der christlichen Kirche, Gottes Wort zu verkündigen, und ihre Berufung, Gott darauf durch die Anbetung im Gottesdienst zu antworten. Ob Gottes Wort gehört wird, steht nicht in ihrer Macht. Sie hat auch nicht das Mandat, Menschen zur Wahrheit zu zwingen, weder mit staatlicher oder militärischer Gewalt, noch mit psychologischer Beeinflussung oder gesellschaftlichen Zwängen. Aber sie soll Gottes Wahrheit verkündigen, denn diese ist in sich selbst lebendig und kräftig[505] und setzt sich nach Gottes Ratschluß durch. Insofern erfüllt auch dieses Buch eine Funktion im Dienst der Kirche Christi. Es möchte den Grund dafür legen, Gott dort zu suchen, wo er zu finden ist, nämlich in seiner Offenbarung. Es möchte dazu motivieren, in der gemeindlichen und evangelistischen Predigt wieder von der geschehenen Offenbarung zu sprechen. Nur so können rechte Gotteserkenntnis, rechter Glaube und authentische christliche Gemeinden entstehen. Selbstverständlich möchte es auch dazu motivieren, Theologie wieder unter der Vorgabe der Offenbarung zu erarbeiten.

---

[505] Hbr 4,12.

Abkürzungs- und Literaturverzeichnis

Angegeben ist die benutzte Literatur. Ich verweise auf die ausführliche Bibliographie bei Herms, E. „Offenbarung V. Theologiegeschichte und Dogmatik", in: *TRE* 25,202-210

CCSL	*Corpus Christianorum Series Latina*
DH	Denzinger/Hünermann (Hg). *Enchiridion symbolorum definitionum et declarationum de rebus fidei et morum. Kompendium der Glaubensbekenntnisse und kirchlichen Lehrentscheidungen.*
DV	2. Vatikan. Konzil: Dogmatische Konstitution *Dei verbum.*
FChr	*Fontes Christiani.*
GuV	Bultmann, R. *Glauben und Verstehen.*
HDThG	Andresen C. (Hg.). *Handbuch der Dogmen- und Theologiegeschichte*
HWPh	*Historisches Wörterbuch der Philosophie*
Inst.	Calvin, J. *Institutio Christianae Religionis*
KD	Barth, K. *Kirchliche Dogmatik*
KdrV	Kant, I. *Kritik der reinen Vernunft*
KThGQ	*Kirchen- und Theologiegeschichte in Quellen*
KKK	*Katechismus der katholischen Kirche*
MPG	Migne, J.P. *Patrologiae cusus completes, series graeca*
MPL	Migne, J.P. *Patrologiae cusus completes, series latina*
MüA	Luther, M. *Ausgewählte Werke. Münchener Ausgabe*
Myst. Sal.	*Mysterium Salutis. Grundriß heilsgeschichtlicher Dogmatik.*
RE³	*Realenzyklopädie für Theologie und Kirche*
RGG³	*Die Religion in Geschichte und Gegenwart, 3. Aufl.*
ScG	Thomas von Aquino. *Summa contra Gentiles*
ST	Thomas von Aquino. *Summa Theologiae*
TRE	*Theologische Realenzyklopädie*
WA	Luther, M. *Werke. Weimarer Ausgabe*
WuG	Ebeling, G. *Wort und Glaube*
ZThK	*Zeitschrift für Theologie und Kirche*

Adam, A. *Lehrbuch der Dogmengeschichte.* Band II. *Mittelalter und Reformationszeit.* 2. Aufl., Gütersloh: Mohn 1972

Albert, H. *Traktat über kritische Vernunft* (1968) 5., verb. u. erw. Aufl., Tübingen: Mohr, 1991

Althaus, P. *Die christliche Wahrheit. Lehrbuch der Dogmatik.* 8. Aufl., Gütersloh: Mohn, 1969

Anselm von Canterbury. *Cur Deus Homo – Warum Gott Mensch geworden.* Besorgt und übersetzt vom F.S. Schmitt. 3. Aufl., München: Kösel, 1970

Anselm von Canterbury, *Proslogion- Untersuchungen,* Lateinisch-deutsche Ausgabe v. F.S. Schmitt. Stuttgart-Bad Cannstatt: Frommann/Holzboog, 1962

Archer, G.A. *Old Testament Introduction.* Chicago: Moody Press, 1994

Augustin, A. *Confessionum libri XIII. CCSL* XXVII.

Augustin, *De catechizandibus rudibus. CCSL* XLVI. S. 115-178

Augustin, *De civitate dei* libri XXII. *CCSL* XLVII und XLVIII.

Augustin, A. *De trinitate* libri XV. *CCSL* L und La

Augustin, A. *Sermo* XLIII in: *CCSL XLI,* S. 508-512

(Barnabasbrief) *Sancti Barnabae Apostolo Epistola Catholica. MPG* 2, Sp. 727-782.

Barth, K. *Credo. Die Hauptprobleme der Dogmatik dargestellt im Anschluß an das Apostolische Glaubensbekenntnis.* 2. Aufl., Kaiser: München, 1935

Barth, K. *Das christliche Verständnis der Offenbarung.* ThExH NF 12, München, Kaiser, 1948.

Barth, K. *Die protestantische Theologie im 19. Jahrhundert.* Bd. 1: *Die Vorgeschichte* (1946). Hamburg: Siebenstern, 1975

Barth, K., *Kirchliche Dogmatik* I/2; II/1 und IV/1

Barth, K. *Nein! Antwort an Emil Brunner.* München: Kaiser, 1934

Beck, H.W. *Die Welt als Modell. Gegen den Mythos vom geschlossenen Weltbild,* Wuppertal: Brockhaus, 1973

Beck, H.W. *Biblische Universalität und Wissenschaft. Grundriß interdisziplinärer Theologie.* Neuhausen-Stuttgart: Hänssler, 1987

Berkhof, L. *Introduction to Systematic Theology* (1932). Grand Rapids: Baker, 1979.

Berkouwer, G.C. *General Revelation.* Grand Rapids: Eerdmans, 1955

Brunner, E. *Natur und Gnade. Zum Gespräch mit Karl Barth.* Tübingen: Mohr, 1934.

Brunner, E. *Offenbarung und Vernunft. Die Lehre von der christlichen Glaubenserkenntnis.* Zürich: Zwingli-Verlag, 1961

Bultmann, R. „Das christologische Bekenntnis des ökumenischen Rates", in: *Glauben und Verstehen* II. 5., erw. Aufl., Tübingen: Mohr/Siebeck, 1968, S. 246-261

Bultmann, R. „Der Begriff der Offenbarung im Neuen Testament", in: *Glauben und Verstehen* III. 3., unveränd. Aufl., Tübingen: Mohr/Siebeck, 1965, S. 1-34.

Bultmann, R. „Jesus Christus und die Mythologie", in: *Glauben und Verstehen* IV. 3., durchges. Aufl., Tübingen: Mohr/Siebeck, 1965, S. 141-189

Bultmann, R. „Welchen Sinn hat es, von Gott zu reden?", in: *Glauben und Verstehen* I. 8., unveränd. Aufl., Tübingen: Mohr, 1980, S. 26-37.

Bultmann, R. „Zum Problem der Entmythologisierung", in: *Glauben und Verstehen* IV. 3., durchges. Aufl., Tübingen: Mohr/Siebeck, 1965, S. 128-137

Bultmann, R. „Zur Frage der Christologie", in: *Glauben und Verstehen* I. 8., unveränd. Aufl., Tübingen: Mohr/Siebeck, 1980, S. 85-113

Calvin, J. *Unterricht in der christlichen Religion. Institutio christanae religionis.* 2., durchges. Aufl. der einbänd. Ausg., Neukirchen-Vluyn: Verlag des Erziehungsvereins, 1963

Clayton, J. „Gottesbeweise" II und III, in: *TRE* 13, S. 740-784

Cranfield, C.E.B. *A Critical and Exegetical Commentary on The Epistle to the Romans.* ICC. Edinburgh: T. & T. Clark, 1982

Cremer, H. *Die christliche Lehre von den Eigenschaften Gottes* (1897). 2. Aufl., Gießen/Basel: Brunnen, 1983

Denzinger, H. *Enchiridion symbolorum definitionum et declarationum de rebus fidei et morum. Kompendium der Glaubenbekenntnisse und kirchlichen Lehrentscheidungen.* Lateinisch-Deutsch. Hg. P. Hünermann. 40. Aufl., Freiburg: Herder, 2005.

Darlap, A. „Fundamentale Theologie der Heilsgeschichte", in: *Mysterium Salutis* I. Einsiedeln u.a.: Benziger, 1965, S. 3-156

Descartes, R. *Meditationes de prima philosophia / Meditationen über die Grundlagen der Philosophie.* In: ders., *Philosophische Schriften in einem Band.* Hamburg: Meiner, 1996.

(Diognet, Brief an) *Epistola ad Diognetum. MPG* 2, Sp. 1159-1186

Douma, J. *Algemene Genade.* 3. Aufl., Goes: Oosterbaan & Le Cointre, 1976

Drewermann, E. *Tiefenpsychologie und Exegese* I. Olten: Walter, 1984

Ebeling, G. „Die Frage nach dem historischen Jesus und das Problem der Christologie" (1959), in: *Wort und Glaube* I. 3. Aufl., Tübingen: Mohr/Siebeck, 1967, S. 300-318.

Ebeling, *Dogmatik des christlichen Glaubens.* Bd. 1., 3. Aufl., Tübingen: Mohr/Siebeck, 1987

Ebeling, G. „Theologische Erwägungen über das Gewissen", in: *Wort und Glaube* I. 3. Aufl., Tübingen: Mohr/Siebeck, 1967, S. 429-446

Eccles, J.C. *Wie das Selbst sein Gehirn steuert.* München: Piper, 1996

Eigen, M., Gardiner, W.C., Schuster, P. und Winkler-Oswatitsch, R., „Ursprung der genetischen Information", in: *Spektrum der Wissenschaften* 6/1981, S. 37-56.

Essen, G. „Neuzeit als Thema katholischer Fundamentaltheologie", in: *Fundamentaltheologie,* hg. K. Müller, S. 30-32

Feuerbach, L. „Das Wesen des Christentums" (1841), in: *Sämtliche Werke,* Bd. 6, hg. v. W. Bolin u. F. Jodl. 2. Aufl., Stuttgart-Bad Cannstatt: 1960

Feuerbach, L. „Vorlesungen über das Wesen der Religion" (1851), in: *Sämtliche Werke,* Bd. 8, hg. v. W. Bolin u. F. Jodl. 2. Aufl., Stuttgart-Bad Cannstatt: 1960

Fichte, J.G. „Die Anweisung zum seligen Leben, oder auch die Religionslehre", *Ausgewählte Werke* 5, hg. F. Medicus. Darmstadt: Wiss. Buchges. 1962

Flasch, K. *Augustin. Einführung in sein Denken.* 2. Aufl., Stuttgart: Reclam, 1994

Fohrer, G. *Einleitung ins Alte Testament.* 11. Aufl., Heidelberg: Quelle & Meyer, 1969

Fries, H. *Fundamentaltheologie.* 2. Aufl., Graz/Wien/Köln: Styria, 1985

Fundamentaltheologie – Fluchtlinien und gegenwärtige Herausforderungen. Hg. Müller, K., Regensburg: Pustet, 1998

Gaffin, R. „The Vitality of Reformed Dogmatics", in: *The Vitality of Reformed Theology.* Hg. Batteau, J.M. u.a., Kampen: Kok, 1994

Gertz, J.Chr. „Mose und die Anfänge der jüdischen Religion", in: *ZThK* 99 (2002), S. 4 und 11.

Gitt, W. *Am Anfang war die Information.* 2., überarb. Aufl., Neuhausen: Hänssler, 1994

Grudem W. *Systematic Theology. An Introduction to Biblical Doctrine.* Leicester: InterVarsity Press, 1994

Günther, H. „Agnostizismus II. Philosophisch", in *TRE* 1, S.93-96

Gustafsson B. „Agnostizismus III. Ethisch", in: *TRE* 1, S. 96-100.

Hägglund, B. *Geschichte der Theologie. Ein Abriß.* München: Kaiser, 1983

Härle, W. *Dogmatik.* Berlin: de Gruyter, 1995

Harris, J. Laird. *Inspiration and Canonicity of the Bible. An Historical and Exegetical Study.* Grand Rapids: Zondervan, 1976.

Hegel, G.W.F. *Phänomenologie des Geistes.* Hamburg: Meiner, 1988

Herrmann, Chr. (Hg.) *Wahrheit und Erfahrung. Themenbuch zur Systematischen Theologie.* Band 1: *Einführende Fragen und Gotteslehre.* Wuppertal: Brockhaus, 2004

Herms, E. „Offenbarung V. Theologiegeschichte und Dogmatik", in: *TRE* 25,146-210

Herms, E. *Offenbarung und Glaube. Zur Bildung des christlichen Lebens.* Tübingen: Mohr/Siebeck, 1992

Irenäus von Lyon. *Adversus haereses*; *Fontes Christiani* 8/2; Freiburg u.a.: Herder, 1993

Jagersma, A.K., Art. „Grund/Ursache", in: *Enzyklopädie Philosophie*, hg. Sandkühler, H. G., Hamburg: Meiner, 199?, S. 518-519

Jensen, P. *The Revelation of God.* Leicester: InterVarsity Press, 2002

Joest, W. *Fundamentaltheologie. Theologische Grundlagen- und Methodenprobleme.* Stuttgart u.a.: Kohlhammer, 1974

Jüngel, E., *Gott als Geheimnis der Welt. Zur Begründung der Theologie des Gekreuzigten im Streit zwischen Theismus und Atheismus,* 2., durchges. Aufl., Tübingen: Mohr/Siebeck, 1977

Junker, R. „Intelligent Design" (2003), www.genesisnet.info/pdfs/Intelligent_Design.pdf; 2004, 14 S.

Junker, R./Scherer, S. *Evolution – Ein kritisches Lehrbuch.* 5. Aufl. Gießen: Weyel, 2001

Justin d. M. *Apologie* I . *MGP* 6, Sp. 327-440

Justin d. M. *Dialog mit Tryho. MPG* 6, Sp. 471-800

Kähler, M. „Offenbarung", in: *RE*^{3}, 14, S. 339-347

Kaiser, B. *Christus allein. Ein Plädoyer für den evangelischen* Glauben. Bielefeld: Missionsverlag, 1996.

Kaiser B. *Luther und die Auslegung des Römerbriefes. Eine theogisch-geschichtliche Beurteilung.* Bonn: VKW, 1995

Kaiser, B. *Schöpfung – eine Grundkategorie in der Theologie Martin Luthers* (1995). 2. Aufl., Walsrode: Gemeindehilfsbund 1997

Kaiser, B. „Wie empfange ich den Heiligen Geist?" in: *Bibel und Gemeinde* 2/1993, S. 107-120

Kanitscheider, B. *Im Innern der Natur. Philosophie und moderne Physik.* Darmstadt: Wiss. Buchgesellschaft, 1996

Kant, I. *Kritik der reinen Vernunft*; in: *Werke in zehn Bänden* hg. W. Weischedel, Band 3, Darmstadt: Wiss. Buchges., 1983

Kant, I. *Prolegomena zu einer jeden künftigen Metaphysik, die als Wissenschaft wird auftreten können*; in: *Werke in zehn Bänden*, hg. W. Weischedel, Band 5, Darmstadt: Wiss. Buchges., 1983, S. 113-264.

Katechismus der Katholischen Kirche. München u.a.: Oldenbourg, 1993.

Kelly, J.N.D. *Early Christian Doctrines.* London: Harper & Row, 1960

Kessler, V. *Ist die Existenz Gottes beweisbar? Neue Gottesbeweise im Licht der Mathematik, Informatik, Philosophie und Theologie.* Gießen: Brunnen, 1999

Kim, Y.-H. „Die universal-heilsgeschichtliche These der Rahnerschule und Pannenbergs universalgeschichtliche Konzeption", in: *Glaube und Geschichte. Heilsgeschichte als Thema der Theologie.* Hg. H. Stadelmann, Wuppertal: Brockhaus; Gießen: Brunnen, 1986. S. 388-389

Kitchen, K. *Alter Orient und Altes Testament. Probleme und ihre Lösungen. Aufklärung und Erläuterung.* Wuppertal: Brockhaus, 1965

Klein, J. „Gottesbeweise", in: *RGG³* II, Sp. 1745-1751

Kößler, H. „Neuzeitlicher Atheismus, philosophisch", in: *RGG³* I, Sp. 672-677

Köstlin, J. „Gott", in: *RE³* 6, S. 790-798

Kropatscheck, F. *Das Schriftprinzip der lutherischen Kirche*, Bd. I: *Die Vorgeschichte.* Leipzig: Deichertsche Verlagsbuchhandlung, 1904

Kümmel, W.G. *Einleitung in das Neue Testament.* 18. Aufl., Heidelberg: Quelle & Meyer, 1973

Künneth, W. *Fundamente des Glaubens. Biblische Lehre im Horizont des Zeitgeistes.* Wuppertal: Brockhaus, 1975

Kuyper, A. *De Gemeene Gratie.* Kampen, o.J.

Lessing, G.E. *Der Beweis des Geistes und der Kraft* (1777), vgl. *Kirchen- und Theologiegeschichte in Quellen* IV/1, hg. Krumwiede, H.-W. 2. Aufl., Neukirchen-Vluyn: Neukirchener, 185, S. 119-122

Lohse, E. *Entstehung des Neuen Testaments.* Stuttgart: Kohlhammer, 1972

Lorenz, K. „Beweis", in: *HWPh* I,882-886

Lütgert, W. *Schöpfung und Offenbarung* (1934), Nachdr. der 1. Aufl., Gießen/Basel: Brunnen, 1984

Luther, M. *Der große Katechismus, WA* 30 I, 125-238

Luther, M. *De servo arbitrio, WA* 18,600-787; dt.: *Daß der freie Wille nichts sei. MüA* ErgBd 1, S. 7-249

Luther, M. *Die Promotionsdisputation von Palladius und Tilemann, WA* 39 I,198-257

Luther, M. *Disputatio Heidelbergae habita* (Die Heidelberger Disputation, 1518) *WA* 1,353-374

Luther, M. *Eine Unterrichtung, wie sich die Christen in Mosen schicken sollen* (1525) *WA* 24,2-16; in: *Luther Deutsch* 5, 93-96.

Luther, M. *Ein kleiner Unterricht, was man in den Evangelien suchen und erwarten solle.* (1522). *WA* 10 I, 8-18; in: *Luther Deutsch* 5, S. 196-197.

Luther, M. *Operationes in Psalmos, WA* 5

Luther, M. *Predigt über Matth. 3,13-17* (Epiphanias), *WA* 37,250-253

Luther, M. *Predigt über Apg 2,1-13* (1. Pfingsttag), *WA* 37, 399-405

Luther, M. *Predigt über 1. Kor. 15,1ff; WA* 36, 478-507

Luther, M. *Predigt über 1Kor 4,1-5* (3. Advent), *WA* 7, 493-499

Luther, M. *Römerbriefvorlesung, WA* 56

Luther, M. *Vorlesungen über 1. Mose von 1535-45. WA* 42 und 43

Luther, M. *Vorlesung über Ps 45, WA* 40 II, 472-610

Luther, M. *Vorrede auff die Propheten, WA DB* 11 I, 2-15

Luther, M. *Vorrede zum ersten Bande der Gesamtausgabe seiner lateinischen Schriften, WA* 54,179-187.

Michel, O. *Der Brief an die Römer* (KEK Bd. 4), 14. Aufl., Göttingen: Vandenhoeck und Ruprecht, 1978

Möller, W. *Grundriß für alttestamentliche Einleitung.* Berlin: EVA, 1958

Möller, W. *Rückbeziehungen des 5. Buches Mosis auf die vier ersten Bücher. Ein Beitrag zur Einleitung in den Pentateuch im Sinne seiner Einheit und*

Echtheit. Veröffentlichungen des Bibelbundes Nr. 11, Lütjenburg: Selbstverlag des Bibelbundes, 1925

Müller, P. *Das erweiterte Weltbild. Unsichtbare und sichtbare Welt.* Neuhausen-Stuttgart: Hänssler, 1979

Moltmann, J. *Der gekreuzigte Gott. Das Kreuz Christi als Grund und Kritik christlicher Theologie.* München: Kaiser, 1972

Morris, L. *I Believe in Revelation.* London u.a.: Hodder & Stoughton, 1976

Müller-Lauter, W. „Atheismus II. Systematische Darstellung", in: *TRE* S. 378-436;

Murray, J. *The Epistle to the Romans.* NICNT, hg. Bruce, F.F., Grand Rapids MI: Eerdmans, 1968, Band 1.

Neuenschwander, U. *Denker des Glaubens II.* Gütersloh: Mohn, 1974

Neuner J./Roos, H. Der Glaube der Kirche in den Urkunden der Lehrverkündigung

Newberg, A.; d'Aquili, E. u. Rause, V. *Der gedachte Gott. Wie Glaube im Gehirn entsteht.* Aus dem Amerikanischen v. H. Stadler. München, Zürich: Piper, 2003

Nietzsche, F. „Morgenröthe. Gedanken über die moralischen Vorurteile" (1881). Neue Ausgabe mit einer einführenden Vorrede. Leipzig: 1887, in: *Kritische Studienausgabe*, Bd. 3, hg. v. G. Colli u. M. Montinari. 2. Aufl., Berlin, New York: 1988.

Nietzsche, F. „Die fröhliche Wissenschaft. Neue Ausgabe mit einem Anhange: Lieder des Prinzen Vogelfrei" (1882), Leipzig: 1887, in: *Kritische Studienausgabe*, Bd. 3, hg. v. G. Colli u. M. Montinari. 2. Aufl., Berlin, New York: 1988.

Ohlig, H.-H. *Religion in der Geschichte der Menschheit. Die Entwicklung des religiösen Bewußtseins.* Darmstadt: Wiss. Buchges., 2002

Ott, H. *Apologetik des Glaubens. Grundprobleme einer dialogischen Fundamentaltheologie.* Darmstadt: Wiss. Buchges., 1994

Paine, Th. *The Age of Reason.* Amherst, NY: Prometheus Books, 1984

Pannenberg, W. „Christentum und Platonismus. Die kritische Platonrezeption Augustins in ihrer Bedeutung für das gegenwärtige christliche Denken", in: *ZKG* 96, 1985, 147-161

Pannenberg, W. „Die Aufnahme des philosophischen Gottesbegriffs als dogmatisches Problem der frühchristlichen Theologie" in: *Grundfragen systematischer Theologie* I, Göttingen: Vandenhoeck & Ruprecht, 1967, S. 312 ff

Pannenberg, W. „Dogmatische Thesen zur Lehre von der Offenbarung" (in: *Offenbarung als Geschichte* (1961) Hg. W. Pannenberg u.a. 5. Aufl., Göttingen: Vandenhoeck & Ruprecht, 1982

Pannenberg, W. „Geschichte/Geschichtsschreibung/Geschichtsphilosophie VIII. Systematisch-theologisch", *TRE* 12, S. 660-661

Pannenberg, W. „Offenbarung und ‚Offenbarungen' im Zeugnis der Geschichte", in: *Handbuch der Fundamentaltheologie. Band 2 Traktat Offenbarung*. Hg. Kern, W., Pottmeyer, H.J. und Seckler, M. 2., verb. und akt. Aufl., Tübingen / Basel: A. Francke, 2000, S. 69

Pannenberg, W. *Systematische Theologie*. Band 1, Göttingen: Vandenhoeck & Ruprecht, 1988

Pannenberg, W. *Wissenschaftstheorie und Theologie*. Frankfurt: Suhrkamp, 1987

Payne, J.B. *Encyclopedia of Biblical Prophecy. The Complete Guide to Scriptural Predictions and Their Fulfillment*. New York u.a.: Harper & Row, 1973

Popper, K.R. *Logik der Forschung* (1934). 10. Aufl., Tübingen: Mohr/Siebeck, 1994

Rahner, K. *Grundkurs des Glaubens. Einführung in den Begriff des Christentums*. Freiburg u.a.: Herder, 1976.

Redeker, M., „Die Entstehung der Glaubenslehre Schleiermachers" in: D.F.E. Schleiermacher. *Der christliche Glaube*. Hg. M. Redeker, Berlin: de Gruyter, 1960, S. XXXII

Sauer, E. *Offenbarung Gottes und die Antwort des Glaubens. Eine Auswahl aus seinen Schriften*. Wuppertal: Brockhaus, 1969.

Schaeffer, F.A. *Und er schweigt nicht. Ist eine Philosophie ohne Gott realistisch?* Wuppertal: Brockhaus; Genf: Haus der Bibel, 1975; dt. Übers. von *He is there and he is not silent*. London: Hodder & Stoughton, 1972

Schlatter, A. „Atheistische Methoden in der Theologie," *Zur Theologie des Neuen Testaments und zur Dogmatik*. Kleine Schriften (mit einer Einführung von U. Luck). München: Kaiser, 1969

Schleiermacher, F.D.E. *Der christliche Glaube* (1830-1831). Berlin: de Gruyter, 1960

Schleiermacher, F.D.E. Schleiermacher, F.D.E. *Über die Religion. Reden an die Gebildeten unter ihren Verächtern* (1799). In: Ders. *Theologische Schriften*. Hg. u. eingel. v. K. Nowak. Berlin: Union Verlag, 1983

Schmidt, M.A. „Dogma und Lehre im Abendland", in: *HDThG* I, Göttingen: Vandenhoeck & Ruprecht, 1982, S.

Schmitz, J. „Das Christentum als Offenbarungsreligion im kirchlichen Bekenntnis", in: *Handbuch der Fundamentaltheologie 2. Traktat Offenbarung.* Hg. v. Kern, W., Pottmeyer, H.J., Seckler, M. 2., verb. und akt. Aufl., Tübingen/Basel: Francke, 2000

Schnabel, E. *Inspiration und Offenbarung. Die Lehre vom Ursprung und Wesen der Bibel.* Wuppertal: Brockhaus, 1986

Scholtz, G. „Offenbarung", in: *HWPh* 6, Sp. 1105-1130.

Schrenk, G. *Gottesreich und Bund im älteren Protestantismus vornehmlich bei J. Coccejus. Ein Beitrag zur Geschichte des Pietismus und der heilsgeschichtlichen Theologie* (1923). 2. Aufl., Gießen: Brunnen, 1985

Schütte, H.-W. „Atheismus", in: *HWPh* 1, Sp 595-599

Seckler, M. „Der Begriff der Offenbarung", in: *Handbuch der Fundamentaltheologie. Band 2. Traktat Offenbarung,* S. 41-61

Seidel, Ch. „Agnostizismus", in: *HWPh* 1, Sp. 110-112

Sparn, W. „Natürliche Theologie", in: *TRE* 24, S. 85-98

Spinner, H. *Pluralismus als Erkenntnismodell.* Frankfurt: Suhrkamp, 1974

Stadelmann, H.-R. *Im Herzen der Materie. Glaube im Zeitalter der Naturwissenschaften.* Darmstadt: Wiss. Buchgesellschaft, 2004

Strauß, D.F. *Das Leben Jesu* (1835), in: Gesammelte Schriften Bd. 3 und 4, hg. E. Zeller. Bonn: Strauß, 1877.

Tertullian, *De carne Christi. CCSL* II, 871-917

Thomas von Aquino, *Summa contra gentiles*

Thomas von Aquino, *Summa Theologiae*

Troeltsch, E. „Über historische und dogmatische Methode in der Theologie" (1898), *Gesammelte Schriften,* Bd. 2., Neudruck der 2. Aufl.(1922), Aalen, Scientia, 1962, S. 729-753

Türk, H.J. *Postmoderne.* Mainz: Grünewald / Quell: Stuttgart, 1990

Vattimo, G. *Das Ende der Moderne.* Stuttgart: Reclam, 1990 (Dt. Übers. der ital. Originalausgabe *La fine della modernità* (1985)

Vos, G. *Biblical Theology. Old and New Testaments.* Grand Rapids: Eerdmans, 1948

Vos, G. „The Idea of Biblical Theology as a Science and as a Theological Discipline", in: R. Gaffin, Jr. (Hg.) *Redemptive History and Biblical In-*

terpretation. The Shorter Writings of Geerhardus Vos, S. 3-24, Phillipsburg, NJ: Presbyterian and Reformed, 1980

Waldenfels, H. *Einführung in die Theologie der Offenbarung.* Darmstadt:
Wiss. Buchges., 1996

Waldenfels, H. *Kontextuelle Fundamentaltheologie.* 3. akt. u. durchges.
Aufl., Paderborn: Schöningh, 2000

Waschke, Th. „Intelligent Design – Eine Alternative zur naturalistischen
Wissenschaft?" in: *Skeptiker* 16, 4/2003, S. 128-136

Weischedel, W. *Der Gott der Philosophen. Grundlegung einer philosophischen Theologie im Zeitalter des Nihilismus.* Zwei Bände in einem Band.
Darmstadt: Wiss. Buchgesellschaft, 1998 (Reprographischer Nachdruck
der 1975 in dritter Auflage erschienenen zweibändigen Ausgabe).

Wellhausen, J. *Israelitische und jüdische Geschichte* (1854), 9. Aufl., 1958

Williams, J.R. *Systematische Theologie aus charismatischer Sicht.* Bd. 1.
Wuppertal: One Way, 1995

Wolf, H.H. *Die Einheit des Bundes. Das Verhältnis von Altem und Neuem
Testament bei Calvin.* Neukirchen-Vluyn: Neukirchener, 1958

Wood, L. *Survey of Biblial History.* Grand Rapids: Zondervan, 1979

Young, E.J. *An Introduction to the Old Testament.* Grand Rapids, MI: Eerdmans, 1964

Komplementäre Dogmatik
von
Thomas Schirrmacher

Der Ablass
Ablass und Fegefeuer in Geschichte und Gegenwart
Eine evangelische Kritik

Inhalt
1. Vom Umgang mit der katholischen Lehre
2. Einleitung
3. Die Geschichte des Ablasses und seiner Theologie von seiner Entstehung im Mittelalter bis zur Reformation
4. Die Geschichte des Ablasses und seiner Theologie von der Reformation bis zum 2. Vatikanischen Konzil
5. Die Erneuerung der Ablasstheologie vor dem 2. Vatikanischen Konzil und ihr Scheitern auf dem Konzil und bis zur Gegenwart
6. Zur dogmatischen Auseinandersetzung: Anfragen und biblische Begründung
7. Anhang: Die Entwicklung des Papsttums und die endgültige Entmachtung des Konzils
8. Die wichtigste Literatur zum Ablass
9. Tabelle: Chronologie des Ablasses

Pb. • 186 S. • € 17,95 / CHF 33,00
Best.-Nr. 860.525 • ISBN 3-937965-25-4

Die Apokryphen
Eine evangelische Kritik

Aus dem Inhalt
- Die Apokryphen waren nie Bestandteil des hebräischen Kanons
- Nach jüdischem Verständnis endete die prophetische Linie im 4. Jh. v. Chr.
- Jesus und das Neue Testament hielten den Kanon für abgeschlossen
- Zwei Standardwerke zur Geschichte des alttestamentlichen Kanons
- Die ‚Zusätze' zu einzelnen Büchern sind nicht ursprünglich
- Es gibt keine frühe Bibel mit genau den katholischen Apokryphen
- Die Apokryphen werden im Neuen Testament nicht als Schrift zitiert
- Die meisten Kirchenväter lehnten die Apokryphen als Wort Gottes ab
- Die Sicht der nicht römisch-katholischen Kirchen
- Die Apokryphen waren auch in der katholischen Kirche umstritten
- Die Apokryphen stützten zentrale katholische Lehren gegen Luther
- Problematisches in den Apokryphen
- Die wichtigste Literatur

Pb. • 80 S. • € 9,95 / CHF 18,90
Best.-Nr. 860.526 • ISBN 3-937965-26-2

VTR • Gogolstr. 33 • 90475 Nürnberg
☎ 0911-831169 • 🖷 0911-831196
vtr@compuserve.com • http://www.vtr-online.de